丛书总主编
洪开荣

云桂铁路复杂地质条件隧道施工关键技术

莫智彪 闫红江 焦 义 等 编著
李 平 张 瑞

人民交通出版社股份有限公司
China Communications Press Co., Ltd.

内 容 提 要

本书以云桂铁路云南段富宁隧道、孟村隧道等长大隧道为依托，结合山岭隧道工程建设中的科技创新成果、现场经验、大量数据及典型案例，客观、全面地对我国西南地区复杂地质条件下山岭隧道工程的修建技术进行梳理与总结。

全书共分10章，内容包括西南地区地质勘察、岩溶隧道施工、危岩落石段明洞施工、断层破碎带施工、浅埋段施工、隧道塌方处理、辅助坑道进正洞快速施工、衬砌脱空防治等隧道施工关键技术，同时还介绍了不良地质施工安全风险评估与管理技术以及施工过程中开发的新工艺、新工法。

本书可供隧道及地下工程领域从事设计、施工、科研相关工作的技术人员参考，亦可作为高等院校相关专业师生的参考用书。

图书在版编目（CIP）数据

云桂铁路复杂地质条件隧道施工关键技术 / 莫智彪等编著. -- 北京：人民交通出版社股份有限公司，2018.12

ISBN 978-7-114-15172-9

Ⅰ．①云… Ⅱ．①莫… Ⅲ．①复杂地层－工程地质条件－铁路隧道－隧道施工－施工技术 Ⅳ．①U459.1

中国版本图书馆CIP数据核字(2018)第273131号

面向挑战的隧道及地下工程

书　　名：	云桂铁路复杂地质条件隧道施工关键技术
著　作　者：	莫智彪　闫红江　焦　义　等
责任编辑：	王　霞　张　晓
责任校对：	刘　芹
责任印制：	张　凯
出版发行：	人民交通出版社股份有限公司
地　　址：	(100011) 北京市朝阳区安定门外外馆斜街3号
网　　址：	http://www.ccpress.com.cn
销售电话：	(010) 59757973
总　经　销：	人民交通出版社股份有限公司发行部
经　　销：	各地新华书店
印　　刷：	北京印匠彩色印刷有限公司
开　　本：	787×1092　1/16
印　　张：	14
字　　数：	281千
版　　次：	2018年12月　第1版
印　　次：	2018年12月　第1次印刷
书　　号：	ISBN 978-7-114-15172-9
定　　价：	80.00元

（有印刷、装订质量问题的图书由本公司负责调换）

丛书编写委员会

主任委员

洪开荣

副主任委员

王小平　郭卫社

编　　委（按姓氏笔画排序）

于明华	方俊波	卢建伟	叶康慨	冯欢欢	吕建乐	刘龙卫
刘瑞庆	阮清林	孙振川	杜闯东	李丰果	李凤远	李红军
李志军	李治国	杨　卓	邹　翀	汪纲领	张　迅	张　辉
陈文義	陈振林	陈　馈	国　佳	郑大榕	赵　胜	莫智彪
高　攀	郭陕云	康宝生	董子龙	韩忠存	曾冰海	

本册编写委员会

主任委员

莫智彪

副主任委员

闫红江　焦　义　李　平　张　瑞　周坤朋　赵永亮

编　　委（按姓氏笔画排序）

王　刚　王继锋　叶建文　刘德美　刘大刚　刘　伟　刘　云
张　旭　张理智　余　斌　严啸飞　吴朝钢　杨文辉　肖祥福
易重庆　盛重权　曹　敏　黄天学　覃祚崇　谢晓国

本册顾问

郭卫社　王小平　尤显明　张　迅

主编单位

中铁隧道局集团有限公司

中铁隧道集团四处有限公司

协编单位

中铁二院昆明勘察设计研究院有限责任公司

西南交通大学

Key Technologies of Tunnel Construction in Complex Geological Conditions of Yunnan Kunming-Guangxi Nanning Railway

丛书序
Introductory

  200万年前人类祖先已择洞而居，遮蔽风雨，抵御猛兽。中华文明文字记载的隧洞挖掘可追溯至公元前722年郑庄公与其母姜氏"阙地及泉，隧而相见"。人类经过不断探索研究和工程实践，如今随着技术的不断进步与可持续的文明发展，人们对采用隧道与地下工程解决人类生存与地面环境矛盾的认识越来越深刻，如解决地面交通问题、解决水资源分布不均的问题、解决地表土地资源稀缺的问题、解决能源安全储存的问题、解决城市地表环境的问题，等等。特别是进入21世纪以来，人类已广泛形成了"来自地表挑战的地下工程解决方案"的共识。同时，正是这些应对挑战的隧道与地下工程解决方案，使得隧道与地下工程建设本身又面临着新的技术挑战，如超深埋的山岭隧道、超浅埋的城市隧道、超长隧道、跨江越海隧道以及复杂地面与地下建（构）筑物环境下的隧道与地下工程等。另外，隧道及地下工程建设还要面临极其复杂的地质条件与恶劣环境的挑战，如高地温、高地应力、高水压、极硬岩、极软岩、地下有害气体、岩溶等。

  新中国成立以后，随着铁路、公路、水利水电等基础设施的大规模建设，隧道与地下工程进入快速发展期。至20世纪末，我国累计建成铁路隧道6211座，隧道总长度达3514km，为解放前铁路隧道长度的22倍。进入21世纪以来，中国的铁路、公路、水利水电、城市地铁、综合管廊、城市地下空间、能源洞库等得到爆发式的发展，中国一跃成为隧道与地下工程发展最快的国家，隧道总量居全球首位。至2017年年底，中国运营隧道（洞）总长达39882km，在建隧道总长约17000km，规划的隧道长度约25000km。隧道与地下工程呈现出向多领域应用延伸，并具有明显地向复杂山区、城市人口密集敏感区发展的趋势。可以说，21世纪，隧道与地下工程将大有作为，但面临的挑战与压力也将是史无前例的。

  中铁隧道局集团为原铁道部隧道工程局，是国内隧道与地下工程建设的主力军，年隧道建设能力达500km以上，累计建成隧道（洞）约7000km。中铁隧道局自1978年建局以来，承担了我国大量的重、难、险隧道与地下工程建设任务，承建了众多具有标志性、里程碑意义的隧道与地下工程，如首次采用新奥法原理修建的衡广复线大瑶山隧道

(14.295km)——开创了我国修建长度超过10km以上隧道的先河,创立浅埋暗挖法修建的北京地铁复兴门折返线——标志着我国地铁建设由"开膛破肚"进入暗挖法时代,首次采用沉管法修建的宁波甬江隧道——标志着我国水下隧道建设的跨越,创建复合盾构施工工法建设的广州地铁2号线越秀公园—广州火车站—三元里区间隧道——标志着我国地铁建设迈入盾构时代。从北京地铁,到广州地铁,再到全国其他43座城市的地铁建设,标志着我国地铁建设技术迈入了引领行列;从穿越秦岭的西康铁路秦岭隧道(19.8km),到兰武铁路乌鞘岭隧道(20.05km)、南库二线中天山隧道(22.48km)、兰渝线西秦岭隧道(28.24km)、成兰线平安隧道(28.43km)等众多20km以上的隧道,再到兰新铁路关角隧道(32.6km)、大瑞铁路高黎贡山隧道(34.5km),以及引水工程的引松隧洞(69.8km)、引汉济渭隧洞(98.3km)、引鄂喀双隧洞(283km),展示着我国采用钻爆法、TBM法技术能力的综合跨越;从"万里长江第一隧"武汉长江隧道,到首座钻爆法海底隧道厦门翔安隧道、海域第一长隧广深港高铁的狮子洋隧道(10.8km)、首座内河水下立交隧道长沙营盘路湘江隧道、内河沉管隧道南昌红谷隧道,镌刻下我国水下隧道建设技术的成熟与超越;从平原,到高山,到水下,隧道无处不在,给人们带来了便利生活与环境的改善。同时伴随着这些代表性隧道工程的建设,我国隧道施工机械装备与技术方法,也实现了一个又一个台阶的跨越,每一个台阶无不留有隧道人为人类美好生活而挑战自然、驾驭自然的智慧与创造。

"隧贯山河,道通天下"是隧道人的追求与梦想,更是我们的情怀,也是我们对美好生活向往的真实写照!中铁隧道局集团的广大技术人员,本着促进隧道技术进步、共享隧道建设成果为目的,以承建的重、难、险隧道工程为依托,计划将隧道建设中遇到的难题、形成的技术、积累的经验以及对隧道工程的思考,以专题技术的方式记录和编写一部部出版物,形成"面向挑战的隧道及地下工程"系列丛书。希望本丛书对隧道及地下工程领域的发展与进步具有一定的参考与借鉴价值,同时期待耕耘于该领域的专家、学者和同行进行批评指正,也寄望能给未来的隧道人带来启迪,从而不断地推动隧道及地下工程技术的进步,更加自信地应对社会发展对隧道的需要与建设隧道中的挑战,更好地服务于人类!

在我们策划"面向挑战的隧道及地下工程"丛书的过程中,人民交通出版社股份有限公司给予了我们极大的帮助,共同讨论丛书的架构、篇目布局等,在此致以崇高的敬意!

本系列丛书在编写过程中得到了许多基层技术人员的支持与帮助,相关单位和专家也为丛书的出版做了大量的组织和支持工作,在此一并向他们致以诚挚的感谢!

2018年12月

前言
Preface

云桂铁路（于 2015 年更名为"南昆客运专线"）属国家《中长期铁路网规划》中的干线铁路，是我国规划的"八纵八横"高速铁路广昆高铁的重要组成部分，是联通西南与华南的重要铁路通道，也是西南地区出海的"黄金走廊"。云桂铁路自南宁站向西经百色、文山、红河、弥勒，至昆明南站，正线全长 710km。云桂铁路穿越我国西南部艰险山区，沿线地形地貌情况极其复杂，铁路云南段隧道比例高达 71%，长度大于 10km 的隧道达 11 座。铁路沿线地形起伏大，地层繁多，岩性纷杂，断裂构造、岩溶广泛分布，水文地质条件复杂，高地温、高地应力、地层断裂带、强地震活动带等不良地质频繁出现。同时，云桂铁路为客运专线和客货共线铁路，对路基沉降控制要求严格，对轨道、接触网满足平顺性、稳定性和耐久性要求高，隧道施工难度大。因此，云桂铁路长大隧道修建面临诸多挑战。

富宁隧道是云桂铁路重点隧道之一，全长 13.625km，隧道区内分布有涌水、高地温、高地应力（岩爆、大变形），浅埋、深埋、构造破裂带、构造富水带等不良地质。为此，参与隧道建设的各方工程技术人员进行科研攻关，形成了西南地区地质勘察技术、岩溶隧道施工、危岩落石段明洞施工、断层破碎带施工、浅埋段施工、隧道塌方处理、辅助坑道进正洞快速施工、衬砌脱空防治等隧道施工技术，获得了无门架新型隧道模板台车衬砌施工工法等多项国家级、省级工法证书及其他科研成果证书。本书基于云桂铁路长大山岭隧道——富宁隧道、孟村隧道的建设技术创新与突破性成果，系统梳理总结了复杂地质条件下隧道修建关键技术。期待通过本书的出版和传播，对长大山岭隧道施工关键技术作进一步的推广和交流，并在日后的工程实践中不断地改进与创新，同时希望给广大隧道及地下工程建设者带来启发与帮助。

本书系"面向挑战的隧道及地下工程"丛书之一。该系列丛书由中铁隧道局集团有限公司组织编写，总工程师洪开荣总主编，依托中铁隧道局集团有限公司承担的重、大、艰、险工程项目以及重大科技攻关项目，记载建设关键理论、创新技术与发展成果的应用技术著作丛书。本分册共分为10章，第1章概述（主要撰稿人：刘大刚），介绍了铁路山岭隧道的发展历程及趋势，讲述云南省地理位置及特殊的地质构造，分析建设铁路山岭隧道的重难点以及相应对策。第2章地质勘察技术（主要撰稿人：刘伟、张旭、杨文辉、吴朝钢），以云桂铁路富宁隧道为背景，重点介绍了目前中国山岭隧道地质勘察的先进技术，并对常见的不良地质情况进行了详细阐述。第3章长大山岭隧道岩溶段施工关键技术（主要撰稿人：莫智彪、张瑞、刘云），介绍长大山岭隧道岩溶的探测方法，对典型的岩溶整治以案例的方式进行了阐述。第4章危岩落石段明洞施工关键技术（主要撰稿人：莫智彪、李平、张理智），介绍洞口段危岩落石风险防护的几种常见形式以及施工关键技术。第5章断层破碎带段隧道施工关键技术（主要撰稿人：莫智彪、李平、赵永亮、严啸飞），介绍长大山岭隧道断层破碎带的探测手段、应对措施、施工关键技术以及应急处理措施。第6章浅埋段隧道施工关键技术（主要撰稿人：闫红江、焦义、张瑞、王继锋、谢晓国），介绍长大山岭隧道浅埋段的分析与鉴定、施工关键技术、应急处理措施以及常见的施工工法。第7章不良地质段隧道塌方处理施工关键技术（主要撰稿人：闫红江、李平、张瑞、刘云、赵永亮），介绍长大山岭隧道塌方类型、原因分析、预防措施以及施工关键技术。第8章云桂铁路富宁隧道其他施工关键技术（主要撰稿人：莫智彪、闫红江、焦义、张瑞、刘云、周坤朋、覃祚崇、王继锋、严啸飞），以云桂铁路富宁隧道为背景，重点介绍了辅助坑道进正洞快速施工关键技术、隧道衬砌脱空防治施工关键技术、隧道衬砌多功能端头定型钢模安装止水带施工关键技术、无骨架模板台车施工关键技术以及CRTS Ⅰ型双块式无砟轨道施工关键技术。第9章不良地质施工安全风险评估与管理技术（主要撰稿人：张瑞、周坤朋），重点介绍了不良地质施工安全风险评估技术和不良地质施工安全风险管理技术。第10章云桂铁路隧道科技创新成果（主要撰稿人：张瑞、赵永亮），本章对铁路隧道工程建设中的科技创新成果进行了汇总。本书编写过程中得到了西南交通大学刘大刚副教授和中铁二院昆明勘察设计研究院有限责任公司刘伟、张旭、杨文辉、吴朝钢等同志的大力支持，在此一并感谢。

限于作者水平，书中难免有疏漏与欠妥之处，恳请读者不吝指正。

作　者
2018年12月

目录
Contents

第 1 章　概述 ·· 001

　　1.1　铁路山岭隧道发展历程及发展趋势 ·· 003
　　1.2　云南省地理位置及地质构造 ·· 004
　　1.3　云南省铁路隧道修建重难点及应对措施 ·· 006
　　1.4　云桂铁路及富宁隧道工程概况 ·· 008
　　1.5　富宁隧道工程建设的挑战 ·· 010

第 2 章　地质勘察技术 ··· 011

　　2.1　隧道勘察方法及手段（以富宁隧道为例） ·· 013
　　2.2　富宁隧道工程地质概况 ·· 020
　　2.3　富宁隧道主要工程地质问题 ·· 025
　　2.4　配合施工的地质工作 ·· 030

第 3 章　长大山岭隧道岩溶段施工关键技术 ·· 037

　　3.1　岩溶超前地质预报技术 ·· 039
　　3.2　岩溶溶洞形态判定及分析 ·· 041
　　3.3　隧道穿越全充填型溶洞施工关键技术 ·· 041
　　3.4　隧道穿越地下水位线附近充填、半充填型溶洞施工关键技术 ············ 043
　　3.5　隧道穿越空溶洞施工关键技术 ·· 046
　　3.6　云桂铁路岩溶隧道施工实例 ·· 047

第 4 章　危岩落石段明洞施工关键技术 067

4.1　危岩落石防护及处治技术 069
4.2　危岩落石段明洞设置条件及步骤 079
4.3　危岩落石段明洞施工技术 082
4.4　云桂铁路危岩落石段明洞施工实例 091

第 5 章　断层破碎带段隧道施工关键技术 099

5.1　断层破碎带超前地质预报技术 101
5.2　断层破碎带施工对策 102
5.3　断层破碎带加固及支护技术 102
5.4　断层破碎带施工工法 107
5.5　断层破碎带应急处理措施及预案 110
5.6　云桂铁路隧道断层破碎带施工实例 112

第 6 章　浅埋段隧道施工关键技术 113

6.1　浅埋地段分析及鉴定 115
6.2　浅埋地段施工对策 115
6.3　浅埋地段加固及支护技术 116
6.4　浅埋地段施工工法 119
6.5　浅埋地段应急处理措施及预案 124
6.6　云桂铁路浅埋段隧道施工实例 125

第 7 章　不良地质段隧道塌方处理施工关键技术 135

7.1　隧道塌方类型及原因分析 137
7.2　不良地质段隧道塌方预防措施 138
7.3　不良地质段隧道塌方处理施工关键技术 142
7.4　云桂铁路不良地质段隧道塌方处理施工实例 148

第 8 章　云桂铁路富宁隧道其他施工关键技术 153

8.1　辅助坑道进正洞快速施工关键技术 155

8.2 隧道衬砌脱空防治施工关键技术……161
8.3 隧道衬砌多功能端头定型钢模安装止水带施工关键技术……163
8.4 无骨架模板台车施工关键技术……170
8.5 CRTS I 型双块式无砟轨道施工关键技术……179

第 9 章 不良地质施工安全风险评估与管理技术……189

9.1 不良地质施工安全风险评估技术……191
9.2 不良地质施工安全风险管理技术……192

第 10 章 云桂铁路隧道科技创新成果……195

10.1 隧道衬砌多功能定型钢模安装止水带施工工法……197
10.2 隧道穿越地下水位线附近半充填型溶洞施工工法……198
10.3 无门架新型隧道模板台车衬砌施工工法……200
10.4 工法获奖证书……202
10.5 其他科研成果及证书……203

参考文献……207

第 1 章

概述

Key Technologies of Tunnel Construction in Complex Geological Conditions of Yunnan Kunming-Guangxi Nanning Railway

Key Technologies of Tunnel Construction in Complex Geological Conditions of
Yunnan Kunming-Guangxi Nanning Railway

1.1 铁路山岭隧道发展历程及发展趋势

1.1.1 发展历程

自英国于1826年在蒸汽机车牵引的铁路上开始修建长770m的泰勒山单线隧道和长2474m的维多利亚双线隧道以来,英、美、法等国相继修建了大量山岭铁路隧道。在20世纪初期,欧洲和北美洲一些国家铁路形成铁路网,其中较长的瑞士和意大利间的辛普朗铁路隧道长19.8km。美国长约12.5km的新喀斯喀特铁路隧道和加拿大长约8.1km的康诺特铁路隧道都采用中央导坑法施工,其施工平均年进度分别为4.1km和4.5km,是当时最高的施工进度。至1950年,世界建设铁路隧道最多的国家有意大利、日本、法国和美国。日本至20世纪70年代末共建成铁路隧道约3800座,总长约1850km,其中5km以上的长隧道达60座,为世界上铁路长隧道最多的国家,1981年建成的大清水双线铁路隧道,长22.228km,为世界最长的山岭铁路隧道。

我国于1887—1889年在台湾省台北至基隆窄轨铁路上修建的狮球岭隧道,是我国第一座铁路隧道,长261m。此后,又在京汉、中东、正太等铁路修建了一些隧道。京张铁路关沟段最早修建的4座隧道(五桂头铁路隧道、石佛寺铁路隧道、居庸关铁路隧道、八达岭铁路隧道),是我国利用自己的技术力量修建的第一批铁路隧道,这其中最长的八达岭铁路隧道长1091m,于1908年建成。我国在1950年以前,仅建成标准轨距铁路隧道238座,总延长89km。自20世纪50年代以来,我国隧道修建数量大幅度增加,1950—1984年共建成标准轨距铁路隧道4247座,总延长2014.5km。20世纪90年代共建成铁路隧道1822座,总延长1311km,其中3km以上的隧道66座,是我国建成铁路隧道总延长最多、隧道平均长度最长的时期。截至2017年年底,我国已建成通车的铁路隧道约14547座,长度总计15326km。运营、在建以及正在设计和规划的铁路隧道情况见图1-1。预计到2020年年底,我国投入运营的铁路隧道总量将达到17000座,总长度将突破20000km。我国已经成为隧道工程的超级大国。

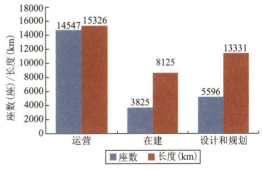

图1-1 截至2017年年底我国运营、在建以及设计和规划的铁路隧道情况

1.1.2 发展趋势

伴随着大规模的铁路建设,我国已积累了大量的铁路隧道工程科技成果和实践经验,形成

了修建铁路隧道的成套技术。铁路隧道修建技术虽然有了很大发展，但也存在许多不足之处，在很多方面还需要进一步完善和提高。今后我国铁路隧道的发展重点主要有以下几个方面：

（1）形成更加完善的隧道设计理论和施工技术体系

我国铁路隧道建设虽然形成了一套铁路隧道设计施工的技术体系，但对特长和超长隧道的技术标准研究还不够深入，理论基础还需要加强。未来我国铁路隧道应立足国情，自主创新，形成科学的设计标准、施工技术、建设管理和运营维护标准等更加完善的技术体系。

（2）全面实施大型机械化配套施工

我国铁路隧道建设迅猛，隧道大型机械需求量大，而国内成熟的隧道施工大型专用机械比较少，以至于很多隧道采用人工操作小型机具进行开挖和支护施工作业。随着大型隧道施工机械国产化程度以及我国劳动力成本的不断提高，今后我国铁路隧道施工的发展方向应该是采用大型机械化配套作业的模式，节约人力资源，更好地保证施工安全和质量。

（3）提高隧道建设信息化管理水平

利用信息化手段对铁路隧道建设过程中的勘察、设计、施工和监测等方面的数据进行集中、高效管理，借助于虚拟现实、地理信息空间分析等技术手段为铁路隧道的建设、管理、运营和维护等提供信息共享方式，实现对隧道全生命周期的数字化管理，是未来铁路隧道的发展方向。

1.2 云南省地理位置及地质构造

1.2.1 地理位置

云南省位于我国西南部，地处北纬 21°08′32″～29°15′08″、东经 97°31′39″～106°11′47″之间，北回归线穿过省境南部。东西宽 864.9km、南北长 990km，面积 38.321 万 km²。其西部、西南部与缅甸为邻，南部与老挝、越南交界，西北、北部和东部则分别与西藏、四川、贵州、广西四省（区）接壤。

云南是一个高原山区省份，属青藏高原南延部分。全省海拔相差很大，最高点为滇藏交界的德钦县怒山山脉梅里雪山主峰卡瓦格博峰，海拔 6740m，最低点在与越南交界的河口县境内南溪河与元江交汇处，海拔仅 76.4m，山地面积占全境 94% 以上。

1.2.2 地质构造

（1）断裂构造

云南省处于亚欧板块与印度洋板块相接、活力最强的地带，也是亚洲大陆地质构造最复杂的地区。境内亚洲板块与印度板块相对运动,在边缘形成转换性古滑动断层,其规模巨大,长度可延展到千余公里,其深度可达到地幔,属深大断裂性质。除印度板块和亚洲板块两个板块的相对运动作用外,亚洲板块内的一些小板块也发生相互碰撞、滑动、引张、挤压、嵌合,形成一系列的大断裂,如图1-2所示。有的大断裂在云南省境内延伸百余公里,深入地壳十多公里。

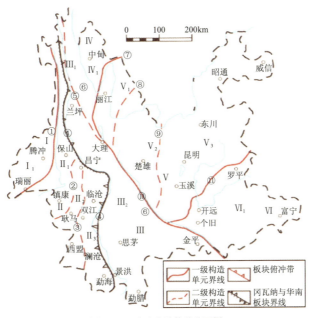

图1-2 云南省大地构造分区图

Ⅰ-波密—腾冲褶皱系;Ⅰ₁-腾冲褶皱带;Ⅱ-左贡—耿马褶皱系;Ⅱ₁-保山褶皱带;Ⅱ₂-西盟褶皱带;Ⅱ₃-临沧—勐海褶皱带;Ⅲ-三江褶皱系;Ⅲ₁-云岭褶皱带;Ⅲ₂-兰坪—思茅坳陷;Ⅳ-松潘甘孜褶皱系;Ⅳ₁-中甸—义敦褶皱带;Ⅴ-扬子准地台;Ⅴ₁-丽江—盐源台缘褶皱带;Ⅴ₂-滇中台坳;Ⅴ₃-滇东台褶皱;Ⅵ-华南褶皱系;Ⅵ₁-滇东南褶皱带;①-怒江断裂;②-柯街—崇岗—南町河断裂;③-昌宁—勐连断裂;④-澜沧江断裂;⑤-云岭—维西—乔后断裂;⑥-金沙江—哀牢山断裂;⑦-三江口—剑川断裂;⑧-程海断裂;⑨-绿汁江断裂;⑩-红河断裂;⑪-师宗—弥勒断裂

云南省地质构造运动强烈,断裂构造发育,具有继承性发育特点,现今活动性构造发育,特别是以经向构造和"歹"字形构造最为突出,它们不仅控制着云南省现代地貌的发育,而且也基本控制了云南省滑坡、泥石流的发育和区域分布。深大断裂构造的破碎带及影响带可达几百米至数公里,沿断裂带软弱构造面发育,岩石破碎,形成了糜棱岩、破碎岩和角砾岩等动力变质岩,为形成滑坡、泥石流创造了有利条件。尤其是在两条以上断裂的交汇部位,例如小江断裂带、元谋—绿汁江断裂、红河断裂、怒江断裂、南町河断裂、程海断裂、澜沧江断裂、大盈江断裂等活动性断裂带,都是云南省滑坡、泥石流密集、活动频繁的部位,普福滑坡、宁蒗长坪子滑坡、东川蒋家沟泥石流、大白泥沟泥石流等大型山地灾害是受断裂构造影响而发育的。

(2)地层岩性

云南省从元古界到新生界地层均有出露。宏观特征是:元古界地层均发生强烈褶皱和变质，与上覆地层呈角度不整合接触；古生界以海相碳酸盐岩为主，夹少量海相或陆相碎屑岩；中生界上部均为陆相砂、泥岩，局部夹膏盐，突出特征是多为暗紫红色；新生界上部均为陆相砂、泥质沉积，局部夹褐煤或泥炭，多为灰黄色，且较松软。

云南省各时代碳酸盐岩，尤其是古生代碳酸盐岩，广布于滇东、滇东南地区。主要岩性是灰岩、白云岩，其次为白云质灰岩、灰质白云岩及硅质白云岩、泥灰岩。碳酸盐岩溶蚀强烈，地表多见溶蚀洼地、残丘、石芽，地下多溶隙、暗河。各时代地层及岩性见表 1-1。

云南省地层及岩性表　　　　　　表 1-1

层　序			代号	最大厚度 (m)	岩　性	分布
界	系					
新生界	第四系		Q	500	砂砾石、粉细砂、黏土、砂质黏土夹褐煤、（耐火）黏土夹泥煤	全省
	第三系	上第三系	N	>1072	粗面岩及凝灰岩，夹玄武岩及褐煤、砂岩、泥页岩、灰岩	全省
		下第三系	E	1142	紫红色砂岩、粗砂岩、页岩夹膏盐、泥灰岩、灰岩	全省
中生界	白垩系		K	9388	紫红色、紫色、杂色砂砾岩、粉砂岩、泥页岩、含盐矿	滇东、滇西区
	侏罗系		J	5085	紫红色、紫色泥页岩夹玄武岩、泥灰岩、砂岩、灰岩	滇东、滇西区
	三叠系		T	2495	砂岩、泥页岩、灰岩、白云岩、泥灰岩、板岩、玄武质砾岩、铝土矿	全省
古生界	二叠系		P	5226	砂岩、页岩、（燧石）灰岩、白云岩、板岩、大理岩、细碧岩、硅质岩、安山岩、玄武岩、含煤及铝土矿	全省
	石炭系		C	>7377	（白云岩）灰岩、砂岩、泥页岩、板岩、夹玄武岩及硅质岩	全省
	泥盆系		D	5273	白云岩、泥灰岩、（硅质）灰岩、大理岩、页岩、砂岩、夹千枚岩、石英砾岩	全省
	志留系		S	>4400	泥页岩、泥灰岩、砂岩、云母片岩、角闪片岩、变质基性火山岩、灰岩	滇东、滇西区
	奥陶系		O	>5613	泥页岩、灰岩、砂岩、白云岩、板岩、泥灰岩	全省
	寒武系	G		8402	泥页岩、泥灰岩、（白云质）灰岩、砂岩、大理岩、片麻岩、片岩、混合岩、长石英砂岩、石英砂岩、粉砂岩含磷矿	全省
上元古界	震旦系		Z	>3525	白云质砂岩、（石英）砂岩、页岩、砾岩	滇东、滇东南区
下元古界			Pt		板岩、千枚岩、片岩、白云岩、石英砂岩、灰岩、变质基性火山岩	滇东区

1.3 云南省铁路隧道修建重难点及应对措施

（1）喀斯特分布广泛，隧道岩溶问题突出

云南省是我国喀斯特分布最为广泛的地区之一，云南省喀斯特面积有 11.1 万 m^2，约占云南省国土面积的28.9%,喀斯特面积占30%以上的县称为喀斯特县,云南省共有62个喀斯特县,其中喀斯特面积占70%以上的县共有10个。云南省喀斯特县依地域划分,可分为滇东区(包括曲靖、文山、昭通等)、滇西区(包括丽江、大理、迪庆等)和澜沧江、怒江中段(包括保山、临沧等)。

喀斯特地区地层主要是易溶性碳酸盐岩,在水的化学溶蚀、冲蚀及潜蚀等作用下,形成大小不等、形状各异的各类型溶洞。由于岩溶自身的地质以及水文地质比较复杂,具有一定的特殊性,这就导致岩溶隧道施工中会存在较多的困难,严重时还会引发一系列的安全施工问题。

目前,岩溶隧道施工遇到的主要问题包括塌方、突涌水等。为确保岩溶隧道建设安全,应做好岩溶超前地质预报、突涌水防治、溶洞处理等各种应对工作。

(2)地质条件复杂,地质灾害频发

加强对地质条件和地质特点的研究与分析,组织相关方面的专家进行科研攻关,并加大地质判别和地质分析技术的推广与应用,在施工的全过程做好超前地质预报工作;不断改进施工技术与施工方法,采取安全有效的施工技术,并对施工过程中可能出现的地质灾害进行预测和预防,避免各种地质灾害的发生和发展,为铁路隧道施工提供安全保障。

(3)深埋隧道高地应力问题突出

①岩爆:在开挖面围岩上洒水,软化围岩表层,促使应力释放和调整;加强巡视,及时找顶,清除爆裂的岩石,确保施工人员安全;支护及时跟进,采取主动防护,尽可能减少岩层暴露时间,避免发生岩爆,确保人员安全。

②大变形:选好施工方法,严格控制循环进尺;采用适当加大预留变形量的措施,以保证隧道的限界;采用可伸缩钢拱架全环支护,允许围岩在一定范围内变形,使围岩压力得到一定程度的释放。

(4)深埋隧道高地温问题突出

采取通风或洒水或通风和洒水相结合的措施。地温较高时,可采用大型通风设备予以降温;对起始发热段岩壁进行隔热处理,在岩壁表面包裹一层隔热材料,通过降低发热段岩壁热量释放来达到降低温度的效果;在施工过程中,采取用大容量冰柜制冰并储存,作业时在台车及施工机械发动机顶盖、驾驶室放置冰块可以有效降低工作环境局部温度,达到降温增效的目的。

(5)断裂带分布广,隧道建设将穿越大型断裂带

采取"防"与"放"相结合,以结构适应变形为主的应对措施。"防"就是扩大断面和局部衬砌加强,采用双层衬砌或复合式衬砌局部(主要为接头部位)加强以确保结构强度;"放"就是分段设缝加柔性接头,消除因地质断裂带活动在衬砌结构内部产生的弯矩和剪应力,以适应地质断裂带变形。建立专门的隧道变形监测和预警系统,全面掌握地质断裂带活动及其引起的隧道变形,及时采取或调整必要的预防措施。

(6)云南处于强烈地震活动地带,修建隧道面临地震考验

采用围岩注浆加固和锚杆加固措施使围岩和初期支护形成一个统一的整体,提高围岩

和支护结构的整体稳定性和自承能力,减小围岩和衬砌结构的地震响应;在混凝土结构中添加钢纤维或增设钢筋,形成薄层钢纤维混凝土或钢筋混凝土结构,增加衬砌结构刚度;设置减震层、抗震缝,预留错台,降低隧道地震灾害影响。

1.4 云桂铁路及富宁隧道工程概况

新建云桂铁路东起南宁枢纽的南宁站,沿既有南昆铁路走廊前行后引入既有百色站,之后线路向西跨右江后进入云南省境内,经过文山州的富宁县、广南县和丘北县,于弥勒江边街附近跨南盘江,经红河州的弥勒县后进入昆明的石林县,在宜良南侧再次跨越南盘江,经过阳宗镇,于昆明市呈贡新区东侧设昆明南站,之后线路进入昆明枢纽。新建云桂铁路正线全长709.518km,其中云南省境内431.183km。线路设计行车速度200km/h,预留250km/h条件。铁路以客运为主,兼顾集装箱、轻快货物运输的出海铁路通道。

新建铁路云桂线(云南段)站前工程施工第1标段(土建)位于云南省文山州富宁县境内,起止里程D2K291+420~D4K352+651,正线长度61.231km。如图1-3所示,线路自D2K291+420引出,跨谷拉河设拥村谷拉河双线大桥,线路穿平途隧道、渭林隧道和革朗隧道后,设平安1号、2号四线大桥和平安三线刚构中桥,经平安越行站,再穿平安隧道后,线路穿孟村隧道、孟村大桥跨G323国道,经孟村双线中桥,再穿那坡隧道、平贯1号隧道,经平洗双线大桥,再穿平贯2号隧道、马内双线大桥后,穿富宁隧道至标段终点D4K352+651。沿线地形陡峻、山高谷深,地质复杂,地震烈度高,是典型的山区铁路。

其中富宁隧道穿越多条断层带、岩溶发育区,地质条件复杂,为全线Ⅰ级高风险隧道之一。

富宁隧道位于平安至富宁区间富宁县城及罗富高速公路北部,布设于木都村、那坡村至龙汗山。本隧道为双线隧道,左右线线间距为4.6~4.761m,设计为人字坡。隧道进口里程D4K339+026,出口里程D4K352+651,全长13625m。隧道一般埋深100~400m,最大埋深约455m。为加快施工进度,满足施工通风及排水需要,兼顾超前揭示地质及防灾救援,富宁隧道设置"两横洞+两平导+一斜井"的辅助坑道模式,于D4K342+941.678线路右侧设一号横洞,长672m,采用无轨双车道运输;于D4K346+721.678线路左侧设一斜井,长645m,采用无轨单车道运输;于D4K352+081线路左侧设二号横洞,长212m,采用无轨单车道运输;于左线线路右侧35m设中部平导,长2833m,中部平导接一号横洞,采用无轨单车道运输;于左线线路左侧30m设出口平导,长2658m,出口平导接二号横洞,采用无轨单车道运输。

图1-3 第1标段(土建)地理位置示意图

工点划分及施工任务如下：

(1) 富宁隧道进口管段里程为D4K339+026～D4K341+367，全长2341m，其中明洞14m，Ⅲ级围岩530m，Ⅳ级围岩1367m，Ⅴ级围岩430m。该管段施工图注明溶洞区共有1处；断层破碎带1处，为下林色2号断层，跨越长度116m。

(2) 富宁隧道一号横洞管段里程为D4K341+367～D4K344+820，全长3453m（分别向进口方向施工1575m，出口方向施工1878m），管段内还包括一号横洞长度为672m，中部平导长度为2833m。正洞Ⅲ级围岩1130m，Ⅳ级围岩1553m，Ⅴ级围岩770m。该管段施工图注明溶洞区共有1处；断层破碎带1处，为下林色3号断层，跨越长度60m。D4K342+570～D4K342+620和D4K343+100～D4K343+142为浅埋段，最小埋深为10m和23m。

(3) 富宁隧道斜井管段里程为D4K344+820～D4K349+100，全长4280m（分别向进口方向施工1902m，出口方向施工2378m），管段内包括斜井长度为645m。正洞Ⅲ级围岩910m，Ⅳ级围岩2190m，Ⅴ级围岩1180m。该管段施工图注明断层破碎带4处，为下林色5号、4号断层及下林色逆断层、那农逆断层，共计跨越长度为380m。

(4) 富宁隧道二号横洞（出口段）管段里程为D4K349+100～D4K352+651，全长3551m（分别向进口方向施工2981m，出口方向施工570m），管段内还包括二号横洞长度为212m，出口平导长度为2658m。正洞Ⅲ级围岩1450m，Ⅳ级围岩1390m，Ⅴ级围岩703m。管段内施工图注明溶洞区共有12处；断层破碎带1处，为莫勺2号断层，长50m；推测断层1处。

1.5 富宁隧道工程建设的挑战

富宁隧道为全线 45 座Ⅰ级高风险隧道之一,隧道地质复杂、岩溶发育,其修建面临的挑战有:

(1)挑战一:隧道地质条件复杂,施工难度大,影响工期的不确定性因素多。不良地质主要有断层破碎带、危岩落石、岩溶、岩体风化破碎、软岩变形和高地温等,为全线Ⅰ级风险隧道。

(2)挑战二:隧道施工排水难。富宁隧道涌水量预测:正常涌水量 Q_s=2.4 万 m³/d,雨季最大 Q=4.8 万 m³/d。斜井坡度为 10% 反坡,进入正洞后向进口方向是 1.55% 的反坡施工。日涌水量大、坡度大,施工排水异常困难。

(3)挑战三:施工防灾、通风难。富宁隧道施工防灾、通风既是重点也是难点。地质勘察表明,存在突水突泥的风险;富宁隧道一号横洞长度为 650m,横洞中设置 2859.3m 的平行导坑,独头通风距离为 3474m,通风困难。

第 2 章

地质勘察技术

Key Technologies of Tunnel Construction in Complex Geological Conditions of Yunnan Kunming-Guangxi Nanning Railway

Key Technologies of Tunnel Construction in Complex Geological Conditions of Yunnan Kunming-Guangxi Nanning Railway

2.1 隧道勘察方法及手段（以富宁隧道为例）

按照高速铁路隧道地质勘察宏观定性与微观定量相结合的原则,富宁隧道地质勘察采用了综合勘察方法,勘察手段主要有遥感图像地质解译、工程地质测绘、工程物探、工程地质钻探(浅孔、深孔)、水文地质试验、室内试验、专项地质工作、超前地质预报。通过各种先进的工程水文地质勘察技术手段的综合应用,相互印证补充,综合分析各种勘察手段成果资料,确保隧道勘察成果满足设计、施工和运营要求。

2.1.1 遥感图像地质解译

作为工程地质勘察的重要手段之一,遥感图像地质解译主要应用于富宁隧道地质勘察的踏勘、加深地质工作、初测三个阶段。

(1) 踏勘阶段

通过 1:100000～500000 航天遥感图像和 1:50000 航空遥感图像解译,配合区域地质资料,为隧道方案的优选提供宏观地质选线建议。重点在于了解影响隧道方案的主要工程地质问题与工程地质条件,概略查明影响方案的主要断裂、褶皱构造线展布以及控制隧道方案和隧道进出口选址的特殊岩土、大型不良地质的类型与分布等,为隧道方案地质条件评价、隧道方案比选提供地质资料。

(2) 加深地质工作阶段

影响富宁隧道线路方案的因素较多,通过 1:50000 航空遥感图像地质解译,对地层岩组、影响方案的断裂与褶皱、重大不良地质进行解译,结合大面积地质调绘,从宏观上初步查明控制和影响方案的主要工程地质问题,提出较大范围的方案比选和评价意见。

(3) 初测阶段

富宁隧道地处于西南山区,地形陡峻,地质复杂,现场调查测绘困难。本阶段遥感图像地质解译,对加深地质工作完成的地质解译进行复判、现场验证,通过 1:20000 航空照片解译,进一步查明重大不良地质、影响方案的断裂与褶皱、地层岩组特点,结合调查测绘,配合设计尽快优化稳定线路和隧道方案。

2.1.2 工程地质测绘

遵循铁路工程勘察相关规范、规程及《工程地质测绘标准》(CECS 238—2008),以

1:200000区域地质、1:200000区域水文地质资料和遥感地质解译为基础,根据富宁隧道地形、地貌和地质条件,结合隧道方案工程设置与勘察设计所处的不同阶段,开展了1:10000、1:2000、1:500的地质调查测绘工作。

(1)1:10000工程地质测绘

按云桂线隧道区域地质调查测绘技术要求,富宁隧道长度大于3km,地形地质条件复杂,进行了1:10000区域地质调查测绘,测绘宽度一般段为线路两侧各2～3km,岩溶段范围控制完整的地下水流域,隧道进出口沿中线各延长500m。踏勘、加深地质工作阶段局部实施,结合既有区域地质和遥感地质解译,服务隧道线位优化稳定过程,提供全隧工程地质图(1:10000),满足隧道可行性研究设计,定测阶段根据方案调整进行了局部补充,完成区域地质调查测绘58.98km²(长14.745km),完成工作量见表2-1。

1:10000 工程地质测绘完成工作量　　表2-1

内　容	数　量	单　位	备　注
1:10000地质调绘	58.98	km²	
观测点、井泉点	205	个	
水样	3	组	
摄影点	46	张	
区域地质调查测绘工程地质图	2	张	工程地质平面图、纵剖面图
区域地质调查测绘工程地质说明	1	本	

(2)1:2000工程地质测绘

根据《铁路工程地质勘察规范》(TB 10012—2007),初测阶段进行1:2000工程地质测绘,提供隧道详细工程地质图,定测、补定测阶段,实地复核、修改、补充完善提供该两阶段详细工程地质图。1:2000工程地质测绘重点在于为隧道场地工程地质评价和隧道设计提供真实准确的工点地质资料,测绘范围与线路地形图宽度一致,对于不良地质、特殊岩土及控制隧道的地质条件,扩大至其影响范围,完成1:2000工程地质测绘约5.9km²。

(3)1:500工程地质测绘

铁路隧道工程定测阶段勘察,是在初测(可行性研究)资料的基础上,为确定的具体隧道位置查明工程与水文地质条件,提供设计施工需要的地质资料。富宁隧道定测勘察除了补充完善整个隧道1:2000工程地质测绘,对隧道进出口和D4K342+641.678浅埋段进行了1:500工程地质测绘,为初步设计提供了相应的平面、纵剖面和横断面资料。

富宁隧道工程地质测绘(1:10000、1:2000、1:500),测绘内容包括地貌、地层岩性、地质构造、水文地质、岩溶、不良地质、第四系测绘;采用的测绘路线在垂直地层走向、构造线、地形地貌变化显著的部位进行,对主要断层构造、地质界线采取横穿法和追索法,GPS确定观测点的位置,"V"字形连图法圈定地层界线、连接构造走向,数码照相机对有特殊意义的观测点进行拍照。观测点布置在地层岩性接触界线、构造线、不良地质范围界线等处,各种地质界线变化点做到有地质点控制。

2.1.3 工程物探

物探可以更宏观地、大面积地探测场地的隐伏地质条件,探测速度较快,探测费用也较低。物探与钻探和原位测试手段相互结合,资料相互印证,取长补短,可以大大提高隧道勘探工作的质量和水平。可控源音频大地电磁法（CSAMT法）,是以电阻率的差异来区分岩性及构造体,根据电阻率值的大小以及在地下的展布形式来识别地下地质体的空间分布和性质;影响电阻率的主要因素有矿物成分、岩石的结构、构造及含水情况等。可控源音频大地电磁法具有工作效率高、水平分辨率强、纵向频点数灵活、受高阻屏蔽小、对低阻层（体）反应灵敏、探测深度适中等优点,其在宏观探测埋深较大的地质构造、地层界限、岩溶、采空区等方面的应用较多,是高速铁路隧道工程勘探的主要物探方法之一。

富宁隧道全长13.625km,埋深一般为100~400m,最大埋深约465.47m。隧道区主要产出灰岩、辉绿岩、砂泥岩及硅质岩,发育了8条断层,地形地貌、地层岩性及地质构造复杂。在初测阶段,沿富宁隧道全隧地面中线布置了一条可控源音频大地电磁法物探测线,测点间距20m,测试总长度为5.525km,工作中进口端约8.1km距离内因地形陡峻未能施测。

可控源音频大地电磁法物探异常解译分级与目前铁路隧道围岩基本分级进行对应,为富宁隧道地质（构造）破碎带、软弱带及富水带划分提供了依据,为日后进一步综合确定隧道围岩分级提供了参考,同时也在深孔钻探和孔内测试布置方面能够发挥重要的指导作用。

2.1.4 工程地质钻探

按照《铁路工程地质勘察规范》（TB 10012—2007）要求,富宁隧道地质条件复杂,工程勘探、地质测试结合施工方法采用综合勘探,深钻孔综合利用。初测、定测阶段在隧道进出口和洞身浅埋段进行浅孔勘探,定测阶段在洞身深埋段进行深孔（深度超过100m）勘探,浅孔和深孔勘探工作量布置合理、充足,充分揭示了隧道实际工程水文地质条件。

（1）浅孔钻探

在隧道进口、D4K342+570~D4K342+620及D4K343+100~D4K343+142两段浅埋段、出口分别布置完成浅孔钻探130.5m/4孔、90.1m/2孔、87.2m/3孔。遇溶洞等及其他不良地质时,孔适当加深。在偏压浅埋地段,进行断面勘探的隧道遵循浅孔勘探布置原则。

（2）深孔钻探

隧道深孔,一是为了查明隧道地质结构（如揭示岩层界线、断裂等）,二是为了探查验证重大物探异常,必须在详细工程地质调绘及（或）物探的基础上布置,解决通过地质调绘及物探无法解决的疑难地质问题。在初测完成1:10000区域地质调查测绘、1:2000详细工程地质调查测绘、隧道中线地表可控源音频大地电磁法探测工作的基础上,针对性布置富宁隧道深孔钻探。定测（部分孔补定测完成）阶段,富宁隧道共完成深孔钻探17孔,总进尺4326.33m,最大孔深410.12m、最小孔深132.8m,平均孔深254.49m,对其中16个钻孔进行了地球物理综合测井,完成测井深度4115.93m。深孔钻探位置和数量根据地质复杂程度确定,洞身按不同地貌单元及地质单元布置勘探孔,查明地质条件。主要的地质界线和断层,重要的不良地质地段,特殊岩土地段,可能产生突泥突水危害地段等处有钻孔控制,重要物探异常点由深孔探查、验证,深孔开钻前,重点复查隧道通过地段和钻孔附近地表岩性、地质构造及有关水文地质内容。钻孔深度至路肩高程下20m,遇到溶洞、暗河及其他不良地质时,深度加至溶洞及暗河底以下5m,严格遵守深孔平面位置确定和深度控制原则。

2.1.5 孔内测试试验

按照《铁路工程地质勘察规范》(TB 10012—2007)要求,地质复杂的隧道,宜采用综合勘探方法,地质复杂的深钻孔应综合利用,应根据地层及地质构造发育情况,适当增加隧道洞身的勘探与测试工作量。在富宁隧道深孔钻探孔勘探中逐孔进行了综合测井,在16个深钻孔中进行了水文地质试验。

1)综合测井

根据工作目的和区内地球物理条件,选择三侧向电阻率、自然伽玛、声波速度、自然电位、井温、井液电阻率、井径和井斜等测试物性参数。各种测井参数采样间隔0.10m,提升速度≤6.0m/min。

(1)声波测井

测定钻孔中不同岩石的弹性波速度,划分岩性,推测岩体的完整性程度,划分裂隙破碎带,确定围岩级别。声波探管源距L_s=0.50m,声波探管间距L_v=0.20m。

(2)放射性测井

测定岩层的放射性活度,了解孔内放射性物质赋存情况,推断岩体密度和岩层中裂隙、溶洞、松散层的位置及地下水的流速。

(3)电阻率测井

视电阻率测井所研究的参数是岩石的三侧向电阻率,不同岩层的三侧向电阻率各不相同,岩层的电阻率异常的确定主要依据电阻率值以及与围岩背景值的差异。

(4)井温测量

测量钻孔中温度变化情况,根据井温曲线的变化和正常地温增长率的比较来确定高温或低温异常,以确定隧道中是否存在热害。

(5)自然电位测井

了解自然电场分布规律,划分地层剖面。

(6)井液电阻率测井

测定井液电阻率变化情况,确定水位、含水层及涌水位置。

(7)井径、井斜测井

直接读取井径、孔斜及方位角,辅助判别岩体的完整程度等,为解释参考。

2)水文地质试验

为查清隧道区工程与水文地质条件,对隧道进行物探,在隧道物探异常区、地层及构造分界线等隧道洞身处共布置了 18 个钻孔,孔间距 201～1352m,孔深 40.3～410.12m,总进尺计 4364.40m。根据钻孔的水文地质条件,共在 16 个钻孔中进行了水文地质试验,其中在 8 个孔中进行了抽水试验、3 个孔中进行了注水试验、5 个孔中进行了压水试验,以获取各试验地层渗透系数和试验影响半径。水文地质试验满足获取含水岩组水文地质参数、评价含水层富水性,计算隧道涌水量的需要。

(1) 抽水试验

对地下水位较浅的钻孔进行抽水试验。根据各钻孔抽水试验,渗透系数采用潜水非完整井公式,影响半径采用潜水库萨金公式进行计算。渗透系数计算公式:

$$K=\frac{0.366Q}{LS}\lg\left(\frac{0.66L}{r}\right) \quad (2\text{-}1)$$

式中:Q——钻孔涌水量(m^3/d);

L——过滤器有效渗透部分的长度(m);

S——抽水试验过程水位降深(m);

r——抽水孔半径(m)。

影响半径 R_y 计算公式:

$$R_y = 2S\sqrt{HK} \quad (2\text{-}2)$$

式中:H——潜水含水层厚度(m);

K——渗透系数(m/d)。

DZ-富宁-04 孔抽水试验计算算例见表 2-2。

DZ-富宁-04 孔抽水试验计算算例 表 2-2

孔号	岩性	降深	Q (m^3/d)	L (m)	S (m)	r (m)	K (m/d)	R_y (m)
DZ-富宁-04	泥岩	1	110.84	156.28	36.94	0.055	0.023	158.46
		2	72.65	156.28	25.48	0.055	0.022	106.54
		3	40.81	156.28	13.12	0.055	0.024	57.30

注:完成抽水试验 8 孔,试验地层包括泥岩、灰岩、辉绿岩、硅质岩;本表仅提供 DZ-富宁-04 孔的算例。

(2) 注水试验

对地下水位较深,注水水位无法恢复到孔口形成水压的钻孔采取注水试验。根据各钻孔所做的注水试验,选择抽水试验的有关公式,将水位降深值换为注水时的水位升高值,用注水钻孔内的稳定流量代替钻孔抽水的稳定流量进行计算。渗透系数计算公式:

$$K=\frac{0.366Q}{lS}\lg\frac{2l}{r} \quad (2\text{-}3)$$

式中:Q——稳定注水量(m^3/d);

l——试验段的长度(m);

S——水头上升高度(m);

r——钻孔半径(m)。

影响半径 R_y 计算公式：

$$R_y = 2S\sqrt{HK} \qquad (2-4)$$

式中：R_y——影响半径(m)；

H——潜水含水层厚度(m)。

DZ-富宁-03 注水试验计算算例见表 2-3。

DZ-富宁-03 注水试验计算算例　　　　　　　　表 2-3

孔 号	岩 性	降深(m)	Q（m³/d）	S（m）	r（m）	l（m）	K（m/d）	R_y（m）
DZ-富宁-03	辉绿岩灰岩	1	13.64	6.07	0.0375	90.64	0.0334	22.73
		2	24.63	11.88	0.0375	96.45	0.0292	41.60
		3	36.24	16.78	0.0375	101.35	0.0291	58.66

注：完成注水试验 3 孔，试验地层包括灰岩、辉绿岩；本表仅提供 DZ-富宁-03 孔的算例。

（3）压水试验

对地下水位较深、岩体较完整、渗透性较差、水位可升至孔口形成水压的钻孔进行压水试验。根据各钻孔所做的压水试验，视试验段底部距离隔水层厚度大于试验段长度，采用如下公式计算岩体的渗透系数：

$$K = 0.525W \lg \frac{0.66l}{r} \qquad (2-5)$$

式中：W——单位吸收量[L/(min·m²)]；

　　　l——试验段的长度(m)；

　　　r——钻孔半径(m)。

DZ-富宁-01 孔压水试验计算算例见表 2-4。

DZ-富宁-01 孔压水试验计算算例　　　　　　　　表 2-4

孔 号	岩 性	段落	q（L/min·m）	l（m）	W（L/min·m²）	r（m）	K（m/d）
DZ-富宁-01	硅质岩灰岩	1	0.364	5.25	0.693	0.0375	0.072
		2	0.442	4.94	0.089	0.0375	0.091
		3	0.507	5.12	0.099	0.0375	0.102

注：完成压水试验 5 孔，试验地层包括灰岩、辉绿岩、硅质岩；本表仅提供 DZ-富宁-01 孔的算例。

通过试验结果统计，灰岩的渗透系数为 0.0696～0.1550 m/d，辉绿岩的渗透系数为 0.0452 m/d，泥岩夹砂岩的渗透系数为 0.024～0.066 m/d，硅质岩的渗透系数为 0.026～0.063 m/d。

2.1.6　取样与室内试验

（1）地表岩样、水样

参考 1∶200000 区域地质图及报告并进行实地地质调查测绘，富宁隧道区出露地层岩性主要为泥岩、页岩、泥质粉砂岩、灰岩、白云质灰岩、硅质岩以及辉绿岩。测绘区岩性地质特征清楚、能够辨别区分，不需采集地表岩样鉴定；对隧道区地表河流、沟渠、井泉等地表水，采集水样进行水质简分析，判定对混凝土、混凝土中的钢筋的侵蚀性及环境作用等级。

（2）钻孔内岩样、水样

在工程地质钻探（浅孔、深孔）孔内，按不同岩石类别、层深分别采样，进行岩石物理力学性质试验。具体试验项目包括重度、密度（天然、风干、饱和）、吸水率、饱和吸水率、孔隙率、单轴极限抗压强度（天然、饱和、风干，样品块度小则进行点荷载试验）、软化系数及岩块弹性纵波速测试。每个深钻孔内要能见地下水位取地下水样，孔内每次水文地质试验过程中采集水样进行水质简分析，判定对混凝土、混凝土中的钢筋的侵蚀性及环境作用等级。

采集样品目的明确，样品数量少而精，满足规范和试验目的要求，具代表性，同时质量符合试验要求，尽量做到所采样品一样多用，节约人力、财力及物力。

2.1.7 专项地质工作

依据《铁路工程地质勘察规范》（TB 10012—2007）中可行性研究阶段对地质篇的组成内容要求，富宁隧道含在新建云桂铁路（云南段）内，初测阶段已由具有相应资质的单位分别具体完成了建设项目地质灾害危险性评估、建设项目用地压覆矿产资源评估、新建云桂铁路工程场地地震参数区划三项地质工作，并分别对该三项工作进行了专家评审，得到国家规定的评审机构的审批，满足设计施工和项目评审要求。

2.1.8 超前地质预报

1）勘察对超前地质预报的建议

虽然进行了大量的地质勘察工作，但受现有技术设备、技术认知水平的局限，复杂隧道普遍不能完全查清全部工程及水文地质条件，可能影响施工、安全和合理结构措施的采用。为此，富宁隧道工程地质勘察报告对超前地质预报提出建议。

（1）断层破碎带、沟谷切割深的洞身浅埋带、岩性接触带和次级向斜构造层间型富水带、岩性特征、产状与地形有利的顺层偏压带等地段，均为隧道施工地质预测预报重点地段。

（2）在可溶岩地层中、可溶岩与非可溶岩的接触地带及断层带附近，应加强对突水、突泥、软岩变形的超前地质预测、预报。隧道埋深较大地段，应对隧道内软岩大变形进行超前预报，防患于未然。

2）超前地质预报设计

根据地质、设计资料进行风险评估，富宁隧道地层以碳酸盐地层为主，构造发育带及碳酸盐与其他岩性接触带溶蚀地形较发育，岩溶中等~强烈发育，穿越8条断层带。高风险源主要为突水突泥、塌方风险。塌方风险最高初始风险等级为高度，有14处，共1180m，占隧道总长度的8.7%，主要集中在隧道通过断层、岩性接触带以及进口浅埋处；突水突泥风险最高初始风险等级为极高,共有 6 段,长度共计 400m,占隧道总长度的 2.9%,主要集中在隧道通过断层、岩性接触带地段,突水突泥风险初始风险等级为高度的共有 8 段,长度共计 770m,占隧道总长度的 5.7%,主要集中在隧道通过断层、岩性接触带地段。隧道其余段落风险均在中度及以下。为保证隧道施工安全、优化设计、实现信息化施工,施工期间加强施工地质工作,并实施全隧超前地质预测预报,采取地质调查法、物探法、超前钻探法、超前导坑法、基底探测法等进行综合超前地质预报,超前地质预报纳入正常施工工序进行管理。具体工作方法与工作量见表 2-5。

超前地质预报工作方法与主要工作量　　　　　表 2-5

序号	方法及其内容		单位	工作量
1	地质调查法	地质调查	m	13625
		地质素描	m	13625
		地质作图	m	13625
2	物探法	TSP203	m/次	15114/151
		地质雷达	m/次	1836/61
		红外探水	m/次	13078/436
3	超前钻探法	地质钻孔	m/孔	34459/1149
		加深炮眼	m	76290
4	平行导坑法	平行导坑	m	5533.61
5	基底探测法	基底探测	m	9265

除采取加强超前地质预报,加强监控量测、断层及厚层风化带处初期支护等措施外,还制订了超前排水、超前预注浆等预加固方案,将残留风险均降至可接受水平(中度以下)。

2.2 富宁隧道工程地质概况

2.2.1 地形地貌

富宁隧道位于富宁县城及罗富高速公路北部,区内构造活动强烈,形成以构造侵蚀、剥蚀为主的低中山沟谷地形地貌形态,局部构造发育,碳酸盐岩分布区及其与其他岩性接触带溶蚀地形较发育,有溶蚀洼地、漏斗等分布。隧道区西北高、东南低,受近东西向展布、向南突出的弧形构造控制,区内构造侵蚀、剥蚀低中山山体的走向及主沟谷的发育方向与构造行迹线延伸方向基本一致。隧道区地形起伏大,最低点进口端的里呼河底,高程为 597m,最高点上林色一带,高程为 1277m,相对高差达 680m,自然坡度 20°～50°,局部发育断层陡崖。

隧道进口位于里呼河上游河谷斜坡带,里程为 D4K339+026,轨面高程 701.792m;沿南西穿行板仓乡木都村、新华镇那农村地下,出口位于富宁县城北部莫勾河上游河谷斜坡,里程为 D4K352+651,轨面高程 820.551m。隧道进出口均为构造侵蚀低中山沟谷斜坡地形,紧邻山间河谷,进出口桥隧相连,进口连接马内大桥,出口端连接力们中桥。隧道全长 13625m,一般埋深 100～400m,最大埋深约 465.47m,隧道于 D4K342+570～D4K342+620 及 D4K343+100～D4K343+142 为浅埋段,隧道最小埋深分别为 20m 和 30m。

2.2.2 地层岩性

隧道区地表发育第四系全新统坡崩积(Q_4^{dl+col})、冲洪积(Q_4^{al+pl})、坡洪积(Q_4^{dl+pl})、坡残积(Q_4^{dl+el})松散层,多分布于山麓缓坡和沟谷地带,厚 0～20m。下伏基岩为古生界泥盆系下统坡脚组(D_1p)、芭蕉箐组(D_1b)及中统坡折落组(D_2p)碎屑岩、碳酸盐岩、硅质岩,石炭系上统马平组(C_2m)灰岩、二叠系下统栖霞、茅口组(P_1)碳酸盐岩和中三叠世时期($\beta\mu^a$、υ-$\beta\mu^a$)碱性基性侵入岩;区内构造和侵入体发育,受其影响,地层岩性变化较大,碳酸岩和侵入岩多构成下伏基底地层,而碎屑岩多呈带状分布挟持于侵入岩之间或呈岩帽上覆于侵入岩体之上;各断裂带内发育有断层角砾(Fbr)。

富宁隧道地址纵断面如图 2-1 所示。

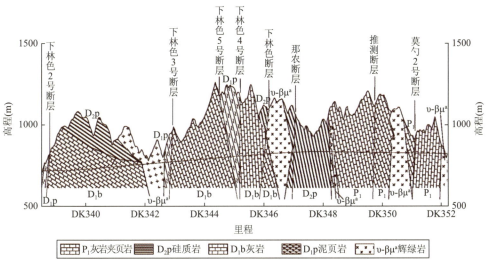

图 2-1 富宁隧道地质纵断面示意图

2.2.3 地质构造

测区地处华南褶皱带的滇东南褶皱系,西北面以弥勒～师宗断裂与扬子准地台分界,属于华南褶皱带与扬子准地台之间的过渡带,其地壳活动经历了由地槽(加里东期)到地台(华力西期)再到地槽(印支期)的复杂演化过程。

区域上隧道处于富宁幅的经向、纬向及北西向构造复合部位,不同规模构造体系的复合,构成了区内比较复杂的构造图像。其中经向构造以里达、睦边区域性断裂为特征,经向构造在富宁—皈朝一线南侧迹线明显,而在测区内迹线不明,已被北西向及纬向构造体系斜接破坏。纬向构造处于干坝子~者桑断褶带(北纬23°35′~23°45′之间),以压性断裂和东西向褶曲构成其主要成分,受北西及滇越巨型旋扭构造体系截接,早期断裂、褶曲性质发生不同程度的变化,但纬向构造仍然为测区构造格局基础之一。北西向构造以富宁深大断裂为代表,从北西至南东途径富宁斜穿长达90.0km,穿谷越岭、波状弯曲,断裂面平直,断裂两侧地层因强烈挤压而直立、倒转,破碎带、角砾岩普遍发育,断层为压扭性,富宁县城一带断裂两侧有较多的基性侵入岩分布。测区西端一带为枢纽点,断裂右行扭动,挤压破坏或直接改造了纬向构造的性质,严格控制着断裂西南、北东两侧的地形地貌格局,属活动性断裂构造。

受上述区域构造体系的影响控制,隧道区纬向构造进一步受北西向构造的影响和改造,形成测区内独具特色的旋扭构造体系,但其发育程度都不完善,规模相对小,一般表现为帚状或弧形构造,以压扭性质居多。隧道区位于富宁大断裂北东地区的皈朝街弧形构造带,主要由一系列向南突出的东西向弧形压性断裂和褶曲组成,其次为垂直(大角度斜交)主体弧形构造的北、北东向次级压性断裂、褶曲。通过隧道的构造主要有下林色、那农断裂及其派生的次级断裂,其间为发育不完整的背向斜构造或层间揉皱构造。

测区构造节理多分布于(D_1b、D_2p、C_2w、C_3m、P_1)灰岩、硅质岩等硬质岩中,较发育~发育,一般2~3条/m,因长期多次构造作用导致形成走向节理,以及沿倾向上的横向张节理,两组节理贯通性好,延伸较远,节理面呈闭合~微张开型,无充填或泥质半充填,节理走向变化大,与测区弧形旋扭构造走向基本相吻合,倾角40°~80°、局部直立,岩体在这套共轭节理的切割下常呈块状,发育密集带形成碎裂结构岩体。

风化裂隙多分布于($\beta\mu^a$、$\upsilon-\beta\mu^a$)侵入岩地层中,裂隙率3%~10%,短小而密集、呈网格状,延伸不远,一般随风化深度的增加而减弱,裂隙为泥质充填。

卸荷裂隙常见于构造迹线挤压带或岩性接触带的(D_1b、D_2p、C_2w、C_3m、P_1)硬质岩地层中,地形陡峻的硬质岩体中更为明显,地形与结构面组合不利段坡面岩体卸荷松弛较严重。

测区内节理裂隙统计成果如图2-2所示。测区构造节理裂隙以走向东西、北、北东向

a) 裂隙极点等密度图

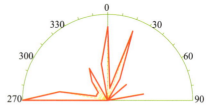

走向	条数	走向	条数
270	7	0	6
280	4	10	1
290	1	20	6
300	1	30	2
310	1	0	0
320	2	50	2
330	3	0	0
0	0	0	0
350	3	80	3

b) 裂隙走向玫瑰花图

图 2-2

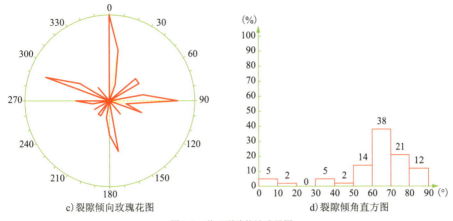

图 2-2 节理裂隙统计成果图

为主,少部分为北西。节理裂隙的发育方向与测区近东西向弧形构造的展布方向相吻合,弧形构造蛇曲扭动较大,导致节理裂隙倾向具多方向性,以 50°～60°的陡倾角节理裂隙居多,张性为主。

2.2.4 地震动参数

自 1500 年以来,测区发生过一次 5.7 级以上地震。1982 年 10 月 27 日富宁县的洞波、者桑一带发生 5.8 级地震,震中东经 105°50′,北纬 23°45′,震中烈度为Ⅶ度。2007 年 9 月 7 日富宁县发生 4.1 级地震,震中东经 105°30′,北纬 23°24′。

根据《改建南宁至昆明铁路扩能改造工程场地地震动参数区划报告》及当时的《中国地震动参数区划图》(GB 18306—2001),测区地震动峰值加速度为 $0.05g$,地震动反应谱特征周期为 $0.35s$,相应地震基本烈度属Ⅵ度。

2.2.5 水文地质条件

1)地表水

隧道区属珠江水系,地表水主要为河沟水,均属普厅河支流或支沟水系,主要有里呼河、那农河及莫勺河,其中里呼河规模较大,主沟流量 $Q=100～600L/s$,一般的支沟或溪沟流量 $Q=20～60L/s$。隧道洞身上常年流水河沟主要为 D4K348+157 附近的那农河和 D4K343+112 的沟谷,这些沟槽一般都有水流,受上游地下水和大气降水补给,雨季水量较大。其他沟槽仅为季节性水流,流量不大。

取水样分析,隧道区地表水类型主要为 $HCO_3^--Ca^{2+}$ 型,局部为 $HCO_3^--Na^++Ca^{2+}$ 和 $SO_4^{2-}+HCO_3^--Na^+$ 型水,pH 值 6.0～7.6。

根据《铁路混凝土结构耐久性设计规范》(TB 10005—2010),在环境作用类别为化学侵蚀、氯盐侵蚀环境时,水中 SO_4^{2-}、Mg^{2+}、Cl^- 对混凝土结构无侵蚀性。其中在

D4K344+135 左侧 70m 处及 D4K342+041 附近所取两组水样，对混凝土结构具酸性侵蚀，侵蚀等级为 H1。

2）地下水

（1）地下水特征

地下水的赋存与分布，主要受地质构造、地形地貌、岩性及气候等因素的控制，测区地下水类型根据地下水赋存条件划分为松散岩类孔隙潜水、基岩裂隙水及岩溶水三大类型。

①松散岩类孔隙潜水。主要分布于宽缓山间沟谷地带第四系松散层中，含水层主要为 Q_4^{al+pl} 粉质黏土、砂土及其层间卵砾石透镜体，其次为 Q_4^{dl+el} 细角砾土，含水层厚度 2～20m，水位埋藏 0.5～10m，以孔隙潜水为主，富水性受岩性、地形地貌及补给条件控制，变化较大，富水性弱～中等。沟谷带卵石土内水量较丰富，其余山坡地带赋水差，含水量小，主要为大气降水和基岩裂隙水补给。

②基岩裂隙水。赋存并运移于区内分布的（D_1p、D_2p、$\beta\mu^a$、$\upsilon\text{-}\beta\mu^a$、$\upsilon\text{-}\upsilon_o^b$）碎屑岩及侵入岩地层中，构造裂隙或风化裂隙为地下水主要赋存空间，岩体原生节理及风化裂隙发育，面裂隙率 3%～9%，总的特征：密集均匀、短小，发育程度随深度增加而减弱。由于测区构造挤压作用强，地层中张性节理裂隙发育，浅部含水层均匀、连通性及透水性较好，富水性中等，局部构造发育、补给条件好的地段水量丰富，主要为大气降水补给。据 1∶200000 区域水文地质资料，该套基岩裂隙含水层泉水流量 0.97～3.79 L/s，地下水径流模数 1.43～17.57L/s•km²。

③岩溶水。分布于（D_1b、C_2w、C_3m、P_1）地层中，测区内碳酸盐岩与碎屑岩相间分布，岩性不纯，D_1b 浅覆盖于（D_1p）碎屑岩地层之上，P_1 呈带状分布挟持于侵入岩之间，C_2w、C_3m 出露零星。区内构造活动强烈、地形中等隆起，形成以构造侵蚀、剥蚀为主的低中山沟谷地形地貌形态，而构造溶蚀地貌形态发育不全，仅局部构造发育带或碳酸盐岩与其他岩性接触带较发育，分布有溶蚀洼地、漏斗，但规模小，垂直发育深度 80～120m，属层间型岩溶。地表岩溶发育一般，局部中等，地表可见溶隙、溶孔及溶槽等，地表岩溶漏斗、洼地及落水洞少见，裂隙连通性较差，调查未见有地下暗河、大的溶洞，岩溶为中等发育，线岩溶率 2%～15%，富水性中等，局部丰富，为大气降水补给。

（2）地下水的补给、径流、排泄

区内地下水主要由大气降水补给，地形中等切割，受构造影响含水层完整性差，地下水径流途径短，循环交替迅速。

基岩裂隙水多于沟谷下部沿裂隙面就近以片状或小股状排泄，少见集中出水点，无明显的排泄基准面，季节变动较小，具"山高水高"的特点；岩溶水接受大气降水补给后，首先垂直下渗或侧向补给下伏基岩裂隙水，在岩性接触带形成富水带，尔后顺层面向就近的沟谷基准排泄点运移、排泄，季节动态变化大，构造发育或地形有利带局部形成层间型岩溶，但规模小、延伸短。

（3）地质构造对地下水的控制

测区构造线走向近于东西、弧形展布，地层挤压破碎、含水层完整性差，断层及褶曲控制了测区的地下水发育规律。地下水多属层间型,隧道沿线穿越的地层揉皱构造发育、波状起伏,次级向斜构造带有利于储水,岩性接触带一般富水性好,岩性接触带沟坡地表露头均有片状、小股状或泉点排泄。测区下林色 4 号断层、下林色逆断层、那农逆断层破碎带宽 20～120m,破碎带以断层角砾为主,断层角砾胶结差,有利于地下水富集和运移。各断裂构造均属储水构造,隧道通过各断层时,可能成为地下水的通道。经计算隧道正常涌水量为 75838m^3/d,最大涌水量为 151676 m^3/d。

(4)地下水水质类型

深孔取样分析,隧道区地下水类型属 $HCO_3^--Ca^{2+}\cdot Mg^{2+}$ 和 $HCO_3^--Ca^{2+}\cdot Mg^{2+}$ 型水,根据《铁路混凝土结构耐久性设计规范》(TB 10005—2010),在环境作用类别为化学侵蚀环境、氯盐环境时,水中 pH 值或 HCO_3^-、SO_4^{2-}、Mg^{2+}、Cl^- 对混凝土结构无侵蚀性。

该隧道地层岩性复杂,灰岩、辉绿岩、硅质岩、泥岩等相间分布,造成水文地质条件也较复杂。虽然勘察所取地表水及地下水根据《铁路混凝土结构耐久性设计规范》(TB 10005—2010)判别不具侵蚀性。但根据经验,侵入岩辉绿岩中的地下水易具侵蚀性,该隧道辉绿岩主要分布于隧道洞身 D4K342+300～D4K343+180、D4K346+750～D4K347+450、D4K350+840～D4K351+380、D4K352+527～D4K352+651,这些地段的环境作用等级可按 H1 考虑。

2.3 富宁隧道主要工程地质问题

富宁隧道主要的工程地质问题为岩溶,对隧道工程影响最大,施工过程中遇到的岩溶问题也最为突出。其次为分布于隧道进口端的错落及危岩落石,同时复杂的岩性组合及断层破碎带对隧道工程施工影响也较大。

2.3.1 岩溶

1)可溶岩的分布

隧道区发育的可溶岩为二叠系下统栖霞、茅口组(P_1)灰岩及泥盆系下统芭蕉箐组(D_1b)白云质灰岩,呈深灰～浅灰色,隐晶质及细晶质结构,中厚层及块状构造。芭蕉箐组(D_1b)白云质灰岩分布于隧道洞身 D4K339+248～D4K341+466、D4K343+389～D4K345+343、D4K345+727～D4K346+663 三段,二叠系下统栖霞、茅口组(P_1)灰岩分布于隧道洞身 D4K348+756～D4K350+181、D4K350+240～D4K350+842、D4K351+379～D4K352+526 三段。可溶岩总计六段,总长 8282m,占隧道总长的 60.8%,总体上可溶岩与碎屑岩、侵入岩呈相间分布。

2）岩溶的特征

(1) 可溶岩在地表出露一般，可见溶沟、溶槽、溶孔，零星分布有溶蚀洼地、漏斗、小型溶洞等岩溶形态。据深孔钻探揭示，共有 5 个钻孔揭示到 14 个溶洞，溶洞大小不一，最大垂直高度 20.24m，最小 0.40m，部分为粉质黏土充填，多发育于隧道洞身以上，并在部分岩芯中可见溶蚀孔洞。

(2) 富宁隧道施工过程中在可溶岩分布地段也揭示到溶缝、溶洞等岩溶形态，共揭示溶洞 9 个，其中在 D4K340+760～D4K340+835、D4K341+080～D4K341+189 揭示两个大型溶洞。

(3) D4K340+760～D4K340+835 处溶洞顺线路方向长约 75m，溶洞宽度 20～37.5m，整个溶洞充填物厚度约 24～44m，隧底以下充填物厚 3～27m。溶洞在纵向上呈鱼形。溶洞平面范围约 2560m^2，空间体积约 76800m^3。溶洞发育于泥盆系下统芭蕉箐组（D_1b）白云质灰岩地层中，为充填型溶洞，充填物为黏土，呈灰黄色，硬塑状，局部软状，土质均匀性较差，软硬不均，夹约 40%～50% 泥岩、硅质岩、灰岩质角砾。施工开挖溶洞中仅有少量的渗滴水，无明显的流水。

D4K341+080～D4K341+189 处溶洞沿线路纵向发育，主要发育于线路右侧及右侧基底，溶洞长度约 109m，推测溶洞宽度 40～54m、高度 15～50m，隧道轨面高程以下充填物厚 10～33m。D4K341+080～D4K341+136 段充填物为块石土夹砂土、黏性土，该段充填物厚约 20～40m；D4K341+136～D4K341+189 段充填物为块石土、粉质黏土，充填物厚约 15～50m。溶洞在纵向上近似倒瓶形，倒瓶口朝向小里程，平底朝向大里程，平面上呈近似长方形。推测溶洞平面范围约 5388m^2，空间体积约 165821m^3。溶洞发育于泥盆系下统芭蕉箐组（D_1b）白云质灰岩地层中，为半充填型溶洞，充填物为溶洞坍塌、溶蚀及流水携带来的堆积物为主，碎块石成分为灰岩，大小不一，无胶结，呈松散状，局部可见砂土及黏性土充填，可见贯通通道及空间，稳定性差，易坍塌。施工开挖溶洞中仅有少量的渗滴水，无明显的流水。

隧道贯通后，在可溶岩分布地段采用地震映像法对隧底岩溶情况进行了探测，经探测发现地震映像异常共计 70 处，长 1143 测线米，其中对 14 处进行钻探验证。综合判定，异常段落内发育有 14 处溶洞，推断岩溶发育区 14 处，岩溶富水段落 3 处，其余异常段落为破碎或断层破碎带。

根据工程地质测绘、钻探、施工等综合分析，隧道区岩溶中等～强烈发育。

3）岩溶的成因

隧道区处于云贵高原向桂东溶原过渡的斜坡地带，属构造侵蚀、溶蚀低中山地貌，地形起伏较大，沟槽发育。隧道区可溶岩与非可溶岩相间分布，非可溶岩呈相对隔水状态，有利于地下水在可溶岩中的运移、渗流，特别是在可溶岩与非可溶岩的接触地带。隧道区汇水面积较大，雨季地表水丰富，对地下水的补给较强烈。该段地面高程为 800～1316m，平均高程约 1000m，隧道洞底高程为 702～820m，以隧道进口端里呼河（高程约 600m）及洞身浅埋段里呼河上游（高程约 782m）、隧道出口莫勾河（高程约 780m）为侵蚀基准面，隧道洞身以上主要处于地下水的垂直循环带中,隧道洞身附近主要处于地下水的季变动带,地下水运移、渗流强烈,特别是在雨季,有大量地表水下渗、径流,在长期地下水的侵蚀、渗透作用下,形成以溶洞、竖井为主的岩溶形态。

4）稳定性分析评价

分布于隧道洞身附近及隧道底板以下的溶洞对隧道工程影响较大,易发生岩溶塌陷,稳定性较差。其中隧道穿过的两个大型溶洞对工程影响最大,隧道洞身从溶洞充填物上通过,溶洞充填物以黏性土为主,含较多碎石角砾及块石,均匀性差,局部软硬不均,自稳性较差,围岩松动圈大,围岩压力大,施工开挖振动作用下围岩极不稳定,极易发生坍塌,基底还易发生较大沉降及不均匀沉降。同时雨季地下水沿溶蚀通道渗涌入隧道,不仅会带走溶洞充填物,地下水位还将上升,导致隧道可能处于地下水位以下,地下水不仅对土质围岩具有软化恶化作用,水压力还将增大,对隧道工程稳定及安全不利,需对隧道基底进行加固处理,并加强排水及衬砌措施。

5）工程措施建议

(1)对分布于隧底以下影响范围内的溶洞,需采用开挖回填或灌注浆进行填充、加固。

(2)对隧道穿过的两处大型溶洞因隧道底堆积物较厚,宜采用桩板结构通过,桩基应置于稳定地层中,同时对基底溶洞充填物采取注浆加固,提高其强度及整体性。

(3)过溶洞段应采取合适的施工工艺和衬砌形式。

(4)隧底增设泄水孔,加强隧底排水,减小水对衬砌的作用力。

2.3.2 错落及危岩落石

1）错落

原富宁隧道进口处于现隧道进口左侧410m陡坡地带,经工程地质测绘、分析,发现原隧道进口及与隧道相接的马内大桥昆明端岸坡处于一古错落体上。错落体处于里呼河右岸,在里呼河的长期冲刷作用下,形成一深沟,坡面上部的芭蕉箐组（D_1b）白云质灰岩在重力等作用下形成错落体,错落体呈北东~南西走向,纵向长130～550m、横向宽处约285m,高差80～330m,呈一楔形体,前缘形成陡壁,后缘较平缓,平面范围约9.7万 m^2,体积约1986万 m^3。

对该错落体进行了赤平投影分析、有限元分析及离散元分析。

(1)赤平投影分析：根据坡面、主要节理面及滑面的赤平投影分析,各种面的组合对错落体的稳定性无不利影响,从稳定性系数分析,该楔形体是处于稳定状态的,但由于现场错落体的存在,在地震状况下斜坡会有失稳的情况发生。

(2)有限元分析：该岸坡在自然状况下是处于稳定状态的,在地震情况下,在陡崖坡脚处有局部破坏点可能产生拉裂破坏。

(3)离散元分析：该岸坡在自然状态下处于稳定状态;在地震情况下,会出现一定的位移,水平方向最大计算位移为0.5cm,竖直方向最大计算位移为2cm,主要出现在坡面边缘和陡崖坡脚处,变形量较小,岸坡整体稳定,与有限元分析结果一致。

经赤平投影分析、数据模拟分析,认为该错落体分布范围较大,岸坡在地震等工况下不稳定,对工程不利,且工程难以处理,因此建议改线。

通过对沟槽上、中、下游重新进行大范围的地质测绘和方案比选工作,最终选定了D2K方案上游约410m处地质条件相对较好的现方案(D4K方案)。与初步设计方案相比,该方案避开了古错落体,改善了富宁隧道进口及马内大桥的地质条件,同时也基本避开了富宁隧道进口上方的危岩。

2)危岩落石

危岩落石区分布于隧道进口端坡顶D4K339+350～D4K339+500左侧30m以外地带,分布的高程范围为840～930m。危岩落石的形成一方面由于下林色2号断层于隧道进口上方通过,形成断层崖,另一方面是因该段上覆芭蕉箐组(D_1b)白云质灰岩硬质岩,其张性(卸荷)节理裂隙发育,下部为坡脚组(D_1p)粉砂质泥岩、页岩及泥质粉砂岩等软质岩,差异风化作用严重,下部软质岩的风化剥蚀造成上部硬质岩临空,长期在重力的作用下沿结构面崩塌形成危岩陡崖。危岩陡崖分布于长度600m、高差约100m的范围,沿坡面及坡脚分布有大量坡崩积碎块石土,石质为白云质灰岩,一般直径1～3m,最大直径可达10m。

危岩落石对工程不利,一般需采取清除、嵌补、挂网喷浆、接长明洞等措施进行处理。对富宁隧道进口影响较大,线路方案结合对古错落体的绕避对主要危岩落石区进行了避让。改线后,隧道进口坡面清理危岩落石约400余 m^3。

2.3.3 断层破碎带

工程区域地质构造复杂,断裂发育。隧道共穿越8条断层,断层破碎带因其复杂性、导水性及工程性质差等对隧道工程影响较大。

富宁隧道沿线穿越下林色、那农断裂及其派生的多条次级断裂,其间为发育不完整的背向斜构造或层间揉皱构造。据测绘、钻探及物探资料,断层破碎带宽10～140m不等,破碎带以断层角砾和断层泥为主,断层角砾胶结差,断层带两侧地层挤压破碎,断层连通地下含水层及地表水体的可能性较大,有利于地下水的富集和运移,断裂构造多属储水构造,隧道通过各断层带时,可能成为地下水的渗流通道。

其中下林色2号断层于隧道进口边坡带通过,上覆D_1b硬质岩张性(卸荷)节理裂隙发育,断层破碎带构成软岩基座且富水,对进口边坡稳定影响较大;下林色4号、5号断层分别在D4K345+720、D4K345+344附近穿越隧道洞身,上部D_1b地层有洼地、漏斗发育,虽岩溶发育深度浅、洞身上覆D_1p厚200～300m,但断层破碎带可能成为导水通道、存在水侵软弱带;那农断层在D4K347+523附近穿越隧道洞身,洞身上覆侵入岩($υ-βμ^a$)厚约250m,穿越那农河,断层破碎带可能成为导水通道、存在水侵软弱带;莫勺2号断层在D4K351+585附近穿越隧道洞身,洞身埋深约80m,地层张性节理裂隙发育,局部成为松弛岩体,断层破碎带较宽,两侧岩体热力变质作用强,角岩化、大理岩化明显。据物探资料显示,2号断层断层带宽约60m,断层面陡倾,断层带岩体破碎,富水。

断层破碎带岩体破碎、软硬不均、围岩等级差、工程地质较差、富含地下水,隧道施工穿越断层破碎带时遇涌水、突泥的可能性较大,并易发生坍塌、掉块等问题,断层破碎带工程性质差,对隧道工程影响较大,需采取超前小导管注浆加固围岩和止水、大管棚支护等措施通过,并应加强衬砌。

2.3.4 复杂的岩性组合及接触带

工程区地质史上沉积环境多变,浅海相与深海相的多次变化,形成了区内泥砂岩碎屑岩相及灰岩相的沉积环境,相间沉积了砂泥岩、硅质岩、灰岩、白云质灰岩等地层,同时由于中三叠世较强烈的岩浆活动,形成了区内大量分布的碱性基性侵入岩体,造就了区内碎屑岩、碳酸盐岩及火成岩相间分布的格局。

隧道区主要发育的地层为:泥盆系下统坡脚组(D_1p)粉砂质泥岩、页岩及泥质粉砂岩;泥盆系下统芭蕉箐组(D_1b)白云质灰岩;泥盆系中统坡折落组(D_2p)硅质岩;二叠系下统栖霞、茅口组(P_1)灰岩;中三叠世时期($\beta\mu^a$、$\upsilon\text{-}\beta\mu^a$)辉长、辉绿岩等碱性基性侵入岩。区内碳酸盐岩和侵入岩多构成下伏基底地层,而碎屑岩多呈带状分布挟持于侵入岩之间或呈岩帽上覆于碳酸盐岩和侵入岩体之上。

据统计,全隧道共15次穿过不同的岩性段,其中穿过碳酸盐岩(灰岩、白云质灰岩)段6次,总长8282m,穿过砂泥岩3段,总长762m,穿过硅质岩2段,总长2168m,穿过火成岩(辉长、辉绿岩)段4次,总长2263m,其他为断层破碎带。不仅不同岩性的工程性质差异明显,而且不同岩性的接触带往往性质特殊,如可溶岩与非可溶岩的接触带一般岩溶发育、岩体破碎、地下水较丰富,侵入岩与沉积岩的接触带一般均形成蚀变带,岩体软弱、破碎。

岩性的较大差异及不同岩性接触带的特性对工程及施工影响较大,施工针对不同的岩性应制定相应的工法,针对不同岩性的接触带(包括断层带)应采取合适的措施。

2.3.5 浅埋

(1)富宁隧道于D4K342+570~D4K342+620及D4K343+100~D4K343+142为浅埋段,隧道最小埋深分别为10m和23m。富宁隧道穿越金卡段(D4K342+641~D4K343+141)为浅埋,穿越的$\beta\mu^a$、$\upsilon\text{-}\beta\mu^a$侵入岩风化破碎且受水侵,出现洞顶坍塌、掉块、塌陷的可能性大。

(2)隧道出口浅埋段,洞身地表为长冲沟的末端,隧道穿越辉绿岩、芭蕉箐组灰岩夹硅质岩接触带,洞身地表岩体破碎,含水率较高。岩体破碎且受水侵时,隧道施工出现洞顶坍塌、掉块、塌陷的可能性大,出口洞脸边坡易失稳,对隧道工程影响较大。

2.4 配合施工的地质工作

2.4.1 主要内容

配合施工的主要地质工作,指施工图交付后至工程验收期间勘察设计单位在施工现场所从事的主要工作,可分为工程施工前、施工过程中、施工结束后三个阶段。

1)施工前配合施工的主要工作内容

(1)工程项目开工前,勘察设计单位应根据建设单位要求做好施工图技术交底工作:说明设计意图,关键技术及技术要求,提出建设、监理和施工中应注意的事项,解答建设、施工、监理等单位提出的相关问题。特别是对重点、难点,地质条件复杂,施工工艺复杂,高危风险点和采用新技术、新材料、新标准、新结构、新工艺的工程项目应做专门的技术交底工作,对建设、施工、监理等单位提出的问题应科学合理,实事求是地进行解答并形成技术交底纪要。

(2)勘察、设计单位要参加建设单位指导性施工组织设计的编制和调整,参与重大施工技术方案的研究,协助解决有关问题,提出优化建议,并根据确定的施工组织方案优化施工图,测算投资变化。

2)施工过程中配合施工的主要工作内容

(1)配合施工地质勘察人员应尽快熟悉地质资料及设计文件,应加强对施工图地质资料的核查。并随时注意施工现场是否还在进行补勘或还有遗漏的补勘工作,发现问题应及时采取措施进行处理。

(2)积极协助建设单位进行协议签订,征地拆迁、管线迁改、交叉跨越等外部协调工作,并对配合施工过程中新增的改沟、改渠、涵洞、改移道路、跨线建筑物等,及时完善勘察、设计工作。

(3)按照建设管理办法的要求或规定进行工程地质验基确认工作。

(4)施工过程中原设计无法实施或实施困难时,勘察设计单位应在建设单位组织下根据现场发生实际情况提出合理的变更设计方案,并按照变更设计规定的程序及时完成变更施工图的勘察、设计工作。

(5)施工过程中出现质量安全事故或其他突发事件时,勘察、设计单位应及时到达现场参与抢险,提出工程处理意见,完成相关勘察和变更设计工作,按规定参与事故调查分析。

3)施工完成后配合施工主要工作内容

勘察、设计单位要参与竣工验收,确认项目达到设计要求和条件,满足运营使用功能的要求。

2.4.2 超前地质预报

1）超前地质预报的目的及主要内容

（1）目的

为了进一步查清隧道的工程地质与水文地质条件；较为准确地指导工程施工的顺利进行；最大可能降低地质灾害发生的概率和风险；最大限度地为优化工程设计、变更设计提供地质依据；为相对完善的编制竣工文件提供地质资料等。

（2）主要内容

①不同岩体接触带的位置、破碎程度、地下水赋存情况、水量水压预测。
②断层破碎带内的岩体破碎程度、地下水赋存情况及岩体稳定性。
③可溶岩地段岩溶发育程度及岩溶水发育情况。
④隧道内岩层风化程度，节理裂隙发育状况、岩层产状等围岩变化情况。
⑤煤系地层煤层厚度（或赋存条件）、采空区分布、煤与瓦斯突出等情况。

2）超前地质预报的主要方法

在开展隧道风险评估的基础上，根据隧道地质情况、风险源及风险等级，开展超前地质预报方案设计，积极采用新技术、新设备、新方法，在必要的监测措施、安全保障下，采取不同的超前探测方法开展工作。隧道超前探测方法分为：地质调查法、物探法、超前钻探法和超前导坑等。

（1）地质调查法

地质调查法包括隧道地表补充地质调查和隧道内地质素描。

（2）物探法

物探法的种类较多，一般较常用的物探方法主要有地震反射波法（TSP）、地质雷达法、红外探测法等。

（3）超前钻探法

超前钻探法分为超前地质钻孔和加深炮眼。

（4）超前导坑

超前导坑施工中揭示的地质情况能为预测正洞的地质情况提供一定依据。如隧道旁设置的平导。

3）隧道超前地质预报（以富宁隧道为例）

（1）富宁隧道风险等级及类型

富宁隧道为云桂铁路Ⅰ级高风险隧道之一。其存在的典型风险类型有危岩落石、塌方、突水突泥、洞口失稳风险等。预测全隧突水突泥风险为极高的段落占隧道总长度的14.5%，突水突泥风险为高度的段落占隧道总长度的3.9%，塌方风险为高度的段落占隧道总长度的15.5%。

（2）富宁隧道超前地质预报分类

富宁隧道由于为Ⅰ级高风险隧道，采用了多种预报方法分段、分类结合的综合超前地质预报措施。主要采用的预报方法有地质调查法（地表补充地质调查和隧道内地质素描）、物探法（TSP、地质雷达法、红外探测）、超前钻探法（超前地质钻孔和加深炮眼）等。另外本隧道设置有中部平导和出口平导两个平导。

2.4.3 变更（以富宁隧道为例）

1）隧道变更

富宁隧道的变更均严格执行各规范及相关文件要求。富宁隧道正洞全长13625m；隧道于D4K342+941.678线路右侧设一号横洞，长672m；于D4K346+721.678线路左侧设一斜井，斜井长645m；于D4K352+081线路左侧设二号横洞，长212m；于左线线路右侧35m设中部平导，长2832.619m；于左线线路左侧30m设出口平导，长2657.517m。

富宁隧道施工过程中,当开挖揭示的地质条件与勘察设计不符时,施工单位、勘察设计单位、监理单位均可提出变更设计申请,由建设方组织四方进行现场核对及查阅相关资料后,四方会商确定是否进行变更。富宁隧道变更包括围岩变更［正变更（围岩变差为主的情况）、负变更（围岩变好为主的情况）］、岩溶处理、变形处理、涌水处理、突泥处理等。富宁隧道正洞围岩变更总长度为4873m,总变更率为35.76%。

2）隧道涌水、突泥

富宁隧道施工过程中出现过一次较大涌水和两次较大突泥。

（1）涌水

该涌水点里程为D4K346+596,隧道埋深约270m,位于富宁隧道斜井工点D4K346+600～D4K346+585段涌水风险段落内。

①勘察设计情况。该段揭示围岩为灰岩,中厚层状构造,节理裂隙发育,方解石脉充填,岩体呈碎石状结构,岩体较破碎。地下水类型为岩溶水,富水性中等～强。预测D4K346+740～D4K346+520段正常涌水量为4949.1m^3/h,最大涌水量为9898.2 m^3/h。

该段设计衬砌类型为Ⅳ级B型复合式衬砌,拱墙格栅钢架1.2m/榀,ϕ42mm超前小导管超前支护,每2.4m设置一环,每环31根,每根长度4.0m,采用台阶法开挖。

②超前地质预报情况。按照设计要求,本隧采用钻探结合物探的手段进行超前地质预报。其中钻探包括加深炮孔和超前地质钻孔,物探包括TSP（隧道地震波法）、红外探水、地质雷达。

a.超前水平钻探:超前水平钻探地质预报人员在进口向掌子面D4K346+603处进行了超前探孔作业,预报结果为D4K346+603～D4K346+572.4段裂隙水较发育,终孔水流量约39 m^3/h。

b.地质雷达和红外探水:地质雷达和红外探水超前地质预报人员在进口向掌子面D4K346+603处做了地质雷达和红外探水超前地质预报,预报结果为D4K346+603～D4K346+573段岩体破碎,岩溶弱发育,富水。

c.TSP:TSP超前地质预报人员在进口向掌子面D4K346+597处做了TSP,预报结果为

D4K346+597～D4K346+550段岩体破碎,富水,岩溶中等发育;D4K346+550～D4K346+532段岩体较破碎;D4K346+532～D4K346+497段岩体破碎,含水,岩溶弱发育。

为了更准确地判断涌水点位置,在距上次探测3d后,红外探水超前地质预报人员再次进行红外探水探测;在距上次探测约半个月后,超前水平钻探地质预报组人员在进口向掌子面D4K346+596处进行了补充超前探孔作业,预报结果为:D4K346+596～D4K346+584段为灰黑色灰岩,弱风化地层,属较软岩,岩体以较完整为主,围岩稳定性一般;D4K346+584～D4K346+566段受溶蚀作用影响,岩体较破碎,节理裂隙发育,岩体整体呈碎石状结构,围岩稳定性较差,该段地下水发育,终孔时总水流量为70～80 m³/h。

③施工情况。掌子面施工至D4K346+596,现场进行找顶作业时,掌子面有局部滴状水,个别加深炮孔内有股状水流出,水质清澈;找顶作业进行至拱顶部位时,水流量逐渐增大,从拱顶左侧和右侧出现股状水,水流量约110m³/h;约1h后,掌子面出水点由原来的拱顶左右两侧集中至拱顶偏左测一个出水点,水流量逐渐增大至约350m³/h,水质呈现黑色;至1.5h后,水量保持稳定,没有发生变化,水质转变清澈。

通过对监控量测数据的分析,各断面的监控量测数据均为正常变形,没有发现突变现象,可以证明掌子面出水对后方已支护地段没有造成明显影响。

4天后,为方便施工,现场将水通过PVC管引至D4K346+597右侧集中排放,水流量约5L/s。掌子面可见三个水平钻孔,左侧及中部钻孔内有股状水,目测流量约0.1L/s,掌子面拱部位置有线状滴水。约半个月后,再次施作水平钻探显示,D4K346+596～D4K346+584段无水,D4K346+584～D4K346+566段地下水发育,终孔时总涌水量约70～80 m³/h,最终水平钻终孔出水流量减小至约30 m³/h。

④处理措施。D4K346+600～D4K346+596段为保证初期支护稳定性,减少渗水对初支混凝土强度及施工环境的影响,对该里程段采取径向注浆堵水措施,注浆管按环1.0m×纵1.0m梅花形布设,孔深5m,浆液选用水泥液,注浆压力0.5～1.0MPa。

对掌子面涌水点采取预埋ϕ200钢管集中引排,并在管口安装闸阀,然后在掌子面施作1m厚止浆墙,注浆时将泄水管用闸阀将水堵住,再进行注浆堵水和加固,帷幕预注浆范围D4K346+597～D4K346+587段共10m。

为保证前方开挖安全,对D4K346+597～D4K346+585段按Ⅴ级B型复合衬砌,全环设I20b型钢钢架,间距0.8m/榀;ϕ42超前小导管超前支护,每3.2m环,每环38根,每根长度4.5m,大拱脚台阶法施工。

施工过程中,由于水量较大,现场可根据实际情况采用干喷工艺。

(2)突泥

富宁隧道共出现过两次突泥。两次突泥的里程分别为D4K341+380及D4K341+230。两处突泥均穿越泥盆系下统芭蕉箐组(D_1b)白云质灰岩地层,中厚层状,局部夹薄层泥灰岩,构造发育带有黑色炭质岩及黄铁矿夹层,质坚性脆。地下水类型为岩溶水,富水性中等,局部丰富。

① D4K341+380处突泥。

a. 设计情况。该处设计为Ⅳ级B型复合式衬砌,拱墙采用格栅钢架加强支护,间距1m/榀,

拱部采用 $\phi 42$ 小导管超前支护，环向间距 0.5m，每 3m 一环，每环 31 根，每根长 4.5m。采用台阶法开挖。

b. 超前地质预报情况。

a）超前钻探情况：D4K341+390～D4K341+359.5 段内岩性为灰色灰岩，岩体较完整，中厚层状，层间结合一般，呈块石、层状结构，段内地下水不发育。

b）TSP 预报情况：D4K341+390～D4K341+370 段岩体较完整，围岩稳定性较好，岩溶弱发育，含水。D4K341+370～D4K341+354 段岩体较破碎，围岩稳定性较差，岩溶弱发育，含水；D4K341+354～D4K341+310 段岩体破碎，节理裂隙发育，围岩自稳能力差，岩溶中等发育，含水。建议加强地质雷达和红外探水及水平钻探测，提请加强支护。D4K341+310～D4K341+290 段岩体较完整，围岩稳定性较好，岩溶弱发育，含水；D4K341+290～D4K341+260 段岩体较破碎，围岩稳定性较差，岩溶弱发育，含水。建议在该段加强地质雷达和红外探水及水平钻探测，提请加强支护。

c）地质雷达情况：该段雷达波发射较强，同相轴有明显错断，据此推测岩体破碎，溶蚀裂隙发育，层间多填黏土，围岩稳定性较差，含水。注意季节性降雨对隧道施工的影响，降雨入渗明显降低岩体强度，从而影响岩体稳定性，易造成围岩掉块甚至塌滑。

d）红外探水预报情况：D4K341+390～D4K341+360 段含水。

c. 施工情况

D4K341+380 处掌子面实际揭示围岩为灰岩，深灰色，中厚层状，弱风化，岩体节理裂隙较发育，局部方解石脉发育，岩体较破碎，呈碎石状结构，局部呈块石状结构，完整性一般，稳定性一般。开挖当晚，D4K341+380 处拱顶上方揭示一未探明的充填型溶洞，充填物涌出在隧道内形成高度约 4～6m，纵向长度约 17m（D4K341+395～D4K341+378）的堆积体，溶洞充填物涌出约 1000m^3。溶洞充填物以软塑状粉质黏土夹角砾为主，局部见直径约 1～2m 呈弱胶结状的充填物胶结体，石质成分为灰岩、硅质岩，涌出口周边有连续性滴水。

监控量测显示，截止开挖当日，D4K341+385 沉降速率为 1mm/d，累计拱顶下沉 1mm，周边收敛速率为 0mm/d，累计周边收敛 0mm。

d. 处理措施。

a）洞外处理：组织人员对地表进行观察，如有异常情况及时上报。

b）洞内处理：D4K341+380～D4K341+360 段围岩变更为 V 级，采用 V 级 C 型复合式衬砌。采用大拱脚台阶法开挖，以增加拱架的承载能力及稳定性；加强支护采用 I20 工字钢钢架，钢架间距加密至 0.6m/榀。于 D4K341+385 处设置一环 $\phi 108$ 超前大管棚用作超前支护，环向间距 0.4m，每环 38 根，每根长度 25m。二衬环向盲管按 5m/道布设。

② D4K341+230 处突泥。

a. 设计情况。该处设计为 Ⅳ 级 B 型复合式衬砌，拱墙采用格栅钢架加强支护，间距 1.2m/榀，拱部采用 $\phi 42$ 小导管超前支护，环向间距 0.5m，每 2.4m 一环，每环 31 根，每根长 4.0m。采用台阶法开挖。

b. 超前地质预报情况。

a）超前钻探情况：D4K341+243.4～D4K341+212.9 段内岩性为灰色灰岩，弱～强风化，位于掌子面拱顶偏左发育一宽约 1.5m 小型溶洞，朝拱顶上方发育，全风化泥质充填，无水，岩体较破碎，薄层状，层间结合较差，呈块石、碎石状结构，段内地下水不发育。

b）TSP 预报情况：D4K341+258～D4K341+228 段岩体较破碎，围岩稳定性较差，岩溶弱发育，含水。建议在该段加强地质雷达和红外探水及水平钻探测，提请加强支护；D4K341+228～D4K341+186.6 段岩体较完整，围岩稳定性较好，岩溶弱发育，含水。

c）红外探水预报情况：D4K341+243.4～D4K341+213.4 段无水。

c. 施工情况。D4K341+230 处掌子面实际揭示围岩为灰岩，深灰色，中厚层状，弱风化，岩体节理裂隙较发育，局部方解石脉发育，岩体较破碎，呈碎石状结构，局部呈块石状结构，完整性一般，稳定性一般。开挖当天，D4K341+230 处拱顶上方揭示一未探明的充填型溶洞，充填物涌出在隧道内形成高度约 4～6m，纵向长度约 6m 的堆积体，溶洞充填物涌出约 200m³。溶洞充填物以软塑状粉质黏土夹角砾为主，局部为块、孤石，直径约 0.5～2m 呈弱胶结状的充填物胶结体，石质成分为灰岩、硅质岩。该溶洞位于掌子面中线偏左，由于坍塌形成高约 10m，拱顶开挖轮廓线外约 6m，宽约 4m，纵向深约 5m 的空腔，现场会勘时空腔顶部仍有掉泥、掉块现象。该充填溶洞高、宽与形成的空腔大致相同，掌子面无水。

监控量测显示，截止开挖当日，D4K341+230 沉降速率为 1mm/d，累计拱顶下沉 1mm，周边收敛速率为 0.7mm/d，累计周边收敛 0.7mm。

d. 处理措施。D4K341+230～D4K341+210 段围岩变更为Ⅴ级，采用Ⅴ级 C 型复合式衬砌。采用大拱脚台阶法开挖，以增加拱架的承载能力及稳定性；加强支护采用 I22b 型钢钢架，钢架间距加密至 0.6m/榀。取消拱部 $\phi42$ 超前小导管，拱部增设 $\phi60$ 超前中管棚超前支护，环向间距 0.4m，每 6.0m 一环，每环 38 根，每根长 8m；锁脚锚管采用 $\phi60$ 无缝钢管，6m/根。初支背后空腔设 C20 混凝土护拱，护拱厚度 2m，吹砂厚度 1m。二衬环向盲管按 5m/道布设。

第 3 章

长大山岭隧道岩溶段施工关键技术

Key Technologies of Tunnel Construction in Complex Geological Conditions of Yunnan Kunming-Guangxi Nanning Railway

Key Technologies of Tunnel Construction in Complex Geological Conditions of Yunnan Kunming-Guangxi Nanning Railway

地表水在运动过程中对所经过的沉积物或岩石有着重要的侵蚀作用,既包括水动力作用下的碎屑物搬运,又包括水对岩石或沉积物的化学溶蚀作用,还包括碎屑物在搬运过程中的磨蚀作用。

溶洞的形成是石灰岩地区地下水长期溶蚀的结果。石灰岩的主要成分是碳酸钙($CaCO_3$),在有水和二氧化碳时发生化学反应生成碳酸氢钙$[Ca(HCO_3)_2]$,后者可溶于水,于是有空洞形成并逐步扩大。

当隧道穿过可溶性岩层时,常遇到大小不等、部位不同,充填物及充填程度不同、含水率各异的溶洞。溶洞不管处于隧道的什么部位,都给施工带来一定的困难,主要表现为以下:

(1)溶洞位于隧道底部,充填深而充填物很松软,隧道底基难以处理。

(2)溶洞位于隧道顶部,围岩容易坍塌,洞穴处理困难。

(3)溶洞岩质破碎,常发生塌方,有时遇到大的水囊或暗河,岩溶水或泥沙夹水大量涌入隧道。

(4)有时遇到饱含水分的充填物。隧道挖至该充填物边缘时,含水充填物不断涌入隧道内,难以遏制,结果地表开裂下沉,山体压力骤然增大。

因此,岩溶对隧道施工危害是多方面并且严重的,施工中有必要进一步调查与施工有密切关系的溶洞。溶洞分布范围是指距隧道开挖面的距离、方位、高程等。溶洞分布的类型是指溶洞大小、发育与否、有水与否以及岩溶水补给来源等。

3.1 岩溶超前地质预报技术

进行地质预报的目的:一是避免施工期间地质灾害的发生造成人身及财产的不必要损失;二是通过分析地质预报结果必要时对设计进行调整。目前的主要手段为地质素描、物探、钻探及洞探,其可靠性大致按此顺序依次较高。但在岩溶地区对于岩溶或溶洞的预报仅靠某个单一手段是很难做到准确预报的,以下是目前常用的主要技术手段及其优缺点,以供综合采用时参考。

3.1.1 (TSP203)超前地质预报

1)超前地质预报的优点

(1)适用范围广。适用于极软岩至极硬岩的任何地质情况。

(2)预报距离长。能预报掌子面前方 100～350 m 范围内的地质状况。

(3)对隧道施工干扰小。它可在隧道施工间隙进行,整个预报过程只需 30min 左右。

(4)提交资料及时。在现场采集数据的第 2 天即可提交正式成果报告。

2)超前地质预报的缺点

预报断层、弱硬岩接触面等面状结构预报较为准确,而预报溶洞等点状地质体则不尽如人意,因其预报原理和计算模型是以平面为计算依据,对宽度小于 0.4 m 的小型溶洞反映不明显。

3.1.2 地质雷达地质预报

1)地质雷达地质预报的优点

在地表探测 5～30 m 范围内的地下地层或地质异常体(溶洞、断裂、空隙等)预报较为准确;灰岩地区隧道铺底前采用中～低频率的天线可作为探明隧底隐伏岩溶洞穴的手段。采用高频率的天线进行隧道混凝土衬砌质量无损检测比较理想。

2)地质雷达地质预报的缺点

(1)仪器密封性差,易造成仪器损坏,操作起来费时费力,探测距离短,效果不好。

(2)隧道内的环境条件与地质雷达的理论基础空间不吻合,加之洞内钢拱架、钢筋网、锚杆、钢轨等金属构件的影响,探测结果一般不太理想。

3.1.3 红外探水地质预报

当隧道前方和外围介质相对比较均匀,且不存在隐蔽灾害源时,沿隧道走向分别对顶板、底板、左边墙、右边墙向外进行探测,所获得的红外探测曲线,具有正常场特征。当隧道断面前方或隧道外围任一空间部位存在隐蔽灾害源时,隐蔽灾害源产生的灾害场就一定会迭加到正常场上,使正常场中的某一段曲线发生畸变,畸变段称作红外异常。红外探测就是根据红外异常来确定隐蔽灾害源的存在。隐蔽灾害源是指含水断层、含水溶洞、地下暗河。

在复杂地质条件下,特别是岩溶发育地区,相对掘进隧道的隐伏水体或含水构造,除了出现在掘进前方之外,还可能出现在顶板上方、底板下方、两边墙外部。针对复杂水文地质特点,红外探测仪可实现全空间全方位探测。其具体地质预报内容如下:

(1)通过超前探测可预报掘进前方 30m 范围内有无含水断层和溶洞。

(2)通过对顶板上方探测,可确定顶板上方 30m 范围有无含水层或含水构造。

(3)通过对底板下方探测,可了解底板下方有无含水构造,以预防滞后突水。

(4)分别向两边墙外部探测,了解 30m 范围内有无含水体或者含水断层,以预防含水断层在前方与隧道相交造成大突水。

3.2 岩溶溶洞形态判定及分析

溶洞为地下岩溶地貌的主要形态,是地下水流沿可溶性岩层的各种构造面(如层面、断裂面、节理裂隙面)进行溶蚀及侵蚀作用所形成的地下洞穴。在形成初期,岩溶作用以溶蚀为主,随着孔洞的扩大,水流作用加强。机械侵蚀也起很大作用,沿溶洞壁时常可见石窝、水痕等侵蚀痕迹,在构造裂隙交叉点,溶蚀及侵蚀作用更易于进行,并时常产生崩塌作用,因此,在这里往往形成高大的"厅堂"。洞穴中存在着溶蚀残余堆积,石钟乳、石笋冲积物及崩塌物等多种类型沉积是上述各种作用存在的证据。洞穴形成后,由于地壳上升运动,可以被抬至不同的高度,而脱离地下水面。

溶洞的大小形态多种多样,在地下水垂直循环带上可形成裂隙状溶洞。但大部分溶洞形成于地下水流的季节变化带及全饱和带,尤其在地下水潜水面上下十分发育,形态又受岩性构造控制,有袋状、扁平状、弯状、锥状、倾斜状及阶梯状等。

3.3 隧道穿越全充填型溶洞施工关键技术

对于充填型溶洞,且地下水位线位于隧道下方较远距离,不会对隧道结构安全造成影响,则通常采用钢花管注浆加固溶洞充填物的方法通过溶洞。

3.3.1 地质补勘

主要对隧底溶洞充填物性质和溶洞的大小、深度进行探测,一般先采用垂直钎探量测溶洞深度,若溶洞较深,需进行地质钻探。具体工艺见 3.4 节内容。

3.3.2 确定注浆加固参数

(1)注浆压力值确定:
充填溶洞采用 $\phi75$ 钢管桩(厚壁 5mm)注浆,钢花管间距 0.8m,梅花形布置,钢花管深度以贯穿充填溶洞嵌入基岩 1m 控制。

注浆采用水泥砂浆,42.5 级普通硅酸盐水泥,水灰比 $W/C=0.5\sim1.0$。

注浆压力的确定:

$$P \geqslant 2\gamma H + S_t \tag{3-1}$$

式中:P——钻孔内施加的流体压力(kPa);

γ——覆盖岩土重度(kN/m³);

H——孔段处覆盖土高度(m);

S_t——岩土抗剪强度。

最终压力值的通常确定方法:按照岩溶软塑状充填泥在隧道洞身部位产生的地压力值的 3.5 倍确定。地压力值通常采用经验公式 $P=13H$(kPa)计算,H 为隧道注浆部位的埋深(m)。

(2)注浆量估算:

按确定的注浆加固范围进行估算。

$$Q = V \cdot n \cdot \alpha \cdot (1+\beta) \tag{3-2}$$

式中:Q——注浆量(m³);

V——注浆固结范围的体积(m³);

n——固结土体内的孔隙率;

α——固结土体的膨胀量;

β——浆液充填系数。

(3)注浆后复合地基承载力设计要求限值:

$f \geqslant 250$ kPa。

3.3.3 操作要点

(1)成孔

采用 XY-1000 型地质钻机钻孔,ϕ130 钻头开孔,成孔直径不小于 91mm,穿越软塑充填黏土时应进行跟管钻进。钻孔至设计高程,并保证嵌岩深度大于 1m 后终孔。

(2)钢花管制作

钢花管采用 ϕ75 钢管(壁厚 5mm),下端焊接锥尖头,上端焊接孔口管接头。花管壁上每间隔 500mm 开设 4 个 ϕ8mm 出浆口,孔对打穿,空间形成 90°角。

(3)下钢花管

成孔检测合格后利用钻机,放下钢花管,钢花管需下放至孔底,接长采用焊接。

(4)注浆

正式注浆前,选取 2~3 个代表性注浆孔进行注浆试验,确定注浆压力、水灰比,待初凝结束后,利用附近的注浆孔进行观测验证,进一步修正注浆参数。

注浆封孔优先采用孔口管动态阻塞法,孔口管封孔可灵活处理浆液漏失。

3.3.4 检测方法

注浆结束后应检查注浆效果,一般采用钻孔取芯法检测,特殊地段或无法采用钻芯法检测的部位辅以水压试验法或补注浆法检测,自检合格后应进行复合地基载荷试验。

(1)钻孔取芯法

在注浆孔间布置2%~3%的检测孔,且每个注浆段落不得少于2孔。取芯见水泥结实体,基本填满可注裂隙,水泥结实体单轴抗压强度≥0.3MPa,视为注浆施工合格。

(2)压水试验法

在注浆孔间布置2%的检测孔,且每个注浆段落不得少于2孔,用于压水试验。测定的渗透系数小于注浆施工前的1/10,视为注浆施工合格。

(3)补注浆法

在注浆孔间布置2%~3%的检测孔,且每个注浆段落不得少于2孔,用于进行补注浆。在注浆压力不小于1.0MPa时,10min持续注浆量小于5L/min终注,检查孔的单位吃浆量不应超过周围4孔平均吃浆量的15%,视为注浆施工合格。

(4)复合地基载荷试验

根据钢管桩间距,选择采用单桩复合地基荷载或多荷载试验桩复合地基载荷试验。检测频率为总桩数的2‰,且不少于2根。

3.4 隧道穿越地下水位线附近充填、半充填型溶洞施工关键技术

在铁路建设中,因受设计标准和选线要求的限制,溶洞是常见的不良地质,实践表明岩溶整治方法对铁路运行产生较大的影响,特别是位于地下水位线附近的溶洞,其整治方法的选择尤为关键。如采用常规的注浆回填或混凝土回填,势必造成雨季期间地下水位线急剧上升,危及铁路运营安全及旅客生命财产安全。

为保证安全快速的通过富宁隧道岩溶发育区,确保今后运营安全,经过多次讨论、分析,项目部提出采用"桩基+托梁+底板"或"桩基+筏板衬砌结构"的方法通过溶洞。本节将重点介绍"桩基+托梁+底板"的施工关键技术,该技术加快了施工进度,保留了地下水的过水通道,降低了铁路运营安全风险,节约了施工成本。

3.4.1 技术特点

在溶洞充填层上采用"桩基+托梁+底板"或"桩基+筏板衬砌结构"作为隧道基础,具

有以下特点:
(1)结构简单,相关工序技术成熟,便于施工。
(2)体系稳定,关键技术容易控制,减少后期沉降量。
(3)保留地下水过水通道,确保铁路运营安全。
(4)工艺施工安全方便,操作性强,经济效益明显,类似工程可借鉴。

3.4.2 施工工艺流程及操作要点

1)施工工艺流程

施工工艺流程如图 3-1 所示。

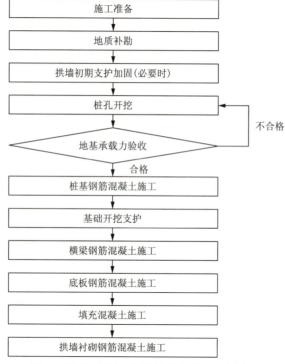

图 3-1 "桩基+托梁+底板衬砌结构"施工工艺流程图

2)操作要点

(1)施工准备

施工前完成图纸审核、技术交底、人员培训等技术和人员准备,完成材料进场、检验等物资准备以及机械设备进场检修等准备工作。

(2)地质补勘

采用补勘的手段探明岩溶发育形态,为岩溶整治提供技术参数。

①采用多功能钻机对隧道拱墙轮廓线外岩溶发育情况进行探测,探测长度不小于 30m,掌握岩溶在拱部及周边的形态。

②采用工程水钻在隧底进行钻探,钻孔直径 90～110mm 且取芯,钻孔深度为深入基岩不少于 10m,探明岩溶在隧底的发育情况。

③由地质专业工程师根据拱墙和隧底的补勘资料绘制岩溶形态图,包括平面图、纵断面图、横断面图。

(3)拱墙初期支护加固

为确保初期支护结构稳定和基底施工期间安全,如拱墙范围发育有溶洞时,首先对已完的初期支护进行加固。具体方法:根据监控量测数据适当增设套拱,或采用钢花管径向注浆,其参数根据监测数据确定。

(4)桩孔开挖

在隧底设置桩基础,桩径不小于 1.5m,横向桩间距不大于 4m,纵向桩间距不大于 5m,桩长以桩基深入基岩不小于 3m 进行控制,桩顶伸入横梁 1.5m。

采用钻孔开挖时应根据桩基位置、隧道断面净空尺寸对常规钻机进行改造。必须严格执行试桩程序,钻孔过程中实时监测初期支护变形收敛情况,若变形超限应立即停止钻孔,并通知相关方共同分析原因。

(5)地基承载力试验及验基

桩基开挖至设计高程且桩底嵌入基岩大于 3m 时,及时清理基地浮渣。采用动力触探的方法测试地基承载力,地基承载力必须满足设计要求,否则需要继续开挖至符合要求的高程。

(6)桩基钢筋混凝土施工

①钢筋骨架在场外分段下料制作,运至现场在孔位分段吊装安装成钢筋笼。

②混凝土采用自动计量拌和站拌和,混凝土输送车输送至施工现场浇筑。

(7)基础开挖支护

基础位于充填溶洞范围内的区域,采用人工配合挖掘机开挖、清底。基础位于基岩范围内的区域,采用爆破法分层开挖,严格控制爆破参数。每循环开挖进尺不得大于 2 榀钢架间距,开挖后及时完成本循环初期支护。横梁开挖至设计高程后,及时采用爆破的方法将横梁基岩端的楔子开挖成形。

(8)横梁钢筋混凝土施工

①钢筋制作与安装。为确保施工期间安全,减少基础开挖后暴露时间。横梁钢筋骨架下料及制作在已衬砌地段进行,并提前预制完成。采用整体吊装入位的方法施工。

②横梁混凝土施工。混凝土采用自动计量拌和站拌和,混凝土输送车输送至施工现场。采用溜槽将混凝土输送入位。

(9)底板钢筋混凝土施工

①钢筋制作与安装。当横梁混凝土达到终凝后,及时施作横梁间铺底混凝土。底板钢筋在已衬砌地段下料制作,在底板位置进行安装。

②模板安装。为缩短施工时间,底板采用定型钢模板,单块宽度 1m,高度 1.6m。采用起吊设备吊装,人工配合安装。模板间采用螺栓连接为整体,背面采用方木支撑牢固。

③底板混凝土施工。混凝土采用自动计量拌和站拌和,混凝土输送车输送至施工现场。

采用溜槽将混凝土输送入位。

(10) 填充混凝土施工

混凝土采用自动计量拌和站拌和,混凝土输送车输送至施工现场。溜槽入模,人工插入式振捣。

(11) 拱墙衬砌钢筋混凝土施工

按照相关技术要求完成拱墙衬砌断面检查、防水板铺设、钢筋绑扎等程序,各项工作完成并经检验合格后,即可浇筑二衬混凝土。二衬混凝土采用常规施工工艺。

3.5 隧道穿越空溶洞施工关键技术

隧道穿越岩溶地段时,治理比较复杂,应根据溶洞的实际情况和隧道在其中所处的位置灵活确定。当遇到空溶洞时,一般情况下,可按岩溶对隧道影响情况及施工条件,本着"安全、彻底、生态、经济、快速"的原则,采取跨越、回填夯实等方案进行处理。

1) 跨越结构处理

为不改变溶洞排水系,对洞底溶洞采用板梁跨越处理。同时在隧道底板下的溶腔内用钢筋混凝土柱对板梁下的隧道底板进行支撑。具体方案如下。

(1) 溶洞洞腔防护

为确保岩壁的稳定性,防止松散岩石坠落伤及隧道结构,需对洞腔壁清危后进行锚网喷防护,必要时进行模筑混凝土防护。

(2) 桥梁结构

根据溶洞空间大小选择适当的上构结构形式,一般采用整体现浇连续肋梁,两侧桥台支撑在岩体,桥墩采用双圆柱式墩,支撑圆柱底采用扩大基础形式,顶部采用植筋的方式与上岩体锚固,由于桥上要增加护拱及二衬,桥梁宽度应与隧道结构尺寸匹配。

(3) 隧道结构

隧道拱墙位于空溶洞地段时,根据需要在初期支护外侧设置不小于 1m 厚的 C25 混凝土护拱。为防止运营期间溶腔壁落石损伤护拱及隧道衬砌结构,可在护拱外侧喷射厚度不小于 2m 的粗砂作为缓冲层。

2) 回填处理方案

因洞渣等回填土无法起到对隧道底板的支撑作用,为保证隧道结构在运营中的使用安全,严禁采用洞渣直接回填溶腔。回填材料应采用浆砌片石。

(1) 溶腔壁防护

溶腔回填施工前,对回填线上部危及施工安全的洞腔进行防护,防护结构尽可能采用永临结合的方式施工。清危后一般采用锚网喷防护，必要时进行模筑混凝土防护。

（2）基底承载力

采用地质雷达对溶洞底部地质进行物探，以探明溶洞底以下有无空洞及水体。

采用地质钻机对溶洞底部进行钻探，根据芯样抗压强度判断地基承载能力。

在保证基底承载力的同时，为保证回填浆砌片石的稳定性，溶洞底部横向或纵向坡度过陡处设置抗滑台阶。

（3）溶洞的排水处理

排水处理首先需要判明地下水类型、补给排条件、隧道洞身涌水量和地下水侵蚀性。根据地下水的综合调查，确定地下水来源，溶洞底部存在过水通道的，需根据地下水流量测试结果和历史水位测量结果，在原洞腔地下水流水方向预埋管涵，确保溶洞内水路畅通。

为确保回填线上方溶腔内积水顺利排出，避免水位升高后水压对衬砌结构造成破坏，采用 $\phi100$ 镀锌钢管从仰拱接入隧道中心水沟。如地下水发育较充沛，可采用管涵从仰拱接入隧道中心水沟。若地下水发育特别巨大，可设置泄水洞排水。

（4）洞腔回填

对隧底处洞腔采用 M7.5 浆砌片石进行回填。回填前应先对回填范围内基础进行清淤、清渣，并要求基底地基承载力满足设计要求。在隧道岩石底板部位的浆砌片石为保证回填密实，应预留注浆管于接触面采用间歇式注浆方式灌注水泥砂浆。隧道底板为空的部位，应在浆砌片石表面采用 C20 水泥混凝土进行找平，找平层厚 10cm。

（5）隧道结构

隧道边墙及拱部无溶洞段，参照设计施工。隧道边墙及拱部均为空洞段时，施工方案同跨越结构。

目前国内的隧道工程采用回填方案穿越大型溶洞的研究已较多，一般采用土石方进行回填，为避免沉降过大或不均匀沉降对上部结构物产生不利影响，再对回填路基进行注浆加固或夯锤夯实补强。透水性材料注浆加固往往由于注浆不均匀效果不是很理想，不透水材料采用夯锤夯实补强也存在作业空间小、填层厚度大夯实效果不好等情况。

3.6 云桂铁路岩溶隧道施工实例

3.6.1 设计情况

富宁隧道 D4K341+050～D4K341+189 段设计为白云质灰岩（D_1b），灰、深灰色，中厚层，局部夹薄层泥灰岩，构造发育带有黑色碳质岩及黄铁矿夹层，质坚性脆，弱风化（W_2），本段隧道埋深约 200m。

该段设计为Ⅳ级 B 型复合衬砌，拱墙格栅钢架 1.2m/榀，拱部 ϕ42 小导管超前支护，环向间距 0.5m，每 2.4m 一环，每环 31 根，每根长 4m。

3.6.2 现场施工情况

富宁隧道 D4K341+050～D4K341+189 段隧道拱墙及基底发育一充填型溶洞，主要发育于线路右侧及右侧基底，溶洞长度 139m，推测溶洞横向宽度 40～54m、高度 20～50m、隧底充填物厚度 10～15m，最厚达 32m，溶洞走向复杂多变，各段形态各异。D4K341+050～D4K341+150 段岩溶发育于线路右侧及右侧基底，充填物为块石土夹砂土、黏性土，充填物厚 20～30m；D4K341+150～D4K341+189 段线路左侧填充面至隧道拱顶以上亦有岩溶发育，充填物为块石土、粉质黏土，其中粉质黏土占较大比例，该段充填物厚 25～50m。溶洞在纵向呈瓶状，瓶口朝向小里程，瓶底朝向大里程，平面近似长方向，主要发育于线路右侧。推测溶洞平面范围约 5300m²，体积约 149000m³（图 3-2）。

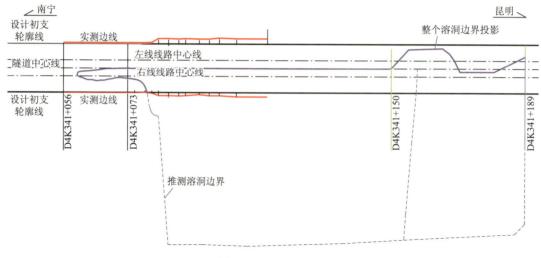

图 3-2 岩溶平面示意图

溶洞发育于泥盆系下统芭蕉箐组（D_1b）白云质灰岩地层中，为大型半充填溶洞，在堆积物中有未充填的空间及通道，充填物主要为碎块石土夹砂土及黏性土夹碎块石土等，为溶洞坍塌、溶蚀及流水携带来的堆积物为主，块石成分为灰岩，大小不一，无胶结，呈松散状，局部可见砂土及黏性土充填，稳定性极差。

岩溶区域处于岩溶水季节变动带，雨季地下水位可能会上升高于隧道洞身，旱季无地下水补给，地下水位下降后低于隧道洞身，因此，隧址位于地下水位线附近，受季节变化，充填物在地下水冲刷下容易流失，基底不稳。该段隧道汇水面积较大，地下水发育，正常涌水量为 4454m³/d，雨季最大涌水量 8908m³/d。该溶洞是地下水的主要排泄通道，且水位上升后形成较高水压，对隧道衬砌及防排水不利。

3.6.3 总体处理方案

D4K341+050～D4K341+189 段开挖按 Ⅴ 级 C 型复合式衬砌断面开挖，全环采用 I22b 型钢钢架加强支护，钢架间距 0.6m/榀；从 D4K341+056.8 处开始，拱部采用 ϕ108mm 管棚超前支护，环向间距 0.4m，每环 38 根，每根长 15m，管棚兼做探孔，施工中根据大管棚揭示溶洞情况调整管棚长度，管棚嵌入基岩长度不小于 3.0m，管棚内设置钢筋笼。其余段落拱部采用 ϕ42 小导管超前支护，环向间距 0.4m，每环 38 根，每根长 4.5m。采用大拱脚台阶法开挖。

1）初期支护补强

为保证隧底处理施工安全，对富宁隧道 D4K341+076～D4K341+189 段初期支护进行补强，具体如下：

（1）在初支变形明显段落内侧安装 I20 型钢钢架套衬，间距 1.2m/榀，钢架间采用 ϕ22 钢筋配合套筒连接为整体。钢架每单元连接处设置 2 根 ϕ60 锁脚锚管，每根长 6m，与水平方向夹角按不小于 45°，注 1:1 水泥浆，注浆压力 0.3～0.5MPa。喷射 C25 混凝土厚 25cm（无需设置网片）。

（2）加强钢架基础锁脚，尤其是位于溶洞范围内钢架基础锁脚锚管施作，利用溶洞范围内径向注浆 ϕ60 钢花管作为锁脚锚管，并调整钢化管施作角度，与水平方向夹角按不小于 45°，注 1:1 水泥浆，注浆压力 0.3～0.5MPa。

（3）严格按变更设计要求完善初期支护径向注浆。

（4）隧底处理必须待拱墙初期支护补强完成方可进行。

2）隧底处理

根据富宁隧道 D4K341+076～D4K341+189 段开挖揭示地质、超前地质预测预报及补勘地质情况，经经济技术比选，对隧底 D4K341+076～D4K341+189 段基底溶洞采用"钻孔桩+托梁+底板衬砌结构"，具体措施如下：

（1）桩采用直径 1.5m 钻孔桩，桩长 6～31m，桩横向设置一排，纵向间距 5m，共设置 19 根，桩采用 C35 钢筋混凝土，桩底嵌入基岩不得小于 3m，桩顶伸入横梁 1.5m，桩长自横梁底算起。

（2）桩顶设置横向梁，梁长 9.0m，梁截面尺寸 2.0m（宽）×2.0m（高），梁一端置于钻孔桩上、一端置于稳定基岩上，并对梁端设置 1m（高）×1m（宽）×2m（长）的楔子嵌入基岩，梁采用 C40 钢筋混凝土。

（3）考虑 8～19 号桩桩长较长，钻孔桩长细比较大，为提高"桩+托梁"基础结构整体刚度，8～19 号桩间设置纵向连系梁，梁截面尺寸 1.0m（宽）×1.0m（高），梁长 65m，梁采用 C40 钢筋混凝土。

（4）筏板与二衬结构底板共用，厚度 1.5m，宽 14.02m，筏板采用 C35 钢筋混凝土，双向双层配筋，筏板 10m 一单元，每隔 10m 设置横向施工缝。

（5）施工中应进一步核实溶洞发育范围，应确保钻孔桩嵌入基岩不得小于 3.0m，梁端位于稳定基岩上不得小于 2.0m，若有异常应及时上报。

（6）试桩。灌注桩正式施工前，应于 3 号桩右侧先打 1 根试桩。本次试桩不做破坏性试验，根据试桩资料验证设计采用地质参数，判定成孔、成桩工艺方法是否适宜，并根据试桩结果确定是否调整桩基设计。

试桩所用的设备与方法，应与实际成孔成桩所用者相同。试桩的截面、长度与 3 号桩设计相同。

试桩成孔后，灌注 C35 混凝土至筏板底部。

3）衬砌结构及防排水

（1）衬砌结构

D4K341+076～D4K341+189 段采用 V 级 C 型底板复合式衬砌，衬砌按 10m 一单元设置，每隔 10m 设置环向施工缝，施工缝应设于梁中心，衬砌底板与托梁间设置接茬钢筋，接茬钢筋采用 ϕ16 钢筋，每根托梁设置 2 排，横向间距 0.3m，交错布置，每根长 60cm。

（2）衬砌防水

① D4K341+076～D4K341+189 段段二次衬砌拱部、边墙及仰拱混凝土抗渗等级不低于 P10。

② 初期支护与二次衬砌之间拱部及边墙部位铺设防水板加无纺布防水。

③ D4K341+076～D4K341+189 段拱墙环向施工缝设中埋式橡胶止水带加外贴式橡胶止水带；底板环向施工缝设中埋式橡胶止水带加遇水膨胀橡胶止水条；纵向施工缝设中埋式钢边橡胶止水带加遇水膨胀橡胶止水条；施工缝环向数量按 10m 一道计列，纵向施工缝数量按 2 道计列。

④ 变形缝宽度 2cm，变形缝填充聚苯板并加设钢边橡胶止水带和外贴式橡胶止水带，变形缝内缘采用双组分聚硫密封膏嵌缝。

（3）衬砌排水

① D4K341+076～D4K341+189 段排水采用双侧沟加中心水沟的方式。侧沟主要汇集地下水，同时起到沉淀和兼顾排水的作用，中心沟采用盖板沟的形式，主要用于排水。侧沟与中心沟之间每隔 5m 设置一道横向 ϕ100mmPVC 排水管。

② D4K341+076～D4K341+189 段二次衬砌背后设 ϕ50mm 环向盲沟，每 5m 一环；两侧边墙脚设 ϕ80mm 纵向透水盲沟，并每隔 5m 将地下水引入洞内侧沟。要求环向盲管、纵向盲管直接弯入隧道侧沟，纵向透水盲沟明暗衬砌段分别设置且不得连通。

③ 变形缝：D4K341+076～D4K341+189 段分别于 D4K341+076、D4K341+106、D4K341+126、D4K341+146、D4K341+166 及 D4K341+186 处共 6 道变形缝。

4）沉降观测

基底处理结束后应立即进行隧道沉降观测，并应满足无砟轨道有关设计要求。各监控量测点的具体布置原则、量测断面、量测频率及控制基准等要求，详见《客运专线铁路无砟轨道铺设条件评估技术指南》（铁建设〔2006〕158 号），并对监控量测数据进行统计、分析和评估，以指导现场施工管理。

3.6.4 施工方法

1）超前支护

（1）超前大管棚支护

D4K341+050～D4K341+189 段超前支护采用 ϕ108 超前大管棚，大管棚采用壁厚 6mm 无缝钢管制作，丝扣连接，拱部环向布置。

施工工序为：扩挖管棚操作间→管棚操作平台架设→安装套拱拱架→安装 ϕ150mm 孔口管→C25 套拱混凝土施工→管棚钻孔→制安 ϕ108 钢管→管棚注浆，如图 3-3 所示。

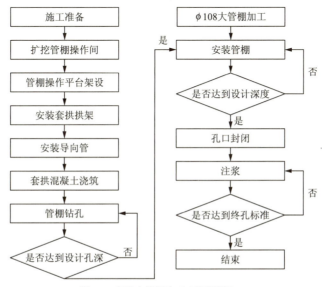

图 3-3 超前大管棚施工工艺流程图

①扩挖管棚操作间。

采用爆破方法逐榀拆换操作间钢架，操作间比正常断面高 1m，纵向长度为 6m。

上台阶地面铺设 C20 混凝土，防止施钻时钻机下沉。

②套拱施工。

套拱长度为 2m。

套拱构造：套拱主要由 3 榀间距 100cm I20 工字钢、钢架纵向 ϕ22 连接筋、ϕ135 厚度 10mm 孔口套管、喷射 C25 混凝土组成。

套拱施工注意事项：

a. 处理好套拱基底，钢架必须落在牢固的基础上，基础铺设 16mm 厚钢板。

b. 每榀套拱钢架采用 2 根长 3m ϕ42 钢管锁脚，与原有初支连接牢固，并注 1:0.75 水泥浆加固。

c. 严格控制孔口套管安装质量：中心间距不得大于 30cm，超前大管棚仰角控制在 7°。

③大管棚其他参数及施工注意事项。

a. 管棚间距为 30cm。

b. 根数：根据溶洞揭示情况确定。

c. 钢管管身钻 $\phi 12$ 注浆孔，间距 20cm 梅花形布置，尾部留 2m 不钻孔的止浆段，前端成尖锥状。

d. 注浆浆液采用双液浆，配合比根据凝结时间现场确定。

e. 严格控制注浆压力，注浆压力为 0.5～1MPa。

f. 管棚同一截面处接头数量不得大于总接头的 50%，相邻接头至少错开 1m。

④大管棚注浆。

注浆方式采用前进式，钻孔及注浆长度为第一循环 30m，其他八个循环均为 15m。浆液材料采用双液浆，双液浆配合比根据现场情况进行调试。

注浆量计算各参数按表 3-1 选用。

超前大管棚参数表　　　　　　表 3-1

序号	参数名称	参数
1	加固范围	D4K341+050～D4K341+189
2	注浆段长度	30m（1 段）、15m（8 段）
3	扩散半径	2m
4	注浆压力	0.5～1MPa
5	孔间距	30m
6	岩层孔隙率	40%～50%
7	浆液填充率	0.7～0.9
8	浆液损失率	10%

⑤超前大管棚加工。

钢管在钢构件加工厂加工，材料为热轧无缝钢管，外径 108mm，壁厚 6mm，节长 4～6m，两段间采用丝扣连接，前端加工成尖锥形，管身钻注浆孔，孔径 $\phi 12$mm，后端 2m 为预留止浆段，不设注浆孔，注浆孔间距 20cm，梅花形布置。

⑥钢筋笼加工。

为提高管棚的抗弯能力，在导管内增设钢筋笼，钢筋笼由 4 根主筋和固定环组成，主筋直径为 16mm，固定环采用短关节，将其与主筋焊接，按 1m 间距设置。图 3-4 所示为大管棚构造示意图。

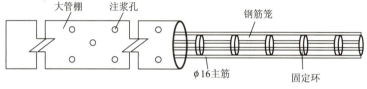

图 3-4　大管棚构造示意图

⑦钻孔施工。

测量组布设钻孔时严格按已施作孔口套管的间距、角度进行施工，按规范要求，孔口位置允许偏差 ±5cm，孔底位置应小于 30cm。

设备就位：孔位布好之后，将钻机、空压机、注浆机、拌浆设备、备料车顺次摆放在工作位置，并检查设备运转情况，保证设备运行良好，设备就位后，接通各种供电供风管路。

钻孔、安装导管：钻机准确定位后，将 ϕ130mm 冲击钻头安装在钻机前段，启动钻机开钻。开孔时本着"轻压、慢钻"原则，以防止孔位及钻进角度偏差。钻进 1m 后再加压加速，待孔深达到设计深度时，退出钻具，安装管棚。用钻机将导管强力推入孔内并用编织袋堵塞，以防止注浆前杂物掉入孔内。钻孔及管棚安装完毕后从掌子面左侧一次进行编号并记录。由于钻孔位于塌方段，当存在塌孔时可跟管钻进。

⑧注浆施工。

注浆顺序：按由下到上的发散—约束型进行，即先注下部孔，后注上部孔，注浆过程中，进行隔孔注浆，每次隔一序孔，然后逐步趋近，后序孔作为前期孔的检查孔。

制浆：在搅拌机开动的情况下，加入定量清水，水量需计算准确，然后按配合比加入原材料，充分进行搅拌，制浆后必须保证在 10min 以内注入孔内，不能存浆过多，以免影响注浆效果。

注浆：在正式注浆前检查管路是否连接正常，是否耐压，有无漏水现场，测定注浆压力损失情况，确定注浆终压，将岩层裂隙内的充填物挤压至注浆范围以外，确保注浆效果。

注浆之前首先根据围岩的裂隙发育估算单孔注浆数量，然后开始用注浆泵联合注浆。注浆时，先用水灰比 1∶0.75 的浆液试注，当注浆正常后采用双液浆注浆。注浆时要随时观察泵压及注浆数量，分析注浆是否正常，如单孔注浆量过大，仍达不到终压的要求，可暂停该孔注浆，过 4～6h 用钻机清孔后再继续注浆。注浆要作好充分准备，紧张有序，忙而不乱；严防堵管，影响注浆质量。

单孔结束标准为：注浆压力逐步升高至设计终压，并继续注浆 10min 以上；注浆结束时的进浆量小于 5L/min。

全段结束标准为：所用注浆孔均已符合单孔结束条件，无漏浆现象；检查孔钻取岩芯，浆液充填饱满；浆液有效注入范围大于设计值。

效果检查：经开挖后可观察到裂隙及空隙充填效果，几乎所用裂隙都充填有浆，开挖后掌子面比较干燥。

补充注浆：如果开挖后仍有孔洞，不能满足继续掘进要求，采用局部径向注浆处理，使其达到开挖标准。

⑨注意事项。

钻孔过程中，遇岩层破碎造成卡钻，应停止钻进，扫孔后再行钻进。

注浆过程中，若压力突然升高，应停止注浆，待检查后，再行注浆。

注浆过程中，对塌方体坡面随时进行监控量测，准备好加固措施。

（2）超前大外插角小导管支护

D4K341+080～D4K341+189 段在开挖过程中拱部采用 ϕ42 超前大外插角小导管支护，环向间距 0.4m，每环 38 根，纵向每 1.2m/环，每根长 4.5m。

2）开挖

D4K341+080～D4K341+189 段采用三台阶法进行开挖,如图 3-5 所示。

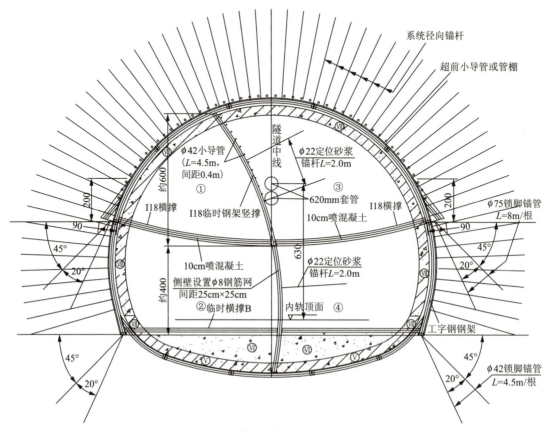

图 3-5 台阶法施工工序横断面(尺寸单位:cm)

(1)施工工序

在上一循环超前支护的防护下,爆破开挖①部,施作①部周边的初期支护:即初喷混凝土,铺设钢筋网,架立钢架,并设锁脚锚管,钻设径向锚杆后复喷混凝土至设计厚度。

在滞后于①部一段距离后,爆破开挖②部,施作周边初期支护:即初喷混凝土,铺设钢筋网,架设钢架,并设锁脚锚管,钻设径向锚杆后复喷混凝土至设计厚度。

在上一循环的超前支护防护下,爆破开挖③部并施作导坑周边的初期支护,步骤及工序同②。

在滞后于③部一段距离后,爆破开挖④部并施作周边的初期支护,步骤及工序同②。

在滞后于④部一段距离后,爆破开挖⑤部并施作周边的初期支护,步骤及工序同②。

根据监控量测结果,待初期支护变形稳定后,浇筑Ⅵ部仰拱。

待仰拱混凝土初凝后,浇筑仰拱填充Ⅶ部至设计高度。

根据监控量测结果,确定二次衬砌施作时机,铺设防水板利用衬砌模板台车一次性浇筑Ⅷ部(拱墙)衬砌。

（2）施工注意事项

隧道施工应坚持"短进尺、强支护、早封闭、勤量测"的原则。

采用爆破开挖，上、中、下台阶每循环进尺不得大于一榀钢架。

钢架之间纵向连接钢筋应及时施作并连接牢固，钢架脚采用I20型钢纵向焊接为整体。

应确保仰拱至开挖面距离不大于35m，以保证及时封闭成环。

3）支护

（1）钢架制作及安装

D4K341+050～D4K341+189段按V级围岩采取支护措施，采用I22型钢钢架加强支护，间距0.6m/榀。钢架基础采用φ60钢花管锁脚并注浆，每处2根，每榀8根，每根长6m。

①制作：钢架按设计尺寸在洞外加工厂下料分节焊接制作，制作时严格按设计图纸和技术交底进行，保证每节的弧度与尺寸均符合设计要求，每节两端均焊连接板，节点间通过连接板用高强螺栓连接牢靠，加工后必须进行试拼检查，严禁不合格品进场。

②安装：钢架按设计要求安装，安装尺寸允许偏差，横向和高程为±5cm，纵向±10cm，垂直度±2°。钢架的下端设在稳固的地层上，拱脚高度低于上部开挖底线以下15～20cm。拱脚开挖超深时，加设钢板或混凝土垫块。安装后利用锁脚锚管定位。超挖较大时，喷填同级混凝土，以使支护与围岩密贴，控制其变形的进一步发展。两排钢架间用连接钢筋纵向连接牢固，以便形成整体受力结构。

钢拱架施工工艺如图3-6所示。

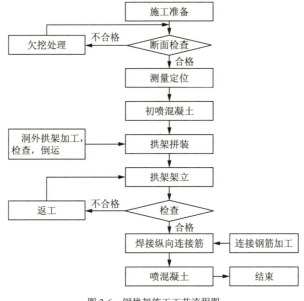

图3-6 钢拱架施工工艺流程图

（2）系统小导管

D4K341+050～D4K341+189段边墙及拱部采用φ42注浆小导管。每根长6m，间距

1.0m（环向）×1.0m（纵向）。

首先按设计要求,在开挖面上准确画出需施设的小导管孔位。检查导管孔达到标准后,安装小导管并按设计比例配浆,采用注浆机注浆,注浆压力符合设计要求。一般按单管达到设计注浆量作为结束标准。当注浆压力达到设计终压不少于20min,进浆量仍达不到注浆终量时,亦可结束注浆,并保证小导管孔浆液注满。最后综合检查判定注浆质量。

系统小导管施工工艺如图3-7所示。

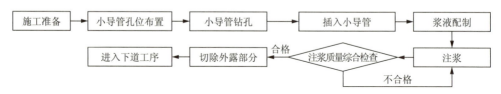

图3-7　系统小导管施工工艺流程图

（3）钢筋网铺设

D4K341+080～D4K341+140段拱墙支护采用ϕ8网,网格间距20cm×20cm。

钢筋须经试验合格,使用前必须除锈,在洞外分片制作,安装时网格纵、环向搭接不小于1个网格。人工铺设贴近岩面,与系统小导管和钢架绑扎连接（或点焊焊接）牢固。钢筋网和钢架绑扎时,应绑在靠近岩面一侧,确保整体结构受力平衡。喷混凝土时,减小喷头至受喷面距离并控制风压,以减少钢筋网振动,降低回弹量。

（4）喷射混凝土

D4K341+050～D4K341+189段拱墙支护采用喷射C25纤维混凝土,混凝土厚度30cm,仰拱喷射C25素混凝土,混凝土厚度30cm。喷射混凝土采用湿喷工艺。工艺流程如图3-8所示。

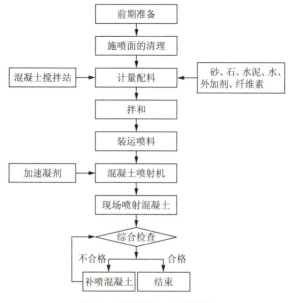

图3-8　湿喷混凝土工艺流程图

①喷射前处理危石,检查开挖断面净空尺寸,当受喷面有涌水、淋水、集中出水点时,先进行引排水处理。

②用高压风水冲洗受喷面,设置控制喷混凝土厚度的标志。喷射作业分段、分片、分层,由下而上进行,有较大凹洼处,先喷射填平。

③根据具体情况,变换喷嘴的喷射角度,调整受喷面的距离,将钢架、钢筋网背后喷填密实。

④喷射混凝土时按照施工工艺段、分片,由下而上依次进行。一次喷射混凝土的最大厚度,拱部不得超过 10cm,边墙不得超过 15cm。分层喷射混凝土时,后一层喷射应在前一层混凝土终凝后进行。

4)监控量测

(1)监测断面间距

净空变化量测包括周边收敛和拱顶下沉,采用全站仪无尺量测。根据《关于进一步明确软弱围岩及不良地质铁路隧道设计施工有关技术规定的通知》(铁建设〔2010〕120 号),对于 V 级围岩,隧道拱顶下沉和净空变化的量测断面间距不得大于 5m。故本段 V 级围岩按 5m 间距设置拱顶下沉和净空变化的量测断面。

(2)量测频率

一般情况下,考虑测线位移速率、距工作面距离,按表 3-2 取值确定量测频率。当地质条件变差或量测值出现异常,应加大量测频率,必要时每 2～5h 量测一次。当变形稳定时,可适当降低量测频率。当同一断面内各测线变形速度不同时,以产生最大变形速度的测线确定全断面的量测频率。

量测频率控制表　　　　　表 3-2

位移速度(mm/d)	监测断面距开挖面距离(m)	监控量测频率
≥ 5	(0～1)B	2 次/d
1～5	(1～2)B	1 次/d
0.5～1	(2～5)B	1 次/2～3d
0.2～0.5	—	1 次/3d
< 0.2	> 5B	1 次/7d

注:B 为隧道宽度。

(3)测线布置

测线布置和数量与地质条件、开挖方法、位移速度有关。根据本隧道采用台阶法施工的实际情况,测线布置如图 3-9 所示。

5)地质补勘

(1)拱墙周边补勘。采用 C6 型多功能钻机,间隔 10m,对隧道拱顶、左右拱腰、左右边墙轮廓线外(30m 范围内)岩溶发育情况进行补勘,掌握岩溶形态。如图 3-10、图 3-11 所示。

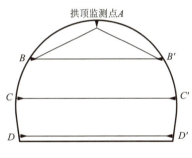

图 3-9　监控量测测线布置图

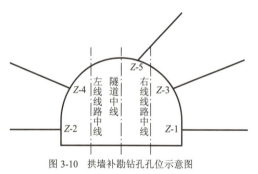

图 3-10 拱墙补勘钻孔孔位示意图

图 3-11 拱墙补勘照片

(2)隧底补勘。采用水钻沿隧道两侧线路中线间隔 10m 距离进行补勘(钻孔直径为 110mm 且取芯,钻孔深度为深入基岩不少于 10m),探明岩溶在隧底的发育情况。如图 3-12、图 3-13 所示。

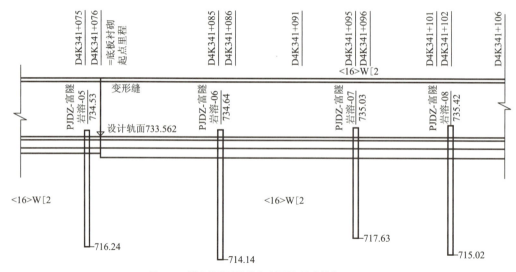

图 3-12 隧底补勘钻孔孔位布置图(尺寸单位:mm)

a)

b)

图 3-13 隧底补勘照片

(3)绘制岩溶形态图。由地质专业工程师根据拱墙和隧底的补勘资料,绘制岩溶形态图,包括平面图、纵断面图、横断面图。如图 3-14 所示。

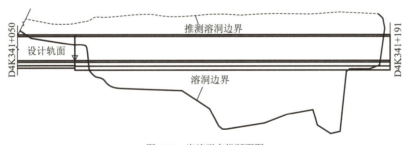

图 3-14　岩溶形态纵断面图

6）拱墙初期支护加固

为确保初期支护结构稳定和基底施工期间安全，首先对已完的初期支护加固。

（1）增设套衬。在原初支内侧安装 I20 型钢钢架套衬，间距 1.2m/榀，钢架间采用 $\phi22$ 钢筋配合套筒连接为整体。钢架每单元连接处设置 2 根 $\phi60$ 锁脚锚管，每根长 6m，与水平方向夹角不小于 45°，注 1∶1 水泥浆，注浆压力 0.3～0.5MPa。喷射 C25 混凝土厚 25cm（无需设置网片），如图 3-15 所示。

（2）径向注浆。拱墙岩溶发育范围径向采用 $\phi60$ 钢花管注浆加固（拱墙位置无岩溶时则无需进行径向注浆），钢花管长 6.0m，间距 1.2m（环向）×1.0m（纵向），注水泥砂浆。注浆压力不小于 0.5MPa，如图 3-16 所示。

图 3-15　增设套拱照片

图 3-16　溶洞区域径向注浆照片

7）桩孔开挖

在隧底设置桩基础，桩径 1.5m，横向桩间距 4m，纵向桩间距 5m，桩长以桩基深入基岩不小于 3m 进行控制，桩顶伸入横梁 1.5m。

采用钻孔开挖桩孔，首先根据桩基位置、隧道断面净空尺寸，对常规钻机进行改造。必须严格执行试桩程序，钻孔过程中实时监测初期支护变形收敛情况，若变形超限，应立即停止钻孔，并通知相关方共同分析原因，如图 3-17 所示。

图 3-17　隧底机械钻孔桩施工照片

8）地基承载力试验及验基

由勘察设计单位地质工程师对钻渣进行分析，确认地基承载力是否满足要求，并确定桩底高程位置。

9）桩基钢筋混凝土施工

（1）钢筋制作与安装。钢筋骨架下料在钢构件加工厂进行,运至现场安装成钢筋笼,分节段预制。利用起重机将钢筋骨架吊入桩孔内,每下完一节段后用钢管或方木固位,再用起重机吊住另一节段进行焊接,如图 3-18 所示。

（2）桩基混凝土施工。混凝土采用自动计量拌和站拌和,混凝土输送车输送至施工现场。孔桩内牢固安装串桶,串桶末端距离桩底不得大于 2m。混凝土浇筑过程中必须严格执行振捣工序。若遇到地下水,则采用水下混凝土工艺施工,如图 3-19 所示。

图 3-18 桩基钢筋笼安装照片

图 3-19 桩基混凝土浇筑照片

10）基础开挖支护

基础位于充填溶洞范围内的区域采用人工配合挖掘机开挖、清底。基础位于基岩范围内的区域采用爆破法开挖,应分层开挖,严格控制爆破参数。每循环开挖进尺不得大于 2 榀钢架间距,开挖后及时完成本循环初期支护。横梁开挖至设计高程后,及时采用爆破法将横梁基岩端的楔子开挖成型,如图 3-20 所示。

a)   b)

图 3-20 基础开挖支护施工照片

11）横梁钢筋混凝土施工

（1）钢筋制作与安装。为确保施工期间安全,减少基础开挖后暴露时间。横梁钢筋骨架下料及制作在已衬砌地段进行,并提前预制完成。采用整体吊装入位的方法施工。

（2）横梁混凝土施工。混凝土采用自动计量拌和站拌和,混凝土输送车输送至施工现场。采用溜槽将混凝土输送入位。

横梁施工如图 3-21 所示。

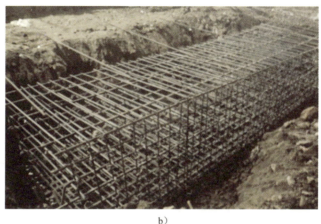

图 3-21　横梁施工照片

12）底板钢筋混凝土施工

（1）钢筋制作与安装。当横梁混凝土达到终凝后，及时施作横梁间铺底混凝土。底板钢筋在已衬砌地段下料制作，在底板位置进行安装。

（2）模板安装。为缩短施工时间，底板采用定型钢模板，单块宽度 1m，高度 1.6m。采用起吊设备吊装，人工配合安装。模板间采用螺栓连接为整体，背面采用方木支撑牢固。

（3）底板混凝土施工。混凝土采用自动计量拌和站拌和，混凝土输送车输送至施工现场。采用溜槽将混凝土输送入位，如图 3-22 所示。

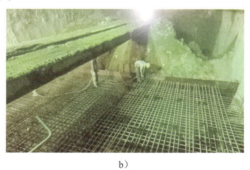

图 3-22　底板施工照片

13）填充混凝土施工

混凝土采用自动计量拌和站拌和，混凝土输送车输送至施工现场。溜槽入模，人工插入式振捣。

14）拱墙衬砌钢筋混凝土施工

按照相关技术要求完成拱墙衬砌断面检查、防水板铺设、钢筋绑扎等程序，各项工作完成并经检验合格后，即可浇筑二衬混凝土。

3.6.5 资源配置

1）劳动力组织

岩溶整治过程中除正常施工作业人员配置外，还需要另外配置以下人员，见表3-3。

劳动人员配备表　　　　　　表3-3

序　号	工　　种	人　数	备　注
1	工班长	2	施工作业面的施工协调
2	补勘	16	探明岩溶形态
3	注浆工	6	初期支护加固
4	孔桩开挖工	32	隧道桩基开挖

2）主要机具设备配置

主要机具设备见表3-4。

主要施工机具配备表　　　　　　表3-4

序　号	设备名称	规格型号	单　位	数　量	备　注
1	钻机	C6	台	1	钻孔及送入管棚
2	双液注浆机	WYB	台	2	初支加固
3	气腿式凿岩机	YT28	台	12	基础开挖
4	湿喷机	TK600型	台	3	初期支护
5	电焊机	BX1-500A	台	6	网片及锁脚焊接
6	出渣车	—	辆	5	运输弃渣
7	混凝土罐车	10m³	辆	5	运输注浆料、喷浆料及混凝土
8	装载机	柳工ZLZ50C	辆	2	吊送现场材料及出渣
9	电锯	—	台	1	切割模板
10	混凝土输送泵	—	台	1	混凝土输送
11	插入式振捣器	—	台	6	混凝土捣鼓密实
12	钢筋弯曲机	—	台	1	衬砌钢筋加工
13	热熔爬焊机	—	台	1	防水板搭接
14	挖掘机	1m³	台	2	基础开挖
15	汽车起重机	25t	辆	1	吊装钢筋笼

3.6.6 质量控制

1）质量控制标准

（1）挖孔桩按照《客运专线铁路桥涵工程施工质量验收标准》（铁建设〔2005〕160号）执行。见表3-5的要求。

挖孔桩挖孔的允许偏差和验收方法　　　　　　表3-5

序　号	项　　目	允许偏差	检验方法
1	孔位中心	50mm	尺量检查
2	倾斜度	0.5%	测量或超声波检查

(2)钢筋笼安装按照《客运专线铁路桥涵工程施工质量验收标准》(铁建设〔2005〕160号)执行。见表3-6的要求。

钻孔桩钢筋笼骨架的允许偏差和验收方法 表3-6

序 号	项 目	允许偏差	检验方法
1	钢筋骨架在承台底以下长度	±100mm	尺量检查
2	钢筋骨加直径	±20mm	
3	主钢筋间距	±0.5d	
4	加强筋间距	±20mm	尺量检查不少于5处
5	箍筋间距或螺旋筋间距	±20mm	
6	钢筋骨架垂直度	1%	吊线尺量检查

(3)横梁参照《客运专线铁路桥涵工程施工质量验收标准》(铁建设〔2005〕160号)中承台的要求执行。见表3-7的要求。

横梁的允许偏差和验收方法 表3-7

序 号	项 目	允许偏差(mm)	检验方法
1	结构尺寸	±30	尺量检查
2	顶面高程	±20	测量或超声波检查
3	轴线偏位	15	—

(4)模板安装允许偏差和检验方法应符合表3-8的要求。

模板安装允许偏差和检验方法 表3-8

序 号	项 目	允许偏差(mm)	检验方法
1	边墙脚平面位置及高程	±15	尺量检查
2	起拱线高程	±10	
3	拱顶高程	+10 / 0	水准测量
4	模板表面平整度	5	2m靠尺和塞尺
5	相邻浇筑段表面高低差	±10	尺量

(5)钢筋加工允许偏差和检验方法应符合表3-9的要求。

钢筋加工允许偏差和检验方法 表3-9

序 号	名 称	允许偏差(mm)	检验方法
1	受力钢筋顺长度方向的全长	±10	尺量检查
2	弯起钢筋的弯折位置	20	
3	箍筋内净尺寸	±3	

(6)钢筋安装及保护层厚度允许偏差和检验方法应符合表3-10的要求。

钢筋安装及保护层厚度允许偏差和检验方法 表3-10

序 号	名 称		允许偏差(mm)	检验方法
1	双排钢筋的上排钢筋与下排钢筋间距		±5	尺量两端、中间各1处
2	同一排中受力钢筋水平间距	拱部	±10	
		边墙	±20	
3	分布钢筋间距		±20	尺量连续3处
4	箍筋间距		±20	
5	钢筋保护层厚度		+10 / −5	尺量两端、中间各2处

（7）其他相关工序质量标准应按照《高速铁路隧道工程施工质量验收标准》（TB 10753—2010）要求执行。

2）质量控制措施

（1）施工前必须有经技术管理人员审核的设计图纸及文件。

（2）严格按照设计图防线，保证其精确度。

（3）做好书面技术交底及培训，通过技术交底及培训使施工人员掌握操作要点、技术标准和施工工艺。

（4）桩基开挖完成后，由试验人员进行承载力试验。试验合格后由设计单位地质工程师进行验基。

（5）各工序严格执行三检制度，发现问题立即整改。

（6）进行定期、不定期质量检查，以做到及时发现问题及时解决问题。

3.6.7 安全措施

1）建立应急处理机制

在项目部建立以项目经理为组长，副经理、总工程师为副组长的应急领导小组，分部建立相应的应急小组，项目部就近与地方医院签订救护协议，架子队建立抢险队。

项目部以及项目分部应急领导小组的组织机构如图 3-23 和图 3-24 所示。

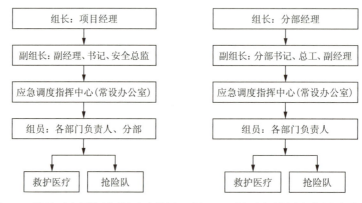

图 3-23 项目部应急领导小组的组织机构图　　图 3-24 分部应急领导小组的组织机构图

应急领导小组组长职责：若出现隧道塌方紧急情况时，组织有关人员察看现场，讨论应急方案，发布各项抢险应急指令。

副组长（项目部书记、安全总监）职责：迅速将有关情况迅速上报有关部门，会商处理方案并组织有关责任部门和抢险队实施。

项目部各部门负责人及架子队职责：组织落实应急预案相关要求。

当出现紧急情况时，架子队立即上报项目部应急调度指挥中心，并同时启动救援预案。应急处理程序如图 3-25 所示。

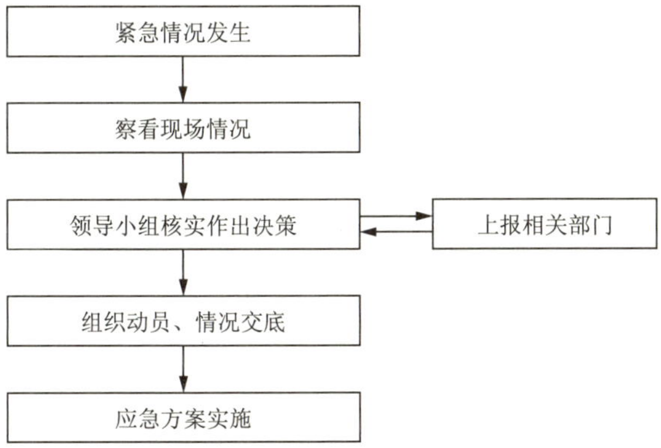

```
紧急情况发生
    ↓
察看现场情况
    ↓
领导小组核实作出决策  ⇄  上报相关部门
    ↓
组织动员、情况交底
    ↓
应急方案实施
```

图 3-25　应急处理程序图

2）安全卡控措施

（1）隧道内作业面狭小，施工人员较多，应加强隧道通风排烟工作。

（2）拱墙初期支护加固严格执行相关技术要求，确保基础施工期间的安全。

（3）挖孔桩使用的电动葫芦、吊笼等必须是经检查合格的机械设备，同时应配备自动卡紧保险装置，以防突然停电。电动葫芦宜用按钮式开关，上班前、下班后均应有专人严格检查并且每天加足润滑剂，保证开关灵活、准确，铁链无损、有保险扣且不打死结，钢丝绳无断丝。支撑架应牢固稳定。使用前必须检查其安全起吊能力。

（4）挖孔桩工作人员上下桩孔必须使用钢爬梯，不得用人工拉绳子运送工作人员和脚踩护壁凸缘上下桩孔。桩孔内壁设置尼龙保险绳，并随挖孔深度放长至工作面，作为救急之备用。

（5）开挖的土石方应及时运走，孔口四周 1.5m 范围内不得堆放淤泥杂物。机动车辆通行时，应作出预防措施和暂停孔内作业，以防挤压塌孔。

（6）挖孔桩每天开工前，应将挖孔桩孔内的积水抽干，当孔深超过 10m 时，用鼓风机向孔内送风，使孔内混浊空气排出，才准下人，同时，地面应配备向孔内送风的专门设备，风量不宜少于 25L/s。孔底凿岩时尚应加大送风量。

（7）孔口配合人员应集中精力，密切监视孔内的情况，并积极配合孔内作业人员进行工作，不得擅离岗位。在孔内上下递送工具物品时，严禁用抛掷的方法。严防孔口的物件落入桩孔内。

（8）严格控制基础开挖进尺，每循环不得大于 2 榀钢架间距，开挖结束后及时支护。

（9）严格控制基础开挖爆破参数，避免装药量过大导致爆破震动初支变形超限。

（10）严格执行各类机械设备的安全操作规程。

（11）作业区域应加有足够的照明设施，施工照明电压应采用 36V 以下安全电压。

（12）强调群安员的作用，在模板施工过程中全程有群安员参与、监督，发现安全隐患及时消除。

3.6.8 环保措施

（1）施工过程中确保材料计划的准确性，避免过度计划造成材料的浪费。
（2）施工过程中的废料由物资管理人员负责回收集中处理，严禁随意丢弃。
（3）洞渣采用运输车辆运至指定弃土场，严禁随意弃渣。
（4）在施工过程中产生的废水必须经沉淀池沉淀达标后方可排放。

第4章

危岩落石段明洞施工关键技术

Key Technologies of Tunnel Construction in Complex Geological Conditions of
Yunnan Kunming-Guangxi Nanning Railway

Key Technologies of Tunnel Construction in Complex Geological Conditions of Yunnan Kunming-Guangxi Nanning Railway

4.1 危岩落石防护及处治技术

洞口裸露危岩、落石的防护措施有刷坡处理、挂网锚喷混凝土、预应力锚索防护等措施。根据洞口仰坡的危岩落石发育程度采用相应的处理方法：一般坡面采取刷坡绿化处理；洞口坡面较缓，相对比较稳定，可能存在表面岩石滑落，造成洞口轻微损害，应采取挂网锚喷混凝土进行坡面防护；可能存在坡面大面积滑落、滚石坍塌等现象，应采取预应力锚杆或锚索防护，如果完整性不好，还应附加框架梁。明洞的防护措施应结合洞口的地形、地质条件确定，确保经济可行、安全可靠。

4.1.1 刷坡绿化防护

刷坡绿化防护的种类很多，按不同的分类标准进行分类，如图 4-1 所示。

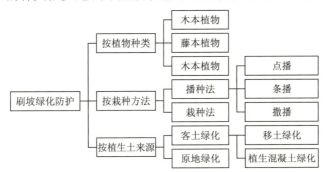

图 4-1　边坡绿化防护分类

隧道洞口坡面绿化大部分采用的是客土喷植草绿化。

1）施工工艺

清理坡面→挂镀锌铁丝网→风钻锚孔和锚杆固浆→吊沙包带→喷射有机基材混合物→盖无纺布→养护管理。

2）施工方法

（1）施工时间选择

合理安排施工时节，夏季阳光的照度强烈，长出的绿苗容易晒伤，而且雨季大雨较多，喷播的土层容易冲刷损毁。冬季气温寒冷，生产速度缓慢。最好选择在春秋季节进行喷播植生绿化。

（2）清理整平坡面

按设计的坡率、坡高、平整度修整仰坡面，人工清理坡面浮石、浮土等，并且做到处理后的坡面斜率一致、平整,无大的突出石块与其他杂物存在。对于光滑岩石要采用取挖凿横向平行沟等措施进行加糙处理,以免基材下滑,有利于基材和岩石表面的自然结合。对于较大的凹坑,采用片石嵌补与坡面齐平。

(3) 安设锚杆

锚杆采用 $\phi12$ 或 $\phi14$ 钢筋制作,分为长锚杆和短锚杆,间隔布置,根据岩层完整程度、坡度确定其打设深度,锚杆外露端设置 90°弯钩,外露部分刷防锈漆防锈。

测量放样确定锚杆打设位置,用红油漆作出标志,根据打设深度选择风钻进行钻孔,用高压风将孔中岩粉吹出,再将锚杆插入孔内,杆头伸出坡面 3~6cm,弯钩朝向坡面上方,以便挂网,然后用水泥砂浆将锚杆孔内腔灌满填实。

(4) 固定铁丝网

铁丝网可采用 12 号、14 号或 16 号镀锌铁丝网,网孔为 8cm×8cm 或 8cm×12cm。将铁丝网从坡顶沿坡面顺势铺下,铺设时网应拉紧,铺平顺后将网挂在锚杆上,用连接件或铁丝锁紧,并根据需要采用不同厚度的混凝土垫块,使铁丝网与坡面保持 3~6cm 的距离。完成网与锚杆的连接工作后,要严格检查铁丝网与锚杆连接的牢固性,确保网与坡面形成稳固的整体。

(5) 混合料拌和

喷射混合料由绿化基材、种植土壤、水泥、纤维及锯末与混合草种按一定的比例组成,经强制式搅拌机拌和而成,拌和时间不小于 1min。该配合比应通过对现场气候环境条件、边坡结构类型、土壤条件等因素的调查,再进行室内、现场试验确定。

种植土壤,选择工程所在地原有地表土或附近农田,粉碎后过 8mm 筛,含水率不超过 20%。纤维,就地取橘杆、树枝等粉碎成 10~25mm 长。绿化基材,要能够提供生长期必须的平衡养分,有机质的含量 ≥ 200mg/kg,有效钾含量 200mg/kg,有效磷含量 200mg/kg。水泥,混合料掺入水泥,可以在喷布之后形成一定强度,提高边坡防冲刷能力。水泥强度等级不低于 PO32.5。锯末,造浆时加入一定的锯末,可以在混合料内形成一定的蜂窝状结构,改善混合料透气、保水性能。混合草种,草种首选禾本科,其次选一定数量的豆科、藤木、灌木和矮生树。禾本科可以采用高羊茅、草地早熟禾、黑麦草等"先锋"草籽,灌木类可采用紫蕙愧等品种。具体项目应结合施工现场环境进行选择确定。

(6) 喷射混合料

准备工作就绪后,利用混凝土喷射机将混合物喷布于坡面。喷射时应从正面进行,凹凸部及死角要补喷,喷射种植混合物(喷射厚度可根据边坡的岩性进行调整,以保证有机基材能提供足够的养分及水分供草种生长)。

(7) 覆盖无纺布

喷播完成后,在其表面层覆盖无纺布,以减少因强降水对种子造成的冲刷,同时也减少边坡表面水分的蒸发,进一步改善种子的发芽、生长环境。

(8) 养护

养护工作应于喷植完成后即日开始,主要针对植被的养分、水分、病虫进行管理工作,同时针对缺苗的地段进行补植。具体养护工作应根据季节、草种种类、基质混合土壤性质、坡度情况、环境条件及植物生长情况合理进行。

4.1.2 挂网喷锚防护

1）施工工艺

边坡修整→锚杆施工→泄水孔安装→初喷混凝土→铺设钢筋网→复喷混凝土→养护。

2）施工方法

（1）边坡修整

为保证坡面平顺、喷射混凝土厚度及喷射面层平整度，需要对坡面进行刷坡处理，一般情况在洞口刷坡施工时从上至下，一次刷到位。如果坡面较高，仰坡分成2级以上时，应刷一级护一级，从上至下，依次完成。对石质坡面，存在有危石、孤石应打眼放炮破除，或采用机械破碎清除。

（2）锚杆施工

①锚杆材料准备。锚杆材料按设计要求规定的材质、规格备料，并进行调直、除锈、除油，以保证锚杆的施工质量和施工的顺利进行。水泥，普通水泥砂浆选用P42.5普通硅酸盐水泥，在自稳时间短的围岩条件下，宜用早强水泥砂浆锚杆。砂，宜采用清洁、坚硬的中细砂，粒径不宜大于2.5mm，使用前应过筛。配合比，水泥与砂的比宜为1:1～1:1.5（质量比），水灰比宜为0.45～0.50。砂浆备制，砂浆应拌和均匀，随拌随用。一次拌和的砂浆应在初凝前用完，主要为了保证砂浆本身的质量及砂浆与锚杆杆体、砂浆与孔壁的黏结强度，也就是为了保证锚杆的锚固力和锚固效果。

②锚杆孔的施工。孔位应根据设计要求和围岩情况布孔并标记，砂浆锚杆的锚杆孔径应大于锚杆体直径15mm，锚杆孔宜垂直仰坡面。钻孔内若残存有积水、岩粉、碎屑或其他杂物，会影响灌浆质量和妨碍锚杆杆体插入，也影响锚杆效果。因此，锚杆安装前，必须采用人工或高压风、水清除孔内积水和岩粉、碎屑等杂物。土质坡面不得用水清孔，只能采用高压风清孔。

③锚杆安装。砂浆锚杆孔内的砂浆也应采用灌浆管插入孔底，压入砂浆，灌浆管随水泥砂浆的压入缓慢匀速拔出。压浆量以锚杆插入后砂浆能挤满整个锚杆孔，并有少量砂浆溢出为止，具体压浆量根据锚杆孔直径、锚杆直径及锚杆长度计算确定。

锚杆孔灌浆后，随即迅速将杆体插入并安装到位。若孔口无水泥砂浆溢出，说明注入砂浆不足，应将杆体拔出重新灌注后再安装锚杆；锚杆杆体插入孔内的长度不宜小于设计长度。锚杆安设后，不得随意敲击。

钻孔注浆的饱满程度，是确保安装质量的关键，工艺要求注浆管插到距孔底5～10cm，并随砂浆的注入而缓慢匀速拔出，就是为了避免拔管过快而造成孔内砂浆脱节。砂浆不足时应重注砂浆。这都是为了保证锚杆全长为足够饱满的砂浆所握裹，保证其锚固效果。

(3)泄水孔施工

泄水管采用 ϕ100mm 的 PVC 管制作,单根长度 0.4m,管身向外有一定的倾角,按梅花形布置,出水口临时封堵,以防喷混凝土作业时堵塞出水口。

(4)仰坡面初喷混凝土

①喷射混凝土采用 C20 细石混凝土,水泥采用 PO42.5 普通硅酸盐水泥,石子粒径不大于 15mm,砂石应加盖防止雨天淋湿,混凝土配合比经试验确定。

②喷射作业前清理坡面的浮土和杂物,并在坡面上用短钢筋打上厚度标志,用以检验喷层厚度。

③喷射作业时应严格控制喷嘴处加水量,喷头与受喷面保持垂直,距离为 0.6~1.0m,喷射压力 0.3~0.5MPa。作业时喷射轨迹由低到高,螺旋上升,喷射表面平整,无滑移和流淌现象。

(5)铺设钢筋网

在初喷混凝土终凝后开始挂网作业,网片采用 ϕ8 钢筋制作,绑扎搭接长度不小于 20cm。

(6)复喷

挂网结束后,进行复喷混凝土作业,作业前将初喷混凝土面清理干净,一次喷射至设计厚度,复喷工艺同初喷混凝土。

4.1.3 骨架防护

按样式不同,骨架防护分为拱形骨架、人字形骨架、菱形骨架等。

按使用的材料不同,分为浆砌片石骨架、素混凝土骨架、钢筋混凝土骨架等类型。浆砌片石骨架适用于坡率等于或缓于 1∶1 的土质仰坡防护;素混凝土骨架适用于边坡不陡于 1∶0.75 的岩石路堑仰坡防护;钢筋混凝土骨架适用于坡面陡峭的洞口坡面,根据地质情况有时配合锚杆、锚索防护。

1)浆砌片石骨架

拱形浆砌片石骨架防护的施工工艺为:边坡修整→测量放样→基槽开挖→基础砌筑→骨架砌筑→客土喷播植草绿化。

(1)边坡修整

精确放出坡脚及坡顶边线,然后进行人工修整边坡,使边坡平台高程及边坡坡度与设计一致。路堤段清除浮土及松动石块,缺土部分挖台阶分层填筑。

(2)测量放样

按设计要求在每条骨架起讫点放控制桩,挂线放样。

(3)基槽开挖

人工开挖骨架沟槽,必须按照骨架尺寸要求保证主骨架和支骨架埋深。对于土质边坡,可用人工直接开挖。对于风化岩质边坡,可用风镐进行开挖,开挖沟槽时注意原坡面岩土体的保护,沟槽宽度满足骨架砌筑即可,不宜超挖。

(4)基础砌筑

施工前先将护坡坡脚挖槽使其满足设计要求,使基础稳固坚实地嵌入槽内。采用样架法施工,护面石表面用花锤修凿平整,做到石块之间彼此镶紧咬合,砂浆饱满。骨架护坡长度大于20m时,宜每15m设置一道变形缝,缝宽2.0cm,缝内填塞沥青麻筋,随砌随填。

砌筑前检查基底情况,不得有浮土、松动石块和积水,保证砌体在坚实的基础上。砌体应采用挤浆法分层、分段砌筑。分段位置一般设在沉降缝或伸缩缝处,两相邻段砌筑高度不应大于120cm,分层水平砌缝应大致水平。各砌层应先砌外围定位片石,并与里层片石交错连成一体,定位片石宜选用表面较平整且尺寸较大的石料,定位砌缝应满铺砂浆,不得镶嵌小石块。

定位片石砌筑完后,应先在圈内底部铺一层砂浆,其厚度应使石料在挤压砌时能紧密连接,其砌缝砂浆密实、饱满。砌筑腹石时,石料间的砌缝相互交错、咬搭,砂浆密实。石料不得无砂浆直接接触,也不得干填石料后铺灌砂浆;石料应大小搭配,较大的石料应以大面为底,较宽的砌缝可用小石块挤塞。挤浆时可用小锤敲打石料,将砌缝挤紧,不得留有缝隙。

浆砌片石的砌缝应符合如下规定:定位砌块表面砌缝的宽度不得大于4cm,砌体表面与三块相邻石料相切的内切圆直径不得大于7cm,两层间的错缝不得小于8cm,每砌筑120cm高度以内应找平一次。填腹部分的砌缝宜减小,在较宽的砌缝中可用小石块塞填。

(5)骨架砌筑

施工时应自上而下逐条砌筑骨架,骨架应与边坡密贴,骨架流水面应平顺,主骨架排水需顺接引入排水沟。拱形骨架的肋柱采用挂线法施工,分两层砌筑,先用片石铺底,再安作料石面,砌筑时注意两层之间咬合要牢固,不能形成两张皮。拱形骨架砌筑采用样架法施工,样架采用木板或钢筋按拱圈外缘尺寸加工成形,并采用方木和钢钎固定在仰坡上,砌筑顺序由两侧拱脚向拱顶合拢。砌筑工艺同肋柱施工。

砌体表面的勾缝应符合设计要求,并应在砌体砌筑时留出2cm深的空缝。勾缝所用的砂浆强度,不得小于砌体所用的砂浆强度。勾缝采用压槽工艺,缝宽2cm,缝深0.8cm。先剔缝,并用水冲洗缝槽,将缝槽内浮浆清洗干净,然后用1:1水泥砂浆填缝,砂浆面略高于砌体表面,用$\phi16$钢筋压槽,至缝内砂浆光洁,平整即可,最后将缝两侧浮浆刮除干净。

(6)养护

砌体砌筑完毕应及时覆盖,并经常洒水湿润,常温下养护期不得少于7d。

(7)骨架内绿化

采用客土喷播植草或撒草籽、灌木籽对骨架内进行绿化。

2)素混凝土骨架

人字形素混凝土骨架施工工序为:边坡修整→测量放样→沟槽开挖→骨架支模→骨架混凝土浇筑→混凝土养护及拆模→骨架内绿化。

(1)边坡修整

正式施工前,应对已开挖的坡面进行人工清理修整,清除浮土、浮石及垃圾等,对欠挖的部分应补挖平整,平整度达到施工规范要求,要求保证坡形平直均匀。

（2）测量放样

坡面修整完成并达到设计及规范要求后，由测量放线员按照设计图纸对混凝土骨架进行测量定位，用短钢筋和撒细白灰线作标识。

（3）沟槽开挖

沟槽采用人工配合风镐进行开挖，开挖必须顺直，沟槽深度应满足设计要求，并保证外露部分高度。开挖沟槽时边坡局部凹处应夯填回填土，其密实度不低于90%，并尽量使表面平整。

（4）骨架支模

在骨架沟槽开挖完成并达到设计及规范要求后，严格按照设计图纸规定的骨架尺寸进行支模，模板使用前要进行尺寸和平整度的检查并除锈。骨架模板采用木模拼装，模板安装满足设计要求，线性顺直，表面平整，按要求设置沉降缝和伸缩缝并保证沉降缝、伸缩缝贯通。模板拼缝要严密，板缝采用玻璃胶填实或用双面胶处理。

模板支撑应牢固，基坑周边岩层不稳定时，要在设置支撑时特别注意加强，可以采用在木支撑端部设置木楔、木板和多设支撑的办法解决。模板的受力杆件不得与脚手架相联系；对拉杆套筒必须使用统一规格的塑料管，对管头和模板接缝进行处理以保证不漏浆。

支模顺序为先进行人字形骨架坡脚基础模板安装，再进行肋柱模板安装，最后进行人字形骨架模板安装。由于骨架随坡面坡度倾斜，坡度陡，支模必须采用三面模，即两个侧面和一个顶面，以保证混凝土的密实度和外观质量。

（5）混凝土浇筑

①混凝土生产和运输。混凝土的拌和在拌和站采用两台JS1500强制式拌和站集中拌和。严格执行经过监理工程师审批的配合比，每日至少分早、中、晚3次对集料的含水率进行检测，据此调整集料和水的用量，确定施工配合比。

保证混凝土拌和物拌和均匀，颜色一致，有良好的和易性，在运输灌注时无显著离析、泌水现象；其坍落度要控制在施工配合比范围内。混凝土运至现场时检查其均匀性和坍落度等，不符合要求时进行二次拌和，如还达不到要求时作为废料处理或降级使用。现场不得随意向混凝土中加水。

混凝土运输据现场运输道路条件及运距而定，保证混凝土运到浇筑地点时仍保持均匀性和规定的坍落度。采用机动翻斗车运输或混凝土罐车运输。混凝土运至浇筑地点后发生离析、严重泌水时严禁使用。搅拌运输车运输混凝土时以2～4r/min的速度慢速搅动。

②混凝土的浇筑。浇筑混凝土前检查混凝土的均匀性和坍落度，符合要求后方可浇筑。

利用溜槽将混凝土送入基础模板内，水平分层浇筑、分层振捣，每层厚度不大于300mm。浇筑时从两边向中间水平分层浇筑，新旧料要在同一水平面结合，并保证下层混凝土初凝前浇筑完成上层混凝土。

使用插入式振捣器振捣。振捣过程中要遵循"先外后内、快进慢出、45°角进入"的原则，对每一部位的振捣要达到混凝土停止下沉，不再冒气泡，表面呈现平坦、泛浆为止，然后移动到下一个部位。每处振捣完毕后要边振边徐徐提出振捣棒，避免振捣棒撞击模板。

每次移动的间距不超过振捣器作用半径的 1.5 倍,并与侧模保持 50～100mm 的距离。每次振捣要插入下层混凝土 50～100mm。防止漏振、欠振和过振。

混凝土浇筑要连续进行,中间如因故间断,其间断时间要小于下层混凝土初凝或能重塑的时间。

混凝土浇筑振捣过程中,必须防止松散土块混入混凝土中。

混凝土浇捣时,要保持表面平整,湿润光泽,无干斑及滑移流淌现象,表面人工抹平压光。

在灌注混凝土过程中,取具有代表性的混凝土样品制作 2 组试块,以备养生后检验。

(6)基础混凝土养生及拆除模板

①混凝土的养生。浇筑完成混凝土后要及时养生。采用覆盖土工布并洒水的方法 7d 以上,根据天气及时洒水保证土工布时刻处于湿润状态。

②拆除模板。待混凝土强度达到 2.5MPa,且保证在 15h 后方可拆模。拆除模板时要保证混凝土的棱角、表面不受损坏,防止结构物粘模损伤、断角、缺边、开裂等缺陷。模板的拆除要遵循"先支后拆、先上后下"的原则。防止模板倾覆伤人。拆除的模板要及时运到指定地点进行清洗除锈去污、修理、上油保养。然后集中平整堆放之后用雨布覆盖以防雨、防尘,不得将模板斜靠或立起放置。拆除模板后报请监理工程师对混凝土基础进行验收,合格后方可进行下道工序施工。

(7)骨架内采用植生袋绿化

按照设计要求,骨架内采用植生袋进行码砌,码砌时应防止刺破植生袋,错缝码砌并压实,保证码砌面顺适平整,在植生袋表面罩三维土工网,并覆盖 3cm 厚的种植土,三维土工网用 $\phi 8$ 钢筋制作的 U 形钉固定在植生袋上,绿化后应定期进行养护。

3)钢筋混凝土骨架

(1)骨架开槽

采用人工开槽,开挖时严格按照测量放样的位置进行,不得出现超挖或欠挖。

(2)模板支立

采用组合木模临时固定在坑槽内,钢筋骨架安放后采用穿 PVC 管的对拉杆加固。

(3)钢筋绑扎

钢筋制作安装,钢筋接头需错开,同一截面钢筋接头数不得超过钢筋总根数的 1/2,且有焊接接头的截面之间的距离不得小于 $35d$(d 为钢筋直径),并不小于 50cm。锚杆外露部分与骨架钢筋的单面焊接长度必须保证 $10d$ 的要求,如锚杆钢筋与骨架主筋错位时,可局部调整骨架主筋的位置。

(4)混凝土浇筑

混凝土集中拌和,罐车运输,吊车吊装入模,使用插入式振捣棒进行振捣。混凝土的浇筑顺序,必须自边坡由下向上进行,以保证混凝土成形。混凝土浇筑,尤其在土钉孔周围,钢筋较密集,一定要加强振捣,保证质量。

(5)养护

混凝土的养护在混凝土浇筑 12～24h 后覆盖养护,养护时间不得少于 7d。

4.1.4 锚固防护

1）预应力锚杆

（1）钻机定位

锚孔钻进施工，应搭设满足相应承载能力和稳定条件的钢管脚手架，根据坡面测放孔位准确安装固定钻机，并严格认真进行机位调整，确保锚孔开钻就位时纵横误差不得超过±50mm，高程误差不得超过±100mm，钻孔倾角和方向应符合设计要求，倾角允许误差为±1.0°，方位允许误差±2.0°。

（2）钻孔

在钻孔施工中，对钻孔方式、钻孔过程、钻孔清理、孔径孔深、锚孔检验、锚孔偏差等有具体要求。

①锚孔钻进应采用无水干钻，禁止开水钻进，以确保锚固工程施工不导致边坡岩土工程地质条件的恶化并保证孔壁的黏结性能。钻孔速度应根据使用钻机性能和锚固地层严格控制，防止钻孔扭曲和变径，造成下锚困难或其他意外事故。

②钻进过程中应对每个孔的地层变化、钻进状态（钻压、钻速）、地下水及一些特殊情况做好现场施工记录。如遇塌孔缩孔等不良钻进现象时，应立即停钻，及时进行固壁灌浆处理（灌浆压力 0.1～0.2MPa），待水泥砂浆初凝后，重新清孔钻进。

③钻孔孔径、孔深要求不得小于设计值。为确保锚孔直径，要求实际使用钻头直径不得小于设计孔径。为确保锚孔深度，要求实际钻孔深度大于设计深度 0.5m 以上。

④钻进达到设计深度之后，不能立即停钻，要求稳钻 3～5min，防止孔底尖灭，达不到设计孔径。钻孔孔壁不得有沉渣及水体黏滞，必须清理干净，在钻孔完成后，原则要求使用高压空气（风压 0.2～0.4MPa）将孔内岩粉及水体全部清除出孔外，以免降低水泥砂浆与孔壁岩土体的黏结强度。除相对坚硬完整的岩体锚固外，不宜采用高压水冲洗。若遇锚孔有承压水流出，待水压、水量变小后方可下安锚筋与注浆，必要时周围适当部位设置排水孔处理。如果设计要求处理锚孔内部积聚水体，一般采用灌浆封堵二次钻进等方法处理。

⑤锚孔成孔结束后，须经现场监理检验合格后，方可进行下道工序。孔径、孔深检查一般采用设计孔径钻头和标准钻杆在现场监理旁站的条件下验孔，要求验孔过程中钻头平顺推进，不产生冲击或抖动，钻具验送长度满足设计锚孔深度，退钻要求顺畅，用高压风吹验不存在明显飞溅尘渣及水体现象。同时要求复查锚孔孔位、倾角和方位，全部锚孔施工分项工作合格后，即可认为锚孔钻孔检验合格。

（3）预应力锚杆施工

①锚杆设计拉力为 350kN，采用 ϕ32 精轧螺纹钢筋作为锚杆材料。钻孔孔径为 ϕ120mm，锚杆组装前钢筋应平直，并经除油和除锈处理合格。锚杆接头应采用专用锚杆连接接头或其他保证强度和质量要求的链接技术。精轧螺纹钢筋杆体一律不得采用焊接。沿锚杆体轴线方向每隔 1.5～2.0m，应设置一个对中器，必要时设排气管，并与锚杆体绑扎牢

固。锚杆体自由段按设计要求采用套管,与锚固段连接处应用铅丝绑牢并封扎严实,并按设计要求进行防腐处理。

②锚筋体自由段的防腐与隔离应按设计要求施作,自由段防腐采用刷漆、涂防腐润滑脂、外套高密度聚乙烯或聚丙烯塑料管及管外与孔壁间注水泥浆等多层防腐措施。

③锚筋体应顺直分开摆放在通风干燥处,露天储存或制作时,不与地面接触,并覆盖遮雨布。锚筋体在吊装过程中,防止锚筋体挤压、弯曲或扭转,严格控制入孔倾角和方位,推送平顺,严禁抖动。

(4)注浆施工

①所有注浆设备使用前均严格检查,无任何故障及安全隐患方可使用,机械使用人员持证上岗。

②注浆材料采用水泥浆,在配浆时,严格按照试验室配合比进行,并由试验工程师全程监控,所有注浆原材均送检,检验合格后方可使用,锚固段和张拉段注浆压力不小于 2.5MPa,浆体强度不低于 30MPa,注浆材料加入聚丙烯腈纤维,掺入量为 $1.8 \sim 2.0 kg/m^3$。

③注浆浆液严格按照配合比进行,搅拌要均匀,浆液应在初凝前注完,注浆过程中,严防石块、杂物混入浆液。注浆压力严格按照设计进行,注浆严格按照孔底返浆方式进行,直至锚孔口溢出浆液或排气孔停止排气时,方可停止注浆。注浆结束后,应将注浆管,注浆枪和注浆套清洗干净。整个注浆作业,要按照要求严格记录。

(5)张拉锁定

①张拉设备在使用前要到具有相关资质的检测单位进行标定。操作人员须持证上岗。

②锚筋体张拉:

a. 承压面应平整,并与锚筋的轴线方向垂直。

b. 锚具安装应与锚垫板和千斤顶密贴对中,千斤顶轴线与锚孔及锚筋体轴线在一条直线上,不得弯压或偏折锚头,确保承载均匀同轴,必要时用钢制垫片调整满足。

c. 张拉顺序严格按照设计进行,张拉过程中现场工程师全程监控。锚筋张拉前,取 $0.1 \sim 0.2$ 倍设计张拉力值对锚筋进行预张拉,确保锚固体各部分接触密贴,锚筋体顺布平直。张拉控制应力不应超过极限应力值的 0.6 倍。超张拉力值应为设计值的 $1.1 \sim 1.2$ 倍。锚筋张拉分两次进行,第一次张拉作业力值为设计张拉力值的一半,第二次达到设计值直至超张拉力值,每次张拉宜分为 $5 \sim 6$ 级进行,除第一次张拉需稳定 30min,其余每级持荷稳定时间为 5min,分别记录每级荷载对应锚筋体的伸长量。对同一单元体上的锚筋张拉原则要求同步进行,确保结构受力均匀,避免局部变化和相互影响。

如果采用循环张拉,在第一次张拉作业时,按照先左右后中间、先上下后中间和先对角后中间的作业原则进行。

d. 锚筋张拉至设定最大张拉荷载值后,应持荷 $10 \sim 15min$,然后进行卸荷、锁定作业。锁定使用锚具和夹片应符合技术标准与质量要求。预应力锚杆锁定后 48h 内,若发现预应力损失大于锚杆拉力设计值的 10%,应进行补偿张拉。

2）预应力锚索

（1）钻孔

钻孔是锚索施工中控制工期的关键工序。为确保钻孔效率和保证钻孔质量，采用潜孔冲击式钻机。钻机钻井时，按锚索设计长度将钻孔所需钻杆摆放整齐，钻杆用完，孔深也恰好到位。钻孔深度要超出锚索设计长度 0.5m 左右。

钻孔结束，逐根拔出钻杆和钻具，将冲击器清洗好备用。用一根聚乙烯管复核孔深，并以高压风吹孔，待孔内粉尘吹干净，且孔深不少于锚索设计长度时，拔出聚乙烯管，塞好孔口。

两种特殊情况的处理如下：

①渗水处理。在钻孔过程中或钻孔结束后吹孔时，从孔中吹出的都是一些小石粒和灰色或黄色团粒而无粉尘，说明孔内有渗水，岩粉多粘附于孔壁。这时，若孔深已够，则注入清水，以高压风吹净，直至吹出清水；若孔深不够，虽然冲击器工作仍有进尺，也必须立即停钻，拔出钻具，洗孔后再继续钻进，如此循环，直至结束。有时孔内渗水量大，有积水，吹出的是泥浆和碎石，这种情况岩粉不会糊住孔壁，只要冲击器工作，就可继续钻。如果渗水量太大，以至淹没了冲击器，冲击器会自动停止工作，应拔出钻具进行压力注浆。

②塌孔、卡钻处理。当钻孔穿越强风化岩层或岩体破碎带时，往往发生塌孔。塌孔的主要标志是从孔中吹出黄色岩粉，夹杂一些原状的（非钻头碎的、非新鲜的、无光泽的）石块，这时，不管钻进深度如何，都要立即停止钻进，拔出钻具，进行固壁注浆，注浆压力采用 0.4 MPa，浆液为水泥砂浆和水玻璃的混合液，24h 后重新钻孔。雨季，常出现顺岩体破碎带向孔内渗流泥浆，固壁注浆前，必须用水和风把泥浆洗出（塌入钻孔的石块不必清除）。否则，不仅固壁注浆效果差，还容易造成假象。

（2）锚索制作

锚索在钻孔的同时于现场进行编制，内锚固段采用波纹形状，张拉段采用直线形状。钢绞线下料长度为锚索设计长度、锚头高度、千斤顶长度、工具锚和工作锚的厚度以及张拉操作余量的总和。正常情况下，钢绞线截断余量取 50mm。将截好的钢绞线平顺地放在作业台架上，量出内锚固段和锚索设计长度，分别作出标记；在内锚固段的范围内穿对中隔离支架，间距 60 ～ 100cm，两对中支架之间扎紧固环一道；张拉段每米也扎一道紧固环，并用塑料管穿套，内涂黄油；最后，在锚索端头套上导向帽。

（3）锚索安装

在向锚索孔装索前，要核对锚索编号是否与孔号一致，确认无误后，再以高压风清孔一次，即可着手安装锚索。

安装下倾锚索比较简单，没有过多的技术问题。安装上倾和水平锚索时要注意以下 4 点：一是检查定位止浆环和限浆环的位置，损坏的，按技术要求更换；二是检查排气管的位置和畅通情况；三是锚索送入孔内，当定位止浆环到达孔口时，停止推送，安装注浆管和单向阀门；四是锚索到位后，再检查一遍排气管是否畅通，若不畅通，拔出锚索，排除故障后重新送索。

（4）锚固法注浆

锚固法注浆采用排气注浆法施工。下倾的孔，注浆管插至孔底，砂浆由孔底注入，空气由锚索孔排出;上倾和水平孔,砂浆由孔口注入,空气压向孔底,由孔底进入排气管排出孔外(水平锚索,空气经限浆环进入排气管)。

上倾和水平锚索孔注浆过程中,当排气管不再排气,且有稀水泥浆从排气管压出时,说明注浆已满;对于下倾锚索注浆,采用砂浆位置指示器控制注浆位置。

锚索孔注浆采用注浆机,注浆压力保持在 0.3~0.6MPa。

(5)立锚墩

锚墩的作用是把锚具的集中荷载传递到岩面并调整岩面受力方向。为了使锚墩上表面与锚索轴线垂直,预先将一根外径与钻头直径相同的薄壁钢管和垫板正交焊牢,浇筑锚墩前将钢管的另一端插入钻孔即可。

(6)锚索张拉

张拉锚索前,需对张拉设备进行标定。标定时,将千斤顶、油管、压力表和高压油泵联好,在压力机上用千斤顶主动出力的方法反复试验 3 次,取平均值,绘出千斤顶出力(kN)和压力表指示的压强(MPa)曲线,作为锚索张拉时的依据。因国产压力表初始起动压强不完全相同,所以标定曲线上必须注明标定时的压力表号,使用中不得调换。压力表损坏或拆装千斤顶后,要重新标定。

若锚索是由少数钢绞线组成,可采用整体分级张拉的程序,每级稳定时间 2~3min;若锚索是由多根钢绞线组成,组装长度不会完全相同,为了提高锚索各钢绞线受力的均匀度,采用先单根张拉,3d 后再整体补偿张拉的程序。

(7)封孔注浆

补偿张拉后,立即进行封孔注浆。对于下倾锚索,注浆管从预留孔插入,直至管口进到锚固段顶面约 50cm 处;对于上倾和水平锚索,通过预留注浆管注浆。孔中的空气经由设在定位止浆环处的排气管排出。

(8)外部保护

封孔注浆后,从锚具量起留 50mm 钢绞线,其余的部分截去,在其外部包覆厚度不小于 50mm 的水泥砂浆保护层。

4.2 危岩落石段明洞设置条件及步骤

4.2.1 明洞设置条件

(1)隧道洞口上方存地塌方、岩堆、落石、泥石流等不良地质危害,修建路堑后,上述不良地质发生次生灾害会危及以后高铁运营安全。因此需要设置明洞,避免塌方、岩堆、落石、泥石流等灾害损坏运营铁路线。

（2）隧道洞口段覆盖层较薄，修建路堑放坡开挖量较大，而且放坡不利于洞口稳定，放坡施工时间太久存在坡面滑塌的可能，并且难于用暗挖法修建隧道的地段。

4.2.2 明洞设置步骤

1）明洞设置判别

一般把超浅埋段设为明洞，由隧道宽度及顶部覆盖层厚度有直接关系。隧道越宽，覆盖层越薄，暗挖风险将越高，我们用隧道的坍落拱高度来确定是否修建明洞。

坍落拱高度计算如下：

$$h_q = 0.45 \times 2^{S-1} \omega \tag{4-1}$$

式中：S——围岩级别；

ω——宽度影响系数，$\omega = 1+i(B-5)$；

B——隧道宽度（m）；

i——B 每增减 1m 时的围岩压力增减率，以 $B = 5m$ 的围岩垂直均布压力为准。当 $B < 5m$ 时，取 $i = 0.2$；$B > 5m$ 时，取 $i = 0.1$。

当埋深小于坍落拱高度时，即为超浅埋段。此时暗挖风险极高，应考虑设置明洞。

2）明洞类型选择

（1）明洞类型

按结构形式分，明洞有拱形明洞、棚形明洞、箱形明洞3种类型。

拱形明洞按所处洞口覆土厚度不同，有路堑式拱形明洞、半路堑式拱形明洞两种形式。

路堑式拱形明洞按隧道出洞与仰坡面的关系分，有对称式明洞、偏压式明洞两种样式。对称式明洞为线路轴线与洞口仰坡面正交，洞口左右侧覆土基本一致，明洞对称受力；偏压式明洞为线路轴线与洞口仰坡面斜交，明洞左右侧覆土一侧厚另一侧薄，甚至另一侧可能没有覆土，形成明洞一侧偏压。

（2）明洞类型选择

洞口仰坡面一次落石较多，塌方量大，且基底地质条件较好时，宜采用拱形明洞。拱形明洞因为是拱体受力，在外力作用下形成拱体受压，能够承受很大的落石堆积荷载。

如果洞口一侧靠山形成偏压，另一侧地形狭窄、内外侧墙基底地质明显不同，外侧基础工程量较大或洞顶落石荷载较小时，可采用棚式明洞。

为了防止洞口边仰坡滚石破坏洞口设施，需要延长隧道明洞防护设施。可采用拱形、箱形明洞，并应在明洞顶覆土，形成滚石缓冲层保护结构，再在洞顶植草、种树绿化。

3）拱形明洞设置

高速铁路隧道进出口两端的拉长明洞或在路堑边坡不稳定地段修建的独立明洞，都采用拱形明洞的形式。

拱形明洞整体性好，能承受较大的垂直压力和侧压力，抵抗落石、塌方的能力强。

(1)拱形明洞形式确定

根据洞口地形设置其形式有以下4种:路堑对称型、路堑偏压型、半路堑偏压型、半路堑单压型。

①路堑对称型。这类型式适用于洞顶地面平缓,路堑两侧地质条件基本相同,原山坡有少量落石、坍塌以及隧道洞口层破碎,洞顶覆盖较薄,难以暗挖法修建隧道的地段。

②路堑偏压型。适用于两侧山坡高差较大的路堑,高侧边坡有落石、坍塌或泥石流;低侧边坡明洞结构物以下部分为挖方,且能满足外侧边墙嵌入基岩要求的地段。

③半路堑偏压型。适用于两侧山坡高差很大的路堑,高侧边坡有落石、坍塌或泥石流可能;低侧边坡明洞边墙大部分地面线上,外侧边墙不能嵌入基岩的地段。

④半路堑单压型。适用于两侧山坡高差特别大的路堑,高侧边坡有落石、坍塌或泥石流可能;低侧边坡明洞边墙完全裸露在地面线上,外侧边墙不能被土体覆盖形成对称抵抗力,明洞单侧受压地段。

(2)拱形明洞长度确定

①根据洞口地形确定。明洞的长度应根据洞口围岩等级、坡度的大小,超浅埋段判断的高度确定。

当隧道埋深 H 不大于坍落拱高度 h_q 时,即为超浅埋隧道,应采用明洞法施工,其明洞长度根据洞口地面坡度及线路纵坡确定。计算公式为:

$$L = \frac{h_q}{\tan\rho - i} \tag{4-2}$$

式中:L——明洞长度(m);

h_q——坍落拱高度(m);

ρ——洞口段地面坡角(°);

i——设计线路坡度。

②根据洞口落石、坍塌、滑坡影响范围确定。洞口仰坡面如果存在有落石、坍塌及滑坡的风险,首先要采取措施消除风险源:一是消坡清理,清除落石及坍塌体,削减滑坡体土方;二是采用坡面防护措施,对存在落石、坍塌及滑坡的坡面加固。其次,根据落石、坍塌及滑坡影响线路的范围确定。

落石、坍塌容易发生在仰坡面坡度较陡的洞口地形,出现的形式一种是土石体滚落,另一种是土石体塌落。

当洞口坡面坡度大于1:1,坡上石方失稳,将顺着坡面向下翻滚,滚落到坡脚的高铁线上。根据石方滚落的范围,在隧道洞口设置一定长度的明洞防护,保护铁路设施不遭破坏。做法是先在坡面设置防护(第一道防护),其次在隧道口设置明洞(第二道防护)。

当隧道洞口为陡峭的岩壁时,岩壁的危岩将直接塌落。明洞的长度根据塌落的范围确定。

滑坡容易发生在洞口,仰坡面地质存在顺层,岩层的倾角小于仰坡夹角的地质,而且地质比较发育破碎的情况。明洞的长度根据滑坡长度,滑坡后土体将滚落的区域确定。

4）明洞填土

在确定明洞回填土的厚度和坡度时,应根据洞顶危岩落石危害的大小来确定。

当山坡有严重的危石、崩坍威胁时,应清除或作加固处理。为保护一般的危岩、落石崩坍造成明洞结构危害,明洞拱背回填土厚度不宜小于 1.5m,填土表面应设置一定的排水坡度,设计填土坡度一般为 1∶1.5～1∶5。

隧道口为敞开式,没有洞门端墙时,可采用拱背部分裸露、按原山体自然坡度填土,填土表面一般应植草。

隧道口洞顶存在冲沟、流水现象时,应在明洞顶设置过水、泥石流等渡槽、沟渠及其他构造物,一般过水沟渠或普通截水沟沟底距洞顶外缘厚度不小于 1.0m。当为排泄山沟洪水、泥石流等的渡槽时,泥石流等渡槽沟渠底距洞顶外缘应不小于 1.5m。

4.3 危岩落石段明洞施工技术

4.3.1 施工准备

1）施工技术准备

技术准备工作是落实施工过程控制的关键之一,技术准备应有针对性。根据明洞施工内容的特点,开工前应做好施工交底、施工控制点及其控制方法全面的落实工作,其主要内容包括:

(1)制订衬砌施工的测量控制工作,主要包括衬砌断面尺寸检测、台车定位控制、洞内初期支护的监控量测、仰拱平面位置及线形控制。

(2)制订钢筋加工及安装的控制程序、控制检测频率。

(3)制订混凝土浇筑质量的程序及措施。

(4)落实施工交底制度,对施工方案、控制要点进行详细的技术交底工作。

(5)落实安全环保技术交底工作,对施工安全环保控制具体化,同时建立紧急预案机制,做到有章可循。

2）施工机械、材料及人员准备

明洞衬砌采用隧道正洞施工的全液压衬砌台车施工,端头模板采用木模进行现场拼装。混凝土运输及入模采用混凝土搅拌运输车配合 HBT60 混凝土输送泵进行,插入式振捣器进行振捣,其投入数量能够满足施工要求,所有设备经过检查合格后投入生产。

施工材料根据明洞结构计算需求计划,一次采购到位,进场后经试验检测合格后方可投入使用。

施工管理配备隧道专业技术人员,施工各作业班组都进行岗前培训,关键工种采用经培训考试合格的作业人员组成,尤其对钢筋工、焊工、混凝土振捣工实施严格的岗前培训考核,从施工的关键点对施工过程质量提供保障。

4.3.2 主要项目的施工方案及方法

隧道明洞施工采取仰拱施工完成后进行仰拱填充施工,最后进行墙、拱衬砌施工。仰拱采用分段开挖,分段浇筑,并进行全幅一次性施工。仰拱施作完成后待混凝土强度达到设计强度的90%,安设仰拱填充模板,进行仰拱填充。采用液压整体式衬砌台车作为明洞施工的内模,台车就位固定,经测量检查合格后绑扎钢筋,利用木模现场拼装作为明洞施工的外模进行二次衬砌。拱墙采用一次性整体灌注施工,混凝土在洞外采用拌和站集中拌和,混凝土搅拌运输车运至洞内,混凝土输送泵泵送入模。

1)截水沟施工

明洞段施工前,按设计要求结合地形条件做好截、排水沟和施工场地、便道的规划,应尽量减少对原坡面的破坏和对周围环境的影响,开挖后坡面要达到稳定、平整、美观的要求。

截水沟一般根据征地范围在洞门顶部的地形及明洞排水系统进行设置,目的是将地表水堵截在施工范围以外,通常采用M5水泥砂浆砌片石,截面形式为倒梯形,水沟底净宽60cm,净高60cm,浆砌片石厚度为30cm,坡度为1:1,高度外根据地形顺接。水沟的开挖采用人工开挖,砌片石材料采用人工运输至施工点,人工完成。

2)土石方开挖

明洞宜及早施作,尽量避开雨季及严寒季节。施工方法的选择,应根据地形、地质条件、明洞类型等因素确定。

明洞施工应结合洞口地形按设计要求进行。分层开挖和支护,边仰坡分层施作锚喷支护、骨架防护、植草等方法保持其稳定。通常由测量人员根据图纸结合实际地形放出明洞开挖线,挖掘机进行土方开挖,一次开挖长度按10m左右控制,地质条件差时缩短至4~6m,临时边坡坡度根据高度确定。挖土过程中,应有专人指挥,随时测量开挖的深度和结构尺寸,尽量做到不超挖、不欠挖,开挖至设计位置后及时通知监理工程师进行验槽,基底地质与设计不符时及时通知设计人员,与设计相符时对边坡按照设计要求进行支护,明洞开挖分台阶开挖,台阶高度一般不大于6m,每开挖完成一步及时进行坡面防护,然后依次进行下一步开挖,如此循环进行,开挖至仰拱设计位置。

3)仰拱及仰拱填充施工

仰拱采用分段开挖、分段浇筑。单次循环开挖控制长度不大于5m,严禁单次开挖长度过长,现浇钢筋混凝土仰拱。混凝土在洞外采用拌和站集中拌和,混凝土搅拌运输车运至洞口进行浇筑。具体施工控制如下:

(1)断面开挖

①开挖前准备。开挖前采用全站仪放样,确定开挖断面,用水准仪测定开挖断面的地面

高程,确定各控制点的开挖深度。开挖断面按 2m 间距进行设置,每断面等间距设置 5 个高程控制点。

②开挖。对土质及挖机能够开挖的软弱围岩,采用人工配合挖机进行开挖;对开挖断面存在孤石或石质围岩,采用爆破开挖,爆破采用松动爆破。开挖过程中应边开挖边检测各控制点的高程,避免超挖,对土质及软弱围岩,基底高程以上应预留 20cm 采用人工开挖,避免机械对基础的破坏,对机械开挖有困难的部位,也采用人工开挖。开挖完成后,应对软弱及土质围岩的基底进行地基承载力检查,对承载力不满足要求的实施加固。

(2) 钢筋制作及安装

钢筋采取在洞外钢筋加工场进行制作,洞内进行现场安装。钢筋在定制的模具上进行制作,钢筋的连接应保证焊缝的长度、宽度、厚度符合要求。安装应保证间距均匀,各钢筋允许偏差在规范允许范围之内。

(3) 模板制作及安装

模板采用大块木模进行现场拼制,模板刚度及平整度应符合要求,支撑采用 $\phi 42 \times 3.5 \text{mm}$ 的无缝钢管作为支撑,确保支撑的合理可靠。对拼缝不严密的局部,采用膨胀胶进行填塞封堵,防止混凝土浇筑时出现漏浆,造成混凝土出现麻面。

(4) 混凝土浇筑

混凝土采用拌和站集中拌和,混凝土搅拌运输车运输至施工地点直接入模进行浇筑。混凝土拌和及运输过程应确保混凝土质量,避免混凝土出现离析及混凝土坍落度损失过大,影响混凝土质量。混凝土振捣应确保混凝土满足内实外光的质量要求。对仰拱回填的片石强度及径级必须符合要求。

(5) 施工控制要点

①施工前必须清除隧底虚渣、淤泥和杂物,超挖部分应采用同级混凝土回填。

②混凝土应整体浇筑一次成型,填充混凝土应在仰拱混凝土终凝后浇筑,填充混凝土强度达到 5MPa 后允许行人通过,达到设计强度的 100% 后允许车辆通行。

③仰拱、仰拱填充施工前,须将上循环混凝土仰拱接头凿毛处理,并按设计要求设置止水带。

④根据设计要求,施工缝处钢筋应断开,并要注意与拱墙衬砌施工缝处于同一竖直面上。

⑤仰拱顶面高程和曲率应符合设计要求,高程允许偏差为 ±15mm。

⑥混凝土结构表面应密实平整、颜色均匀,不得有露筋、蜂窝、孔洞、疏松、麻面和缺棱掉角等缺陷。

⑦仰拱混凝土厚度和表面高程应符合设计要求。

⑧仰拱填充表面坡度应符合设计要求,坡面应平顺、排水畅通、不积水。

4) 明洞衬砌施工

(1) 衬砌模板

明洞衬砌采用衬砌台车作为内模,外模采用大块木模进行现场拼做。衬砌台车按照隧道内净空尺寸进行设计与制造,钢结构及钢模具有足够的强度、刚度和稳定性。衬砌台车经施工单位会同监理单位验收合格后方可投入使用。模板台车长度宜为12m,模板台车侧壁作业窗宜分层布置,层高不宜大于1.5m,每层宜设置4～5个窗口,其净空不宜小于45cm×45cm。模板安装稳固牢靠,接缝严密,不得漏浆。模板表面光滑,与混凝土的接触面必须清理干净并涂刷隔离剂。

模板的安装允许偏差和检验方法见表4-1。

模板安装允许偏差和检验方法　　　　表4-1

序号	项目	允许偏差(mm)	检验方法
1	边墙角	±15	尺量
2	起拱线	±10	尺量
3	拱顶	+10.0	水准测量
4	模板表面平整度	5	2m靠尺和塞尺
5	相邻浇筑段表面高低差	±10	尺量

(2)衬砌钢筋

钢筋加工弯制前应调直,并将表面油渍、水泥浆和浮皮铁锈等均应清除干净;加工后的钢筋表面不应有削弱钢筋截面的伤痕。

①钢筋的加工应符合设计要求,其允许偏差和检验方法符合表4-2规定。

钢筋加工允许偏差和检验方法　　　　表4-2

序号	名称	允许偏差(mm)	检验方法
1	受力钢筋顺长度方向的全长	±10	尺量
2	弯起钢筋的弯折位置	20	
3	箍筋内净尺寸	±3	

检验数量:施工单位按钢筋编号各抽检10%,并各不少于3件。

②钢筋安装及保护层厚度允许偏差和检验方法应符合表4-3规定。

钢筋安装及保护层厚度允许偏差和检验方法　　　　表4-3

序号	名称	允许偏差(mm)	检验方法
1	双排钢筋,上排钢筋与下排钢筋间距	±5	尺量两端、中间各1处
2	同一排中受力钢筋水平间距	±20	
3	分布钢筋间距	±20	尺量连续3处
4	箍筋间距	±20	
5	钢筋保护层厚度	+10,-5	尺量两端、中间各2处

检验数量:施工单位全部检查。

③钢筋接头应设置在承受应力较小处,并应分散布置。配制在"同一截面"内受力钢筋接头的截面面积,占受力钢筋总截面面积的百分率,应符合设计要求。当设计未提出要求时,应符合下列规定:

a.焊(连)接接头在受弯构件的受拉区不得大于50%,轴心受拉构件不得大于25%。

b. 在构件的受拉区,绑扎接头不得大于 25%,在受压区不得大于 50%。

c. 钢筋接头应避开钢筋的弯曲处,距离弯曲点的距离不得小于钢筋直径的 10 倍。

d. 在同一根钢筋上应少设接头。"同一截面"内,同一根钢筋上不得超过一个接头。

e. 采用电弧焊焊接,单面搭接焊,其搭接长度不得小于 $10d$,双面搭接焊,其搭接长度不得小于 $5d$,焊缝宽度不小于 $0.8d$ 且不小于 10mm,焊缝高度不小于 $0.3d$ 且不小于 4mm。

(3)衬砌

①施工方法。拱墙衬砌采用全断面整体钢模衬砌台车、混凝土搅拌运输车运输、泵送混凝土灌注,振捣器捣固,挡头模采用木模。混凝土浇筑要左右对称进行,防止钢模台车偏移。混凝土生产采用自动计量拌和站拌和。

②施工程序如下:

a. 进行中线、高程测量放样。

b. 根据中线和高程铺设衬砌台车轨道,要求使用标准枕木和鱼尾板;轨距与台车轮距一致,左右轨面高差小于 10mm。起动电动机使衬砌台车就位。涂刷脱模剂。

c. 起动衬砌台车液压系统,根据测量资料使钢模定位,保证钢模衬砌台车中线与隧道中线一致,拱墙模板成形后固定,测量复核无误。

d. 清理基底杂物、积水和浮渣;装设钢制或木制挡头模板,按设计要求装设橡胶止水带,并自检防水系统设置情况。

e. 自检合格后报请监理工程师隐蔽检查,经监理工程师签证同意后灌注混凝土。

③施工中的注意事项主要有:

a. 衬砌不得侵入隧道建筑限界,衬砌施工放样时将设计的轮廓线扩大 5cm。

b. 混凝土灌注前及灌注过程中,应对模板、支架、钢筋骨架、预埋件等进行检查,发现问题应及时处理,并做好记录。

c. 混凝土振捣时不应破坏防水层。

d. 衬砌施工缝端头必须进行凿毛处理,用高压水冲洗干净。

e. 按设计要求预留沟、槽、管、线及预埋件,并同时施作附属洞室混凝土衬砌。

f. 混凝土衬砌灌注自下而上,先墙后拱,对称浇筑。在施工过程中,如发生停电应立即起动备用电源,确保混凝土浇筑作业连续进行。

g. 混凝土振捣时,不得碰撞模板、钢筋和预埋件。

h. 泵送混凝土结束时,应对管道进行清洗,但不得将洗管残浆灌入到已浇筑好的混凝土上。

i. 钢筋混凝土衬砌地段,必须用与衬砌混凝土相同配合比的细石混凝土或砂浆制作垫块,确保钢筋保护层的厚度。

(4)泵送混凝土施工工艺

①原材料选择及控制

a. 水泥的使用及保管。水泥进场必须有出厂合格证,并经检验合格后方可使用。水泥进库后要注意保管,防止受潮。各种不同品种、强度等级的水泥应分别堆放,堆放时要考虑到先进先用的顺序,以免储存时期过长而失效。水泥出厂超过3个月有效期,或发现水泥有受潮结块现象时,均应经过鉴定后按情况使用。

b.粗集料。粗集料粒径应控制在0.3~0.4D(D为管径)范围之内,D=100mm时,最大粒径不能超过25mm;D=125mm时,最大粒径不能超过30mm;D=150mm时,最大粒径不能超过40mm,且应采用连续级配,针片状颗粒含量不宜大于10%。

c.细集料。细集料宜采用中砂,通过0.315mm筛孔的砂不应少于15%。

②混凝土搅拌

a.混凝土各种原材料的质量应符合配合比设计要求,并应根据原材料情况的变化及时调整配合比。严格按照经批准的施工配合比准确称量混凝土原材料,其最大允许偏差应符合下列规定(按质量计):胶凝材料(水泥、矿物掺和料)为±1%;外加剂±1%,粗细集料为±2%,拌和用水为±1%。

b.混凝土原材料计量后,宜先向搅拌机投放细集料、水泥和矿物掺和料,搅拌均匀后加水并将其搅拌成砂浆,再向搅拌机投入粗集料,充分搅拌后再投入外加剂,并搅拌均匀。

c.水泥、砂、石储备要满足混凝土不间断施工需要。

d.泵送混凝土搅拌的时间,不应小于3.0min。

③混凝土运输

a.混凝土在运输中应保持其匀质性,做到不分层、不离析、不漏浆。运到灌注点时,要满足坍落度的要求。

b.混凝土宜在搅拌后60min内泵送完毕,且在1/2初凝时间内入泵,并在初凝前浇筑完毕。

c.混凝土搅拌运输车装料前,必须将拌筒内积水倒净。当运至现场的混凝土发生离析现象时,应在浇筑前对混凝土进行二次搅拌,但不得再次加水。

d.混凝土搅拌运输车在运输途中,拌筒应保持2~4r/min的慢速转动。当搅拌运输车到达浇筑现场时,应高速旋转20~30s后再将混凝土拌和物喂入泵车受料斗。

e.混凝土搅拌运输车给混凝土泵喂料时,应符合下列要求:喂料前,中、高速旋转拌筒,使混凝土拌和均匀,若大石子夹着水泥浆先流出,说明发生沉淀,应立即停止出料,再顺转搅拌2~3min,方可出料。喂料时,反转卸料应配合泵送均匀进行,且应使混凝土保持在集料斗内高度标志线以上。中断喂料作业时,应使拌筒低速搅拌混凝土。严禁将质量不符合泵送要求的混凝土入泵。混凝土搅拌运输车喂料完毕后,应及时清洗拌筒并排尽积水。

④混凝土灌筑及捣固

混凝土自模板窗口灌入,应由下向上,对称分层,倾落自由高度不超过2.0m。在混凝土浇筑过程中,观察模板、支架、钢筋、预埋件和预留孔洞的情况,当发现有变形、移位时,应及时采取加固措施。混凝土浇筑应连续进行。混凝土浇筑分层厚度(指捣实后厚度)宜为振捣器作用部分长度的1.25倍,但最大摊铺厚度不宜大于600mm。在新浇筑完成的下层混凝土上再浇筑新混凝土时,应在下层混凝土初凝或能重塑前浇筑完成上层混凝土。浇筑混凝土时,应填写混凝土施工记录。

当采用插入式振动棒捣固,应符合下列规定:

a. 每一振点的捣固延续时间宜为 20～30s,以混凝土不再沉落、不出现气泡、表面呈现浮浆为度,防止过振、漏振。

b. 采用插入式振动器振捣混凝土时,振捣器的移动间距不大于振捣器作用半径的1.5倍,且插入下层混凝土内的深度宜为 50～100mm,与侧模应保持 50～100mm 的距离,并避免碰撞钢筋、模板、预埋件等。

当振捣完毕后,应竖向缓慢拔出,不得在浇筑仓内平拖。泵送下料口应及时移动,不得用插入式振动棒平拖驱赶下料口处堆积的拌和物将其推向远处。

c. 对于有预留洞、预埋件和钢筋太密的部位,应预先制订技术措施,确保顺利布料和振捣密实。在浇筑混凝土时,应经常观察,当发现混凝土有不密实等现象,应立即采取措施予以纠正。

⑤拆模及养护

a. 衬砌拆模时间应符合下列规定:在初期支护变形稳定后施工的,衬砌混凝土强度应达到 8.0MPa 以上。特殊情况下,应根据试验及监控量测结果确定拆模时间。

b. 混凝土浇筑完毕后的 12h 以内开始对混凝土进行养护,混凝土养护的最低期限应符合要求,且养护不得中断。混凝土养护期间,混凝土内部温度与表面温度之差、表面温度与环境温度之差不宜大于 20℃,养护用水温度与混凝土表面温度之差不得大于 15℃。浇水次数应能保持混凝土处于湿润状态。当环境气温低于 5℃时不应浇水。

⑥泵送混凝土操作规程及其注意事项

a. 输送泵的操作人员必须经过专门培训合格后,方可上岗操作。

b. 输送泵与输送管连通后,应按所用输送泵使用说明书的规定进行全面检查,符合要求后方能开机进行空运转。

c. 输送泵启动后,应先泵送适量水以湿润输送泵的料斗、活塞及输送管的内壁等直接与混凝土接触部位。

d. 经泵送水检查,确认输送泵和输送管中无异物后,通过泵送同配合比水泥砂浆或相同配合比但粗集料减少 50% 的混凝土润湿管道。

e. 开始泵送时,输送泵应处于慢速、匀速的状态。泵送速度应先慢后快,逐步加速。观察输送泵的压力和各系统的工作情况,待各系统运转顺利后,方可正常速度进行泵送。

f. 泵送混凝土时,如输送管内吸入了空气,应立即反泵吸出混凝土至料斗中重新搅拌,排出空气后再泵送。

g. 泵送混凝土时,料斗内应保持足够的混凝土。

h. 当输送泵出现压力升高且不稳定、油温升高、输送管明显振动等现象而泵送困难时,不得强行泵送,并应立即查明原因,采取措施排除。可先用木槌敲击输送管弯管、锥形管等部位,并进行慢带泵送或反泵,防止堵塞。

i. 当输送管被堵塞时,应采取下列方法排除:

重复进行反泵和正泵,逐步吸出混凝土至料斗中,重新搅拌后泵送。

用木槌敲击的方法,查明堵塞部位,将混凝土击松后,重复反泵和正泵,排除堵塞。

当上述两种方法无效时,应在混凝土卸压后,拆除堵塞部位的输送管,排出混凝土堵塞物后,方可接管。重新泵送前,应先排除管内空气后,方可拧紧接头。

j. 泵送混凝土有计划中断时,应预先确定中断浇筑的部位,且中断时间不宜超过 1h。

k. 管道清洗:洗管前先进行反吸,以降低管内压力。洗管时,料管出口方向前方严禁站人。预先准备好排浆沟、管,不得将洗管残浆灌入已浇筑好的混凝土上。

l. 排除堵塞,重新泵送或清洗输送泵时,布料设备的出口应朝安全方向,以防堵塞物或废浆高速飞出伤人。

m. 管道安装原则如下:管线宜直、转弯宜缓,以减少压力损失;接头严密,防止漏水漏浆,避免下斜,防止泵孔空管,灌筑点应先远后近;管道合理固定,不影响交通运输,不影响已绑扎好的钢筋,不影响模板振动。管道、弯头、配件存有备用品,可随时更换。

n. 如遇输送泵运转不正常或混凝土供应脱节,可放慢泵送速度,或每隔 4～5min 使泵正、反转两个冲程,防止管路中混凝土阻塞。同时开动料斗中搅拌器,搅拌 3～4 转,防止混凝土离析。

o. 严禁向混凝土料斗内加水。

5)防水施工

明洞防水采取明洞浇筑完成拆除外模后立即施工顶面防水系统,防水采用 300g/m² 无纺布 +1.2mm 厚 EVA 防水卷材组成,墙底 4m 高范围增设 2 条 MY8C 盲沟。

(1)施工准备

①材料准备。检验防水板质量,标注焊接线及拱顶分中线,按每循环设计长度截取,对称卷起备用。

②断面量测。准确测放拱顶分中线。

③基面处理。将混凝土表面钢筋露头割除,尖锐突出物用砂浆抹平。

(2)防水安设

①防水板之间的搭接缝应采用双焊缝、调温、调速热楔式功能的自动爬行式热合机热熔焊接,细部处理或修补采用手持焊枪,单条焊缝的有效焊接宽度不应小于 10mm,焊接严密,不得焊焦、焊穿。

②防水板纵向及环向搭接处,除按正常施工外,应再覆盖一层同类材料的防水板材,用热焊焊接。

③3 层以上塑料防水板的搭接形式必须是 T 形接头。

④分段铺设的卷材的边缘部位预留至少 60cm 的搭接余量,并对预留部分的边缘进行有效的保护。

⑤防水板的搭接缝焊接质量检查应按充气法检查,将 5 号注射针与压力表相接,用打气筒进行充气,当压力表达到 0.25MPa 时停止充气,保持 15min,压力下降在 10% 以内,说明焊缝合格;如压力下降过快,说明有未焊好处。用肥皂水涂在焊缝上,有气泡的地方重新补

焊,直到不漏气为止。

⑥施工要点控制

a. 防水板表面平顺,无褶皱、无气泡、无破损等现象。

b. 当基面轮廓凸凹不平时,要预留足够的松散系数,使其留有余地,保证缓冲面与混凝土表面密贴。

c. 防水板搭接用热焊器进行焊接,接缝为双焊缝,焊接温度、焊接速度根据试验确定。太快焊缝不牢固,太慢焊缝易焊穿、烤焦。

d. 焊缝若有漏焊、假焊应予补焊;若有烤焦、焊穿处以及外露的固定点,必须用塑料片焊接覆盖。

e. 所有防水材料必须采用合格厂家生产的定型产品,所有产品必须有出厂合格证和质量检验证明。

⑦防水板铺设完成后铺设无纺布,无纺布搭接宽度不小于15cm。分层回填压实过程中先回填接缝处,保证无纺布不分离。

(3)止水带

明暗交界的沉降缝是隧道施工的薄弱环节,也是隧道工程防水的重点,在施工中要高度重视。

①施作方法。沿衬砌轴线每隔不大于1m钻一$\phi 8$的钢筋孔。将制成的钢筋卡,由待灌混凝土侧向另一侧穿过挡头模板,内侧卡进止水带一半,另一半止水带平靠在挡头板上。待混凝土凝固后拆除挡头板,将止水带拉直,然后弯钢筋卡紧止水带。

②施工控制要点如下:

a. 检查待处理的施工缝附近1m范围内围岩表面不得有明显的渗漏水,如有则采取必要的挡堵(防水板隔离)和引排措施。

b. 按断面环向长度截取止水带,使每个施工缝用一整条止水带,尽量不采取搭接,除材料长度原因外只允许有左右两侧边基上部两个接头,接头搭接长度不小于30cm,且要将搭接位置设置在大跨以下或起拱线以下边墙位置。

c. 止水带对称安装,伸入模内和外露部分宽度必须相等,沿环向每1m设2根$\phi 8$短钢筋夹住,以保证止水带在整个施工过程中位置的正确。止水带处混凝土表面质量应达到宽度均匀、缝身竖直,环向贯通,填塞密实,外表光洁。

d. 浇筑混凝土时,注意在止水带附近振捣密实,但不得碰止水带,防止止水带走位。止水带施工中泡沫塑料对止水带进行定位,避免其在混凝土浇筑中发生移位。

6)浆砌片石施工及洞顶回填

明洞与边坡两侧设计采用浆砌片石进行砌筑,高度为墙基础以上4m。施工采取明洞浇筑,浇筑完成拆除明洞外模后立即施作浆砌片石。

(1)施工顺序

①检查浆砌片石的基础宽度及地基承载能力,同时检查边坡坡率。

②清理基底杂物、修整基底平整度。

③上述施工完成检查合格后进行浆砌片石施工。

④浆砌片石施工完成后,待砌筑物强度达到要求进行洞顶回填。

(2)施工控制要点

①基础承载能力及边坡坡率符合设计要求。地基承载能力不满足要求时,要进行基础换填;边坡坡率不满足要求时,采用人工休整确保其满足要求。

②浆砌片石应确保片石的强度及径级符合要求。砌筑时应挂线,确保线形符合要求,同时砂浆采用拌和站集中拌和,确保砂浆质量,片石砌筑时应确保砂浆饱满无空洞。砌筑采取明洞两侧对称进行。

③洞顶回填应待明洞混凝土强度达到设计强度的100%后方可进行填筑,填筑前应确保明洞防水系统施工完成且质量符合要求。填筑采取人工配合小型机具进行,采取对称分层填筑,分层夯实,分层厚度不大于30cm。

4.4 云桂铁路危岩落石段明洞施工实例

4.4.1 平贯 1 号隧道

平贯 1 号隧道进口紧接平洗双线大桥,地势陡峭,设计为斜切式洞门,洞口回填面及回填面以上的永久边仰坡均采用骨架护坡防护,截水沟久侧设置被动防护网(长60m,高6m),临时边坡、明洞边墙直立开挖碳及 D4K335+880 明暗分界处直立开挖掌子面均采用喷混凝土防护,厚 8m,洞口开挖边缘线以外 5～8m 设置截水沟。如图 4-2～图 4-4 所示。

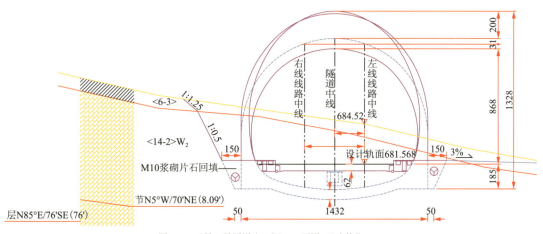

图 4-2 平贯 1 号隧道出口洞口正面图(尺寸单位:cm)

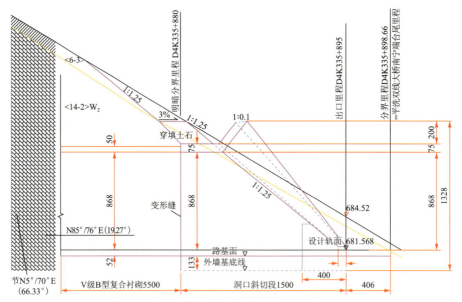

图 4-3　平贯 1 号隧道出口洞口纵断面图（尺寸单位：cm）

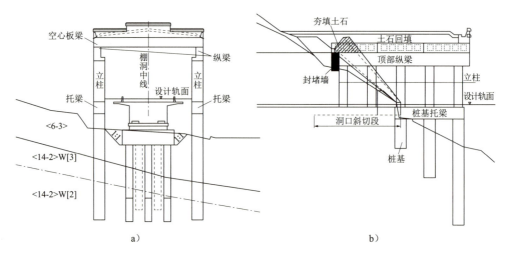

图 4-4　平贯 1 号隧道出口棚洞设计图

隧道出口段右侧上方山体覆盖层较薄，多见基岩出露，基岩为石炭系中统威宁组（C_2w）灰岩、泥质灰岩，中厚层状构造，节理裂隙及溶蚀裂隙发育。自然横坡较陡，坡面植被发育情况随季节变化大，排水沟内侧植被已被清除；斜坡坡面有残留块径不大的碎块石，直径多在 0.1～0.5m，个别稍大，以滚落为主。排水沟上方坡面植被已被砍伐，覆盖层薄，分布有 3 条正在发育的冲沟，水土流失加重，存在潜在发育的不稳定岩土体，建议加强对洞门的防护措施。

根据 2016 年 3 月 28 日《中国铁路总公司工程管理中心、运输局检查调研云桂铁路、沪昆客专云南段总结会会议纪要》要求，对危岩落石做到及早发现，及早处理，以确保运营安全。根据现场情况，结合昆明铁路局意见，对平贯 1 号隧道出口段铁路工程针对危岩落石风险的防护能力予以加强。

4.4.2 平贯 2 号隧道

1）平贯 2 号隧道进口

平贯 1 号隧道进口紧接平洗双线大桥,右侧 100m 外的灰岩构造裂隙发育,岩层倾角较大,岩体破碎,风化层厚度局部大,既有坡面零散分布有较多坡崩积块石土,块石大小不一,石质为灰岩,设计为双耳式洞门,洞口回填面及回填面以上的永久边仰坡均采用锚杆框架梁防护,截水沟外侧设置被动防护网（长 65m,高 6m）,临时边坡、明洞边墙直立开挖面及 D4K336+040 明暗分界处直立开挖掌子面均采用喷混凝土防护,厚 8cm,洞口开挖边缘线以外 5～8m 设置截水沟。如图 4-5～图 4-7 所示。

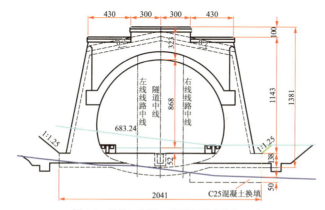

图 4-5　平贯 2 号洞口正面图（尺寸单位：cm）

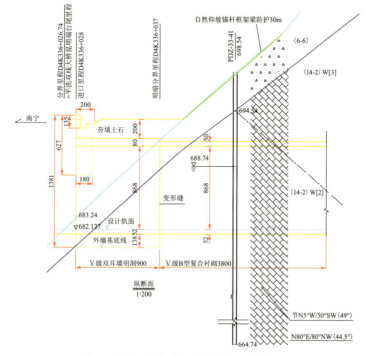

图 4-6　平贯 2 号进口洞口纵断面图（尺寸单位：cm）

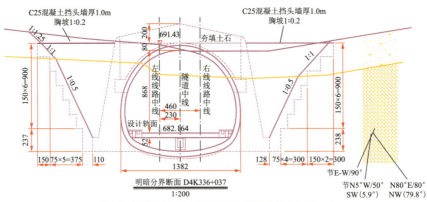

图 4-7 平贯 2 号进口明暗交界处正面图(尺寸单位:cm)

测段上覆第四系全新统坡残积($Q_{[4]}^{(dl+el)}$)粉质黏土、碎石土,下伏基岩为石炭系中统威宁组(C_2w)灰岩;隧道进口端右侧 100m 外的灰岩构造裂隙发育,岩层倾角较大,岩体破碎,风化层厚度局部大,既有坡面零散分布有较多坡崩积块石土,块石大小不一,石质为灰岩,线路右侧约 100m 为一采石场,地表岩石松动,为危岩分布区,易形成落石,对拟建铁路安全构成威胁,落石分布高程 700～900m,现场调查冲沟落石堆积区落石粒径 0.20～0.50m 居多,最大直径 1.0m。

为确保运营安全,进一步提高平贯 2 号隧道进口段铁路工程对地表危岩落石发育程度变化的适应能力,提高铁路工程对危岩落石风险的抵抗能力。根据 2016 年 3 月 28 日《中国铁路总公司工程管理中心、运输局检查调研云桂铁路、沪昆客专云南段总结会会议纪要》要求及补勘地质,于平贯 2 号隧道进口 D4K336+020～D4K336+028 段增设 8m 长棚洞。如图 4-8 所示。

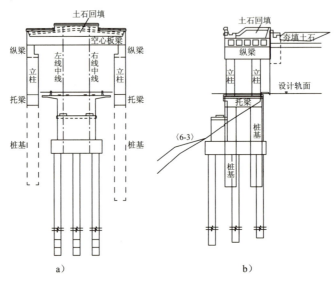

图 4-8 平贯 2 号隧道进口棚洞施工图

2)平贯 2 号隧道出口

平贯 2 号隧道出口紧接马内双线大桥,平贯 2 号隧道位于云桂高原向桂东岩溶平原过渡的斜坡地带,属构造侵蚀低中山地貌,地形起伏较大,出口段位于木都背斜的南东翼,东端在隧道右侧的谷柳,西端在老寨倾伏,背斜核部为泥质软岩,翼部为硬质灰岩,出露地表岩体产状较混乱,局部岩体呈破碎状结构,有浅层滑塌现象。且隧道出口受下林色2号断层的影响,围岩岩体较差,节理裂隙较发育。设计为双耳式洞门,洞口回填面及回填面以上的永久边仰坡均采用锚杆框架梁防护,临时边坡、明洞边墙直立开挖面及D4K337+642明暗分界处直立开挖掌子面均采用喷混凝土防护,厚8cm,洞口开挖边缘线以外5~8m设置截水沟如图4-9、图4-10所示。

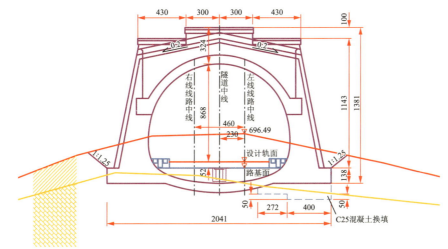

图4-9 平贯2号隧道出口正面图(尺寸单位:cm)

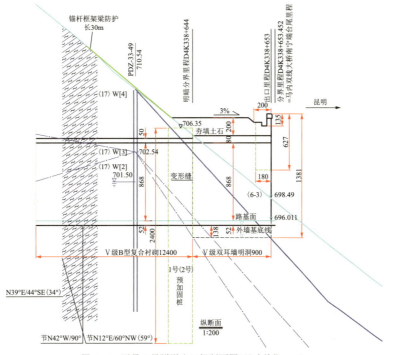

图4-10 平贯2号隧道出口纵断面图(尺寸单位:cm)

4.3.3 富宁隧道进口

隧道进口位于里呼河上游河谷斜坡带的皈朝村马内附近。沿南西穿行板仓乡木都村、新华镇那农地界,为构造侵蚀低中山沟谷斜坡地形,紧邻山间河谷地,与马内双线大桥相连。设计为双耳式洞门,洞口回填面及回填面以上的永久边仰坡均采用锚杆框架梁防护,临时边坡、明洞边墙直立开挖面及 D4K339+040 明暗分界处直立开挖掌子面均采用喷射混凝土防护,厚 8cm,洞口开挖边缘线以外 5～8m 设置截水沟。边沟外侧设置被动防护网(长 90m,高 6m)。如图 4-11～图 4-13 所示。

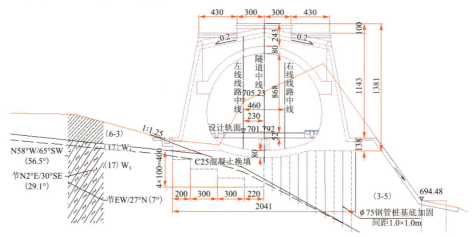

图 4-11 富宁隧道进口正面图(尺寸单位:cm)

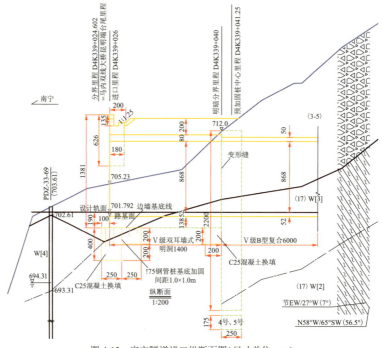

图 4-12 富宁隧道进口纵断面图(尺寸单位:cm)

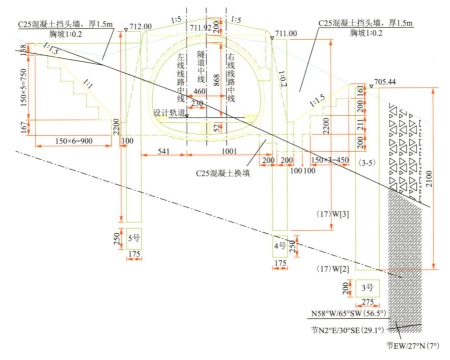

图 4-13 富宁隧道进口明暗分界断面（尺寸单位：cm）

第 5 章

断层破碎带段隧道施工关键技术

Key Technologies of Tunnel Construction in Complex Geological Conditions of
Yunnan Kunming-Guangxi Nanning Railway

Key Technologies of Tunnel Construction in Complex Geological Conditions of Yunnan Kunming-Guangxi Nanning Railway

5.1 断层破碎带超前地质预报技术

断层破碎带施工,超前地质预报技术尤为重要,作为隧道开挖前最终的一道工序,它能够有效地探明掌子面前方地质情况,预防风险,及时采取有效的措施,保障断层破碎带施工过程中的安全。

5.1.1 超前地质预报分类

超前地质预报的主要方式可以分为三大类:地质调查法、物探法和钻探法。

地质调查法:包括隧道地表补充地质调查、洞内地质素描、地层分界线及构造线的地下和地表相关性分析、地质作图等。

物探法:主要包括地震波反射法、地质雷达法和红外探水等。

钻探法:包括超前地质钻探、加深炮孔等。

5.1.2 断层破碎带超前地质预报实施

结合云桂铁路地质情况,根据设计要求,断层破碎带超前地质预报采用地质调查法+物探法(地震波反射法、电磁波反射法、红外探水法)+钻探法(超前水平钻、加深炮孔)相结合的原则探明掌子面前方围岩地质情况。

地质调查法:每循环由专业地质工程师在开挖前对掌子面进行检查研判,确定围岩岩性,检查围岩节理裂隙及地下水发育情况,预判节理走向,绘制节理走向图,明确围岩级别。

地震波反射法:采用TSP203进行探测,每次预报100m,两循环搭接长度不小于10m;主要判定前方围岩岩层界面、断层面、岩脉、岩溶、节理密集程度、围岩破碎程度等。

电磁波反射法:采用地质雷达进行探测,每次预报30m,两循环搭接长度不小于5m,电磁波反射法主要是在地震波检测法的基础之上对围岩进行详细的探测,主要用于探测岩溶、断层破碎带、软弱夹层等不良地质。

红外探水法:主要用于定性判断探测点前方有无水体存在及其方位,每次25m,一次范围为30m,两次搭接长度在5m以上。

超前水平钻:超前水平钻是利用钻机在隧道开挖工作面进行钻探获取地质信息,适应于各种地层。超前水平钻一般采用冲击钻,通过冲击器的响声、钻速及其变化、岩粉、卡钻情况、钻杆震动情况探明岩性和岩石强度;复杂地质地段采用回旋取芯钻,通过岩芯鉴定围岩地质情况。超前水平钻一般是1～5孔,钻孔直径一般为89mm,活动断裂带探测长度80～100m,搭接不小于10m;一般地段探测长度30m,搭接不小于5m。

加深炮孔:利用风钻在隧道开挖工作面钻孔获取地质信息,适用于各种地质条件,每循环钻设3～8个加深炮孔,较循环进尺加深3m以上。

5.2 断层破碎带施工对策

断层破碎带严格按照"早预报、先治水、管超前、短进尺、弱爆破、强支护、快封闭、勤量测、步步为营、稳步前进"的原则组织施工。开挖前做好超前地质预报工作,采用物探+钻探的方式探明前方围岩情况,制订对应处理措施。为避免突泥涌水发生,针对断层破碎带施工,必要时采用超前周边或超前帷幕注浆,加固围岩。施工中,采用管棚加超前小导管相结合的方式进行超前支护,降低塌方风险。加强支护措施,及时封闭成环,减小围岩暴露时间。支护完成后,及时进行围岩变形监测,指导现场施工。

5.3 断层破碎带加固及支护技术

5.3.1 超前注浆

1)注浆工艺流程

对于开挖后仍呈面状渗水或围岩较破碎时,对开挖周边进行注浆加固,达到止水和加固围岩的作用。对于开挖过程中出现股状水或水压较大时,采用超前帷幕注浆,预防突泥突水的情况发生。根据注浆设计图纸并结合地层特点进行确定,并在现场施作过程中不断完善。

2)注浆要求

(1)注浆设计参数

①注浆范围为开挖轮廓线外5m以内。

②注浆孔布置:每循环长度为30m,其中每循环开挖25m,预留5m作为止浆岩盘,注浆

孔孔底间距按 3m 控制。

③注浆材料:注浆材料根据选用具有结石强度高、可灌性好、抗渗透、无污染、耐久性好等特点的水泥基灌浆材,水灰比 0.5∶1～0.8∶1。

④注浆压力:设计注浆压力 = 静水压力 $P_水$ +1MPa,终压值为 2～3 倍静水压力。

⑤扩散半径:超前周边注浆的浆液扩散半径 2.0m。

(2)注浆工艺要求

①注浆前,先进行注浆试验,初步掌握浆液充填率、注浆量、浆液配合比、凝胶时间、浆液扩散半径、注浆终压等指标。

②孔口位置正确定位,与设计位置的允许偏差为 +5cm,偏角符合设计要求,每钻进一段检查一段,及时纠偏,孔底位置偏差小于 30cm。

③注浆孔开孔直径不小于 108mm,终孔直径不小于 89mm。

④钻孔和注浆顺序由外向内,同一圈孔间隔施工。

⑤孔口设 3m ϕ108 注浆管,埋设牢固,有良好的止浆设施。

(3)注浆结束标准

①单孔结束标准:注浆压力逐步升高至设计终压,并继续注浆 10min 以上;注浆结束时的进浆量小于 20L/min。

②全段结束标准:所有注浆孔均已符合单孔结束条件,无漏浆现象;检查孔涌水量小于 0.2L/min。注浆后实测涌水量小于 5m³/(m·d)。

(4)注浆孔布设要求

注浆孔按浆液扩散半径 2m,孔底间距 3m 布设。

5.3.2 超前支护施工

超前支护采用洞内大管棚配合大外插角小导管进行支护,对围岩超前加固。

1)设计参数

(1)大管棚:壁厚 8mm 的 ϕ108 大管棚,环向间距 40cm,外插角 1°～3°,注浆液采用 1∶1 纯水泥浆,拱部 120°范围内施工,大管棚单根长度 30m,每环施工 38 根。

(2)小导管:壁厚 3.5mm 的 ϕ42 超前小导管,环向间距 40cm,外插角 10°～15°,注浆液采用 1∶1 纯水泥浆,拱部 120°范围内施工,小导管单根长度 4.5m,每环施工 38 根。

2)超前支护施工工艺

大管棚施工主要工序有施工准备、扩挖管棚工作、场地平整、安装导向管导向架、钻机就位、钻孔、清孔、验孔、安装管棚钢管注浆。施工工艺流程详见图 5-1。

①扩挖管棚工作室

由于管棚是在洞内施作,为保证管棚施工的空间和控制外插角,需要开辟管棚工作室。根据钻机型号及单根钻杆长度,在原设计开挖断面的基础上扩挖,确保施工过程中能够有效地控制管棚施工的外插角。

②场地平整

采用洞渣对场地进行回填，利用挖机进行场地平整，提供钻机作业平台，必要时对场地进行硬化。防止在施钻时钻机产生不均匀下沉、摆动、位移等影响钻孔质量。

③钻机就位

用全站仪、挂线、钻杆导向相结合的方法，反复调整，确保钻机的钻杆轴线与孔口管轴线相吻合。

④钻孔

a. 为了便于安装钢管，钻头直径稍大于管径。

b. 地质较好的情况下可以一次成孔；围岩较差钻进时易产生坍孔、卡钻的段落，需进行分段成孔。

c. 钻机开钻时，可低速低压，待成孔 1.0m 后可根据地质情况逐渐调整钻速及风压。

d. 钻进过程中经常用测斜仪测定其位置，并根据钻机钻进的情况及时判断成孔质量，并及时处理钻进过程中出现的事故。

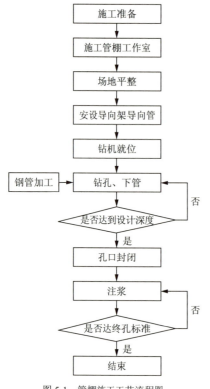

图 5-1　管棚施工工艺流程图

e. 钻进过程中确保动力器、扶正器、合金钻头按同心圆钻进。

f. 认真作好钻进过程的原始记录，及时对孔口岩屑进行地质判断、描述，作为开挖洞身的地质预探预报，并作为指导洞身开挖的依据。

⑤清孔验孔

a. 用地质岩芯钻杆配合钻头进行来回扫孔，清除浮渣至孔底，确保孔径、孔深符合要求，防止堵孔。

b. 用高压气从孔底向孔口清理钻渣。

c. 用全站仪、测斜仪等检测孔深、倾角、外插角。

⑥安装管棚钢管

a. 钢管应在专用的管床上加工好丝扣，管棚四周钻 6～8mm 出浆孔；管头焊成圆锥形，便于入孔。

b. 管棚顶进采用大孔引导和棚管机钻进相结合的工艺，即先钻大于棚管直径的引导孔，然后利用钻机的冲击力和推力低速顶进钢管。

c. 接长钢管应满足受力要求，相邻钢管的接头应前后错开。同一横断面内的接头数不大于 50%，相邻钢管接头至少错开 1m。

⑦注浆

a. 安装好有孔钢花管后即对孔内注浆，浆液由 ZJ-400 高速制浆机拌制。

b. 注浆材料：注浆材料为水泥浆或 M20 水泥砂浆。

c. 采用注浆机将砂浆注入管棚钢管内,注浆压力一般为 0.6～1.0MPa,具体浆液配合比和注浆压力由现场实验确定,当无吸浆量情况下,持压 15min 后停止注浆。

d. 注浆量应满足设计要求,一般为钻孔圆柱体的 1.5 倍;若注浆量超限,未达到压力要求,应调整浆液浓度继续注浆,确保钻孔周围岩体与钢管周围孔隙充填饱满。注浆采用隔孔注浆。

5.3.3 钢架施工

1)钢架制作

钢架按设计尺寸在洞外下料分节焊接制作,制作时严格按设计图纸进行加工,采用 I20b 或 I22b 型钢钢架,保证每节的弧度与尺寸均符合设计要求,每节两端均焊连接板,节点间通过连接板用螺栓连接牢靠,加工后必须进行试拼检查,严禁不合格品进场。可根据监控量测数据及时调整预留沉降量。

2)钢架安装

钢架按设计要求安装,安装尺寸允许偏差:横向和高程为 ±5cm,垂直度 ±2°。钢架的下端设在稳固的地层上,拱脚高度低于上部开挖底线 15～20cm。拱脚开挖超深时,加设钢板或混凝土垫块。安装后利用锁脚锚杆定位。超挖较大时,拱背喷填同级混凝土,以使支护与围岩密贴,控制其变形进一步发展。两排钢架间用连接钢筋纵向连接牢固,以便形成整体受力结构。钢架施工工艺流程见图 5-2。

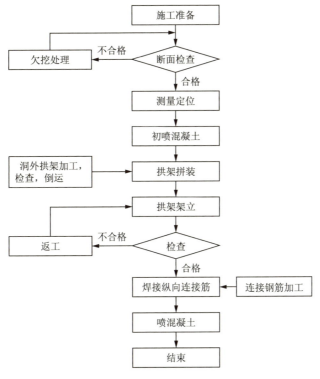

图 5-2 钢拱架施工工艺流程图

5.3.4 网片及锚杆施工

1）钢筋网铺设

钢筋须经试验合格,使用前必须除锈,在洞外分片制作,安装时搭接长度不小于一个网格。人工铺设贴近岩面,与锚杆和钢架绑扎连接(或点焊焊接)牢固。钢筋网和钢架绑扎时,应绑在靠近岩面一侧,确保整体结构受力平衡。喷混凝土时,减小喷头至受喷面距离并控制风压,以减少钢筋网振动,降低回弹。

2）中空注浆锚杆施工

首先按设计要求,在开挖面上准确画出需施设的锚杆孔位。钻孔方式同砂浆锚杆施工。检查导管孔达到标准后,安装锚杆并按设计比例配浆,采用注浆机注浆,注浆压力符合设计要求;一般按单管达到设计注浆量作为结束标准。当注浆压力达到设计终压不少于20min,进浆量仍达不到注浆终量时,亦可结束注浆,并保证锚杆孔浆液注满。最后在综合检查判定注浆质量合格后,用专用螺帽将锚杆头封堵,以防浆液倒流管外。

3）砂浆锚杆施工

砂浆锚杆采用风钻钻锚杆孔,锚杆钻孔利用台架施钻,按照设计间排距,尽可能垂直结构面打入,高压风吹孔。再用风枪将锚杆送入孔内,杆体位于孔位中央,用注浆泵将孔内注满早强砂浆,然后安装垫板,垫板必须用螺帽紧固在岩面上,增强锚杆与喷混凝土的综合支护作用。锚杆尾端尽量焊接在拱架上,以便共同受力。

5.3.5 喷射混凝土施工

喷射混凝土施工注意事项如下:

(1)喷射前处理危石,检查开挖断面净空尺寸,当受喷面有涌水、淋水、集中出水点时,先进行引排水处理。

(2)用高压风水冲洗受喷面,设置控制喷混凝土厚度的标志。喷射作业分段、分片、分层,由下而上进行,有较大凹洼处,先喷射填平。

(3)喷嘴垂直于岩面,距受喷面0.8~1.2m,呈螺旋移动,风压为0.5~0.7MPa。液态速凝剂由自动计量在喷嘴处掺入。

(4)喷射混凝土时按照施工工序、分片,由下而上依次进行。

5.3.6 注浆加固

初支封闭完成之后,为确保后续施工安全,降低变形风险,根据监控量测数据,必要时施作径向注浆小导管,控制施工变形,采用$\phi 42$小导管作为注浆管,按照1m×1m梅花形布置,长度5m。径向注浆对开挖轮廓线内5m范围内因开挖而扰动的围岩进行加固,增加围岩整体稳定性,同时能够回填因工艺缺陷造成的空洞。确保初支混凝土的密实度。

5.4 断层破碎带施工工法

断层破碎带施工过程中严格按照"管超前、严注浆、弱爆破、强支护、勤量测、早封闭"的原则,根据风险段的地质实际情况,施工工法采用三台阶开挖法进行开挖,必要时采用大拱脚台阶法。

1)大拱脚台阶法

大拱脚台阶法施工工序如图5-3所示。

(1)上台阶开挖:在上循环的超前支护防护下,弱爆破开挖①部,施作①部周边的初期支护。工序包括初喷混凝土,铺设钢筋网,架立钢架(设锁脚锚管、锚杆),钻设径向锚杆,复喷混凝土至设计厚度。

(2)左、右侧中台阶开挖:在滞后于①一段距离后,弱爆破开挖②-1部(左右侧台阶错开2~3m),施作②-1部周边的初期支护,工序包括初喷混凝土、铺设钢筋网、架立钢架(设锁脚锚管、锚杆)、钻设径向锚杆、复喷混凝土至设计厚度;施作临时仰拱,工序包括架设临时横撑A、铺设钢筋网、喷射混凝土封闭临时仰拱。

(3)同②-1部施工工序,开挖支护②-2。

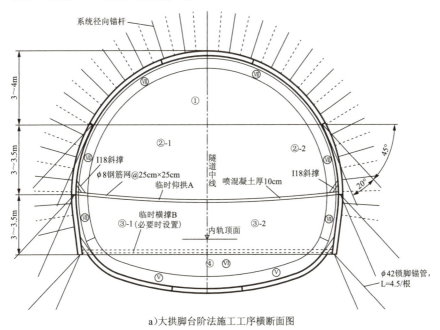

a)大拱脚台阶法施工工序横断面图

图 5-3

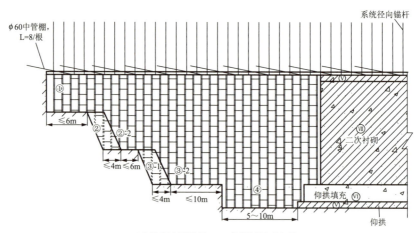

b）大拱脚台阶法施工工序纵断面示意图

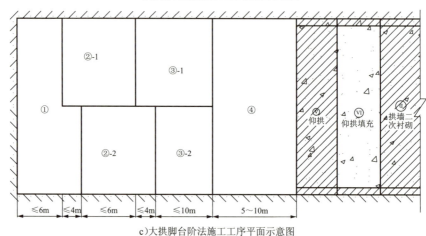

c）大拱脚台阶法施工工序平面示意图

图 5-3 大拱脚开挖法施工工艺图

（4）左、右侧下台阶开挖：在滞后于②一段距离后，弱爆破开挖③-1部（左右侧台阶错开2～3m），施作③-1部边墙初期支护：即初喷混凝土，铺设钢筋网，架立钢架（设锁脚锚管、锚杆），钻设径向锚杆，复喷混凝土至设计厚度。

（5）同③-1部施工工序，开挖支护③-2。

（6）隧底开挖：弱爆破开挖④部，及时施作④部仰拱初期支护，即初喷混凝土，安装仰拱钢架，复喷混凝土至设计厚度，使初期支护及时闭合成环。

（7）灌注Ⅴ部仰拱与边墙基础：待仰拱混凝土初凝后，灌注仰拱填充Ⅵ部至设计高度。

（8）根据监控量测分析，确定二次衬砌施作时机，铺设环+纵向透水盲管，防水板+土工布，利用衬砌模板台车一次性灌注Ⅶ部（拱墙）衬砌。

2）三台阶七步开挖法施工工序

（1）三台阶七步开挖法工艺流程见图5-4。

（2）施工步骤说明：

第一步：上部弧形导坑开挖，在拱部超前支护后进行，环向开挖上部弧形导坑，预留核心土,核心土长度宜为 3～5m,宽度宜为隧道开挖宽度的 1/2～1/3。开挖循环进尺应根据初期支护钢架间距确定,最大不得超过 1.0m,开挖后立即初喷 4cm 混凝土。上台阶开挖矢跨比应大于 0.3,开挖后应及时进行喷、锚、网系统支护,架设钢架,在钢架拱脚以上 30cm 高度处,紧贴钢架两侧边沿按倾角打设锁脚锚杆,锁脚锚杆与钢架牢固焊接、复喷混凝土至设计厚度。

第二、三步:左、右侧中台阶开挖。开挖进尺应根据初期支护钢架间距确定,最大不得超过 1.5m,开挖高度一般为 3～3.5m,左右侧台阶错开长度为 2～3m,开挖后立即初喷 4cm 混凝土,及时进行喷、锚、网系统支护,接长钢架,在钢架拱脚以上 30cm 高度处,紧贴钢架两侧边沿按 30°倾角打设锁脚锚管,锁脚锚管与钢架牢固焊接、复喷混凝土至设计厚度。

第四、五步:左、右侧下台阶开挖。开挖进尺应根据初期支护钢架间距确定,最大不得超过 1.5m,开挖高度一般为 3～3.5m,左右侧台阶错开长度为 2～3m,开挖后立即初喷 4cm 混凝土,及时进行喷、锚、网系统支护,接长钢架,在钢架拱脚以上 30cm 高度处,紧贴钢架两侧边沿按 30°倾角打设锁脚锚管,锁脚锚管与钢架牢固焊接,复喷混凝土至设计厚度。

第六步:上、中、下台阶预留核心土。各台阶分别开挖预留核心土,开挖进尺与各台阶循环进尺相一致。

第七步:隧底开挖。每循环开挖长度宜为 2～3m,开挖后及时施作仰拱初期支护,完成两个隧底开挖、支护循环后,及时施作仰拱,仰拱分段长度为 4～6m。

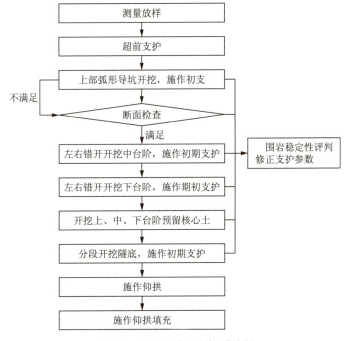

图 5-4 三台阶七步开挖法工艺流程

三台阶七步开挖大施工工序见图 5-5。

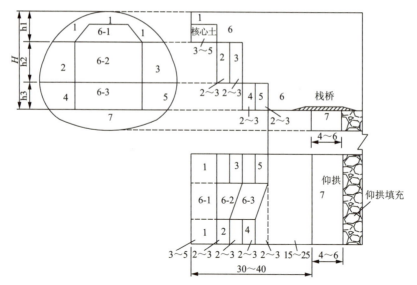

图 5-5 三台阶七步开挖法施工工序断面图(尺寸单位:m)

注:1. 上台阶开挖高度不少于上台阶跨度的 0.3 倍,一般为 3.0～4.0m。
2. 中下台阶开挖高度为隧道总开挖高度(不含仰拱)减去上台阶高度后平均分配,一般为 3.0～5.0m。
3. 上台阶核心土长度(隧道纵向)为 3.0～5.0m,高度为 1.5～2.5m,宽度为上台阶开挖宽度的 1/3～1/5。

5.5 断层破碎带应急处理措施及预案

断层破碎带施工存在的主要风险是突泥涌水和塌方,施工过程前需制订应急处理措施和预案。

(1)当隧道开挖工作面出现突泥、涌水时,首先撤出工作面施工人员(条件许可时随同撤出机具设备)。

①撤出时作业人员应绝对听从班组长的统一指挥,按预先安排好的路线进行撤退,不要惊慌失措、各奔东西。

②透水事故发生后,应尽快通过各种途径向现场负责人或应急领导小组报告,以便迅速采取营救措施。

③如透水事故可能发生瓦斯喷出时,探水人员带防护器具,或者在工作地点加强通风,保持空气的新鲜和畅通,不可关闭通风设备。

④如被水隔绝在掌子面(或隧洞内)时,应清醒沉着、不要慌乱,尽量避免体力消耗。还应做长时间坚持的准备,所带干粮集中统一分配,避免无谓的浪费;关闭作业人员的手电筒

（矿灯），只留一把供照明使用。

⑤事故发生后，如果有人受伤，应积极进行现场抢救。出血者立刻止血，骨折者要及时固定和搬运。

⑥救援队电工负责切断电源，管道工铺设抽水管路，安设抽水机进行降水抢救作业。

⑦抢救中发生伤情时，抢救队长应立即询问伤情人员的有关情况，当怀疑有可能的人员伤害时，迅速拨打120急救电话，告知救援地点、附近醒目建筑物，并派接车员去路口接应。医疗救护人员赶到事故现场时，首先要组织抢救伤员，将伤员转移到旁边安全地带，对伤员做临时包扎、止血，并专人护送救护车到医院，通知安全部门做事故分析。在急救车未到来前，抢救下来的伤员，应使其平躺地上，周围应通风良好，有呼吸窘迫的伤员时，抢救小组成员对其进行口对口人工呼吸。

⑧待突泥、涌水情况稳定后，方可进行处理，不可冒进。

（2）其次进行洞内降水和排水，由洞外向洞内清理，理通排水设施，降低洞内水位，尽快满足施工条件。

①进行钻孔卸压施作，对外涌水处钻孔分流，钻孔数量根据水量而定。

②当涌水口被分流，集中涌水变为细流时，立即进行封堵（堵塞采用钢筋、钢管和型钢为骨架，堵塞草袋、劈柴和木板），然后进行突水口引排、封堵。

③钻分流孔后，突水口水量相对较小，利用大直径带开关的钢管引排突水，同时在其旁边设置带有开关的注浆管，接通注浆泵进行双流注浆，封堵钢管周围部分，使突水只从钢管流出。

④最后进行注浆作业。

a. 关闭导水钢管的开关，致使突水全部从分流孔排出，进一步在突水处压住水泥浆加固，使突水处处于安全状态，然后由近及远逐次向分流孔内压注水泥单液浆，以确保注浆成果和洞身稳定。

b. 采用上部导坑预留核心土法、台阶法等开挖方法，并辅以超前小导管注浆止水穿越突水段。按顺序分部开挖隧道断面，施作支护。

c. 支护系统锚杆由厚壁小导管代替，施作支护时，根据渗漏水的情况，在各渗漏水处钻眼引水，设置弹簧排水管。在大面积淋水或水流量仍很大的情况下，设置多层弹簧排水管，通过弹簧排水管将水引入墙脚纵向排水管，流入排水沟将水排出洞外。

d. 富水地段备足抽水设备，加强施工用水、排水管理，防止拱脚和基底浸泡。

⑤如是注浆封堵不住，可泵压混凝土填充封堵后再压浆。

⑥当工作面涌水且地质较差时，涌水突泥易引起坍塌，为确保安全，要采取混凝土封堵，施作止浆墙。突泥地段施工时依靠地质超前预报作出判断，根据涌泥量的大小，提前采用帷幕注浆。

⑦当发生涌水、突泥需处理时间较长时，利用平行导坑绕道施工。

5.6 云桂铁路隧道断层破碎带施工实例

云桂铁路平贯 2 号隧道 D4K336+740 ~ D4K336+820 段穿越灰岩和辉绿岩接触带,岩体风化破碎且受水侵蚀,岩溶发育,突水突泥风险等级高。本段设计为Ⅳ级围岩,支护类型为Ⅳ级 C 型支护,台阶法施工,拱墙设 I20 型钢钢架,间距 0.8m/榀。超前支护采用拱部设 ϕ42 超前小导管,环向间距 0.4m,每 3m 一环,每环 38 根,每根长 4.5m。D4K336+780 前后各 10m 采用超前周边注浆。施工过程中,严格遵循设计要求,做好超前地质预报工作和监控量测。42d 完成该段施工,未发生一次塌方和涌水,安全平稳度过该段施工。

第 6 章

浅埋段隧道施工关键技术

Key Technologies of Tunnel Construction in Complex Geological Conditions of Yunnan Kunming-Guangxi Nanning Railway

Key Technologies of Tunnel Construction in Complex Geological Conditions of Yunnan Kunming-Guangxi Nanning Railway

6.1 浅埋地段分析及鉴定

隧道浅埋段的定义一般是以隧道埋深小于 2 倍洞径的称之为浅埋段,浅埋段具有塌方、冒顶、开挖后掌子面不能自稳等施工风险;隧道断层破碎带位于洞顶上方的也可以作为隧道浅埋段来施工。

6.2 浅埋地段施工对策

浅埋暗挖法是选用合理的开挖方式,采用足够刚性的复合式衬砌结构,控制地面沉降的一种隧道施工方法。隧道开挖的先决条件是从开挖完成到支护结束,掌子面要自稳同时围岩要稳定,否则需要对掌子面采取稳定对策,可采取以下措施预控。

6.2.1 正面喷混凝土和锚杆

对掌子面喷射混凝土,充分对掌子面进行封闭,防止掌子面坍塌。喷射混凝土不是作为轴向构件发挥作用的,是防止剥离的,必要时同时使用正面锚杆,通过目测表面是否有龟裂发生,还可以获得有无可能发生崩塌的信息。

6.2.2 超前支护

使用锚杆加固掌子面前方围岩、约束围岩的变形。超前支护,基本上是借助构件的抗弯刚度发挥作用的,因此采用抗弯刚度大的构件是有利的。

6.2.3 预留核心土

为了充分利用掌子面的空间支护效应,预留核心土是比较有效的稳定掌子面的方法。

6.2.4 选择合理的施工方法

施工中根据具体情况,针对性地选择施工方法,如将全断面法改为超短台阶法,或将 CD 法改为 CRD 法等,都可以大大缩短断面封闭的时间。

6.2.5 其他措施

勤测量、速反馈。信息反馈是隧道施工的重要组成部分。我们通过施工监测,掌握地质、围岩地层、支护结构、地表环境等变化情况,及时采用有效措施处理隐患,保证施工安全。

6.3 浅埋地段加固及支护技术

6.3.1 喷锚暗挖与支护加固

浅埋暗挖法施工底下结构需采用喷锚初期支护,主要包括钢筋网喷射混凝土、钢拱架-钢筋网喷射混凝土等支护结构形式,可根据围岩的稳定状况,采用一种或几种结构组合。

在浅埋软岩地段自稳定性差的软弱破碎围岩、断层破碎带沙土层等不良地质条件下施工时,若围岩自稳时间短、不能保证安全地完成初次支护,为确保施工安全、加快施工进度,应采用各种辅助技术进行加固处理,使开挖作业面围岩保持稳定。

6.3.2 支护与加固技术措施

1)暗挖隧道内常采用的技术措施

(1)超前锚杆或超前小导管支护;
(2)小导管周边注浆或围岩深孔注浆;
(3)设置临时仰拱。

2)暗挖隧道外常用的技术措施

(1)管棚超前支护;
(2)地表锚杆或地表注浆加固;
(3)冻结法固结地层;
(4)降低地下水位法。

6.3.3 暗挖隧道内加固支护技术

(1)喷射混凝土应采用早强混凝土,其强度必须符合设计要求,严禁选用具有碱活性集料,可根据工程需要掺用外加剂、速凝剂。应根据水泥品种、水灰比等,通过不同掺量的混凝土试验,选择最佳掺量。使用前应做凝结时间试验,要求初凝时间不应大于5min,终凝时间不大于10min。

(2)钢筋网材料宜采用Q235钢,钢筋直径宜为6~12mm,网格尺寸宜采用150~300mm,搭接长度应符合规范。钢筋网应与锚杆或其他固定装置连接牢固。

(3)钢拱架宜选用钢筋、型钢钢轨等制成,采用钢筋加工成格栅拱架的主筋直径不宜小于20mm。

(4)临时仰拱应根据围岩情况及量测数据确定设置区段,可采用型钢或格栅结合喷混凝土修筑。

6.3.4 隧道内小导管注浆技术

1)小导管注浆加固技术

(1)小导管注浆支护加固技术可作为暗挖隧道常用的支护措施和超前加固措施,能配套使用多种注浆材料,施工速度快,施工工具简单,工序交换容易。

(2)在软弱破碎地层中成孔困难或易塌孔,且施作超前锚杆比较困难或者结构断面比较大时,宜采取超前小导管注浆和超前预加固处理方法。

2)管棚超前支护法

(1)管棚法为防止隧道开挖引起的地表下沉和围岩松动,开挖掘进前沿开挖工作面的上半断面设计周边打入厚壁钢管,在地层中构筑的临时承载棚防护下,为安全开挖,预先提供增强地层承载力的临时支护方法,与小导管注浆法相对应,通常又称为大管棚超前支护法。

(2)管棚是由钢管和拱架组成。钢管入土端制作成尖靴状或楔形,沿着开挖轮廓线,以较小的外插角,向开挖面前方打入钢管或钢插板,末端支架在钢拱架上,形成对开挖面前方围岩的预支护。

(3)管棚中的钢管应按照设计要求进行加工和开孔,管内应灌注水泥或水泥砂浆,以便提高钢管自身刚度和强度。

3)隧道内锚杆注浆加固

锚杆施工应保证孔位的精度在允许偏差范围内,钻孔不宜平行于岩层层面,宜沿隧道周边径向钻孔。锚杆必须安装垫板,垫板应与喷混凝土面密贴。钻孔安设锚杆前应该先进行喷射混凝土施工,孔位、孔径、孔深要符合设计要求,锚杆露出岩面长不大于喷射混凝土厚度,锚杆施工应符合质量要求。

6.3.5 暗挖隧道外超前加固技术

1）降低地下水位法

（1）当浅埋暗挖施工地下结构处于富水地层中，且地层的渗水性较好，应首选降低地下水位法，以达到稳定围岩、提高喷锚支护安全的目的。含水的松散破碎地层宜采用降低地下水位法，不宜采用集中宣泄排水的方法。

（2）在城市地下水工程中采用降低地下水位法时，最重要的决策因素是确保降水引起的沉降不会对已存在构筑物或拟建构筑物的结构安全构成危害。

（3）降低地下水位通常采用地面降水方法或隧道内辅助降水方法。

（4）当采用降水方案不能满足要求时，应在开挖前进行帷幕注浆，加固地层等堵水处理。根据水文、地质钻孔和调查资料，预计有大量涌水或涌水量虽不大，但开挖后可能引起大规模塌方时，应在开挖前进行注浆堵水，加固围岩。

2）地表锚杆（管）

（1）地表锚杆（管）是一种地表预加固地层的措施，适用于浅埋暗挖、进出工作井地段和岩体松软破碎地段。

（2）地表锚杆（管）按矩形或梅花形布置，先钻孔—吹净钻孔—用灌浆管灌浆—垂直插入锚杆杆体—孔口，将杆体固定。地面锚杆（管）支护，是由普通水泥砂浆和全黏结型锚杆构成地表预加固地层或围岩深孔注浆加固地层。

（3）锚杆类型应根据地质条件、使用要求及锚杆固特性进行选择，可选用中空注浆锚杆、树脂锚杆自钻式锚杆、砂浆锚杆和摩擦式锚杆。

6.3.6 冻结法固结地层

（1）冻结法是利用人工制冷技术，用于富水软弱地层的暗挖施工固结地层。通常，当土体的含水率大于25%、地下水含盐量不大于3%、地下水流速不大于40m/d时，均可适用常规冻结法，当土层含水率大于10%和地下水流速不大于7～9m/d时，冻土扩展速度和冻结体形成的效果最佳。

（2）在地下结构开挖断面周围需加固的含水软弱地层中钻孔敷管、安装冻结器，通过人工制冷作用将天然岩土变成冻土，形成完整性好、强度高、不透水的临时加固体，从而达到加固地层，隔绝地下水与拟建构筑物联系的目的。

（3）在冻结体的保护下进行竖井隧道等地下工程的开挖施工，待衬砌支护完成后，冻结地层逐步解冻，最终恢复到原始状态。

（4）冻结法主要优缺点：

①主要优点：冻结加固地层强度高；地下水封闭效果好；地层整体固结性好；对工程环境污染小。

②主要缺点：成本较高；有一定的技术难度。

6.4 浅埋地段施工工法

浅埋段施工方法一般分为三台阶+临时横撑法、三台阶+临时仰拱法、CRD法、双侧壁导坑法、大拱脚台阶法、三台阶七步开挖法施工,其主要优点在于通过多断面对大断面进行分解施工,减少扰动,利于施工安全。

6.4.1 三台阶+临时横撑法施工方法

施工中坚持"弱爆破、短进尺、强支护、早封闭、勤量测"的原则。首先进行超前小导管支护,进行上部开挖→上部初期支护及临时横撑施作→中部开挖、上台阶临时横撑拆除→中部边墙支护临时横撑施作→下部、仰拱开挖与支护、中台阶临时横撑拆除→仰拱及填充施工→浇筑二衬。施工工序见图6-1。

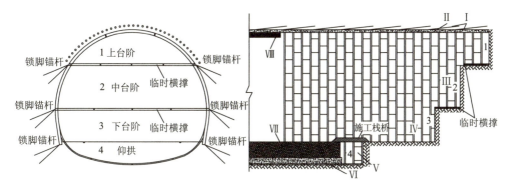

图6-1 三台阶加临时横撑法开挖施工工序图

1-上台阶开挖;2-中台阶开挖;3-下台阶开挖;4-仰拱开挖;Ⅰ-超前小导管;Ⅱ-上台阶初期支护;Ⅲ-中台阶初期支护;Ⅳ-下台阶初期支护;Ⅴ-仰拱初期支护;Ⅵ-仰拱衬砌混凝土;Ⅶ-填充混凝土;Ⅷ-拱墙衬砌混凝土

6.4.2 三台阶+临时仰拱法施工方法

施工中坚持"弱爆破、短进尺、强支护、早封闭、勤量测"的原则。首先施作超前小导管支护,进行上台阶①部开挖→上台阶①部初期支护→中台阶②-1部开挖→中台阶②-1部支护及临时仰拱施工→中台阶②-2部开挖→中台阶②-2部支护及临时仰拱施工→下台阶③-1部开挖→下台阶③-1部边墙支护→下台阶③-2部开挖→下台阶③-2部边墙支护→

开挖④部→施作④部仰拱初期支护→浇筑仰拱混凝土→浇筑填充混凝土→根据监控量测分析,确定二次衬砌施作时机,拆除临时仰拱→铺设环向+纵向透水盲沟、防水板+土工布→利用衬砌模板台车一次性灌筑二次衬砌。

三台阶临时仰拱开挖法施工工序见图6-2。

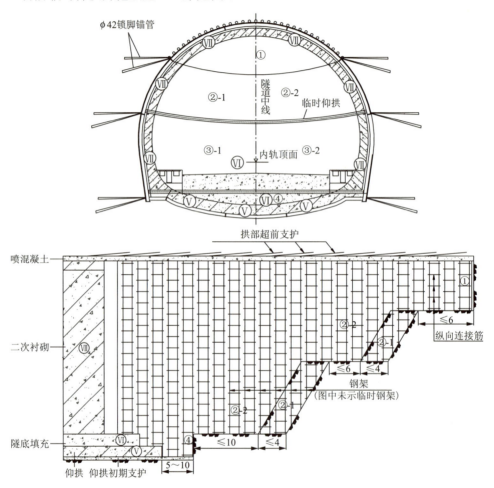

图6-2　三台阶临时仰拱法施工工序图(尺寸单位:m)

6.4.3　CRD法

施工中坚持"弱爆破、短进尺、强支护、早封闭、勤量测"的原则。首先施作超前小导管支护,进行①部开挖→喷混凝土封闭掌子面(必要时施作)→施作①部导坑周边的初期支护、安设临时横撑,并设锁脚锚管→施作①部导坑周边下一循环的超前支护→进行②部开挖→施作②部导坑周边的初期支护、安设临时横撑,并设锁脚锚管→进行③部开挖→喷混凝土封闭掌子面(必要时施作)→施作③部导坑周边的初期支护、安设临时横撑,并设锁脚锚管→施作③部导坑周边下一循环的超前支护→进行④部开挖→施作④部导坑周边的初期支护、安设临时横撑,并设锁脚锚管→进行⑤部开挖→施作隧底周边部分初喷混凝土→接长临时钢架,复喷混凝土至设计厚度→安设型钢钢架之仰拱单元,并使型钢钢架封闭成环→根据监控量测结果,待初期支护变形稳定后,拆除侧壁临时钢架下半部分,灌注Ⅵ部边墙基础与仰拱→灌注仰拱填充Ⅶ部至设计高度→根据监控量测分析,确定二次衬砌施作时机,拆除临时钢架及横撑→铺设防水板→利用衬砌模板台车一次性灌筑Ⅷ部(拱墙)衬砌。

CRD法施工工艺详见图6-3、图6-4。

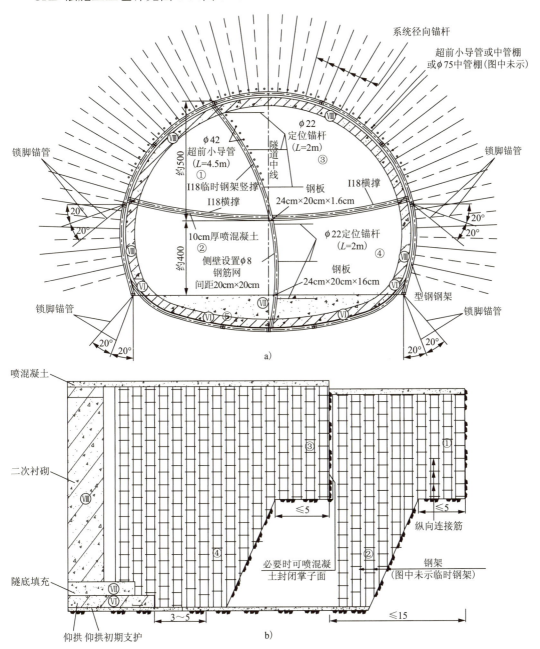

图6-3　CRD法施工工序图(尺寸单位:m)

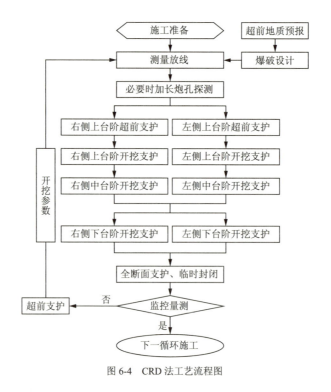

图 6-4 CRD 法工艺流程图

6.4.4 双侧壁导坑法

施工中坚持"弱爆破、短进尺、强支护、早封闭、勤量测"的原则。侧壁导坑、中央部上部、中央部下部错开一定距离后平行作业。侧壁导坑采用短台阶法开挖,左右侧壁导坑施工同步进行。具体施工方法见图 6-5、图 6-6。

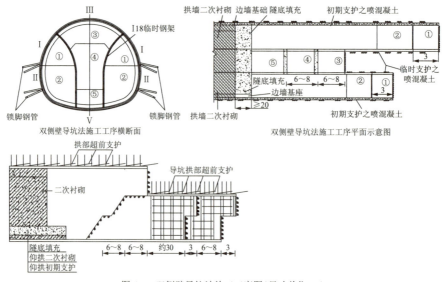

图 6-5 双侧壁导坑法施工工序图(尺寸单位:m)

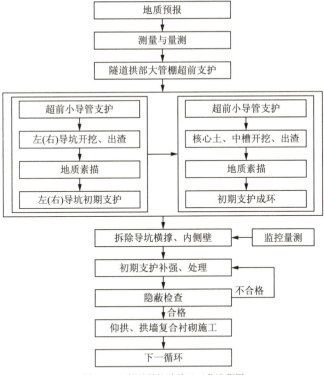

图 6-6 双侧壁导坑法施工工艺流程图

1）施工工序

步骤一：

（1）利用上一循环架立的钢架施作隧道超前支护。

（2）弱爆破开挖①部。

（3）施作①部导坑周边的初期支护和临时支护，即初喷 4cm 厚混凝土，架立 I18 和 I20a 钢架或格栅钢架及 I18 临时钢架，并设锁脚锚杆。

（4）钻设径向锚杆后复喷混凝土至设计厚度。

步骤二：

（1）滞后于①部一段距离后，弱爆破开挖②部。

（2）导坑周边部分初喷 4cm 厚混凝土。

（3）接长 I18 和 I20a 钢架或格栅钢架及 I18 临时钢架，并设锁脚锚杆。

（4）钻设系统锚杆后复喷混凝土至设计厚度。

步骤三：

（1）利用上一循环架立的钢架施作隧道超前支护。

（2）开挖③部。

（3）导坑周边初喷 4cm 厚混凝土，架立 I18 和 I20a 钢架或格栅钢架。

（4）钻设径向锚杆后复喷混凝土至设计厚度。

步骤四：弱爆破开挖④部。

步骤五：

(1)弱爆破开挖⑤部。

(2)导坑底部初喷4cm厚混凝土,安设架立I18和I20a钢架或格栅钢架使钢架封闭成环,复喷混凝土至设计厚度。

步骤六：逐段拆除靠近已完成二次衬砌6～8m范围内两侧壁底部临时钢架单元。

步骤七：灌筑底部仰拱及隧底填充(仰拱及隧底填充分次施作)。

步骤八：

(1)根据监控量测结果分析,拆除剩余I18临时钢架。

(2)利用衬砌台车尽早一次性灌注二次衬砌(拱墙部同时施作)。

2)施工注意事项

(1)侧壁导坑形状近于椭圆形断面,导坑断面宽度为整个断面宽度的1/3。

(2)侧壁导坑、中槽部位采用短台阶法开挖,各部距离根据隧道埋深、断面大小、结构类型等选取。各部开挖后及时进行初期支护及临时支护,并尽早封闭成环。

(3)两侧壁导坑超前中槽部位10～15m,可独立同步开挖和支护；中槽部位采用台阶法开挖,并保持平行作业。

(4)中槽开挖后,拱部钢架与两侧壁钢架的连接是难点,在两侧壁导坑施工中,钢架的位置须准确定位,确保各部架设钢架连接后在同一个垂直面内,避免钢架发生扭曲。

(5)根据监控量测信息,初期支护稳定后拆除临时支护,一次拆除长度不得大于15m,并加强监控量测。

(6)临、时支护拆除完成后,及时施作仰拱及二次衬砌。

(7)上台阶每循环开挖支护进尺不得大于1榀钢架间距,边墙每循环开挖进尺不得大于2榀钢架间距,仰拱每循环开挖进尺不得大于3m。

6.4.5 其他施工工法

其他施工工法包括大拱脚台阶法及三台阶七步开挖工法,具体施工工艺见5.4节断层破碎带施工工法。

6.5 浅埋地段应急处理措施及预案

浅埋段暗挖坍塌情况发生后,现场施工人员一定不要恐慌,必须先加固坍塌附近的未塌方拱架部分,对于坍塌部位采取有效措施及时进行处理。一般铁路双线隧道断面较大,开挖方法一般为三台阶到双侧壁导坑法之间,开挖间距一般为50～70cm,即使出现坍塌,受空间的限制,坍塌量也不会太大,但若处理措施不当,极可能"冒顶",影响地面交通及周边构筑物的安全。坍塌分以下两种情况处理。

6.5.1 钢架安装前出现坍塌

钢架安装之前处理坍塌的首要工作是在第一时间内封闭掌子面,控制坍塌事态的进一步扩大,封闭掌子面的同时,插入 $\phi 42mm$ 的注浆导管,对坍塌掌子面进行注浆处理。坍塌情况后,按以下步骤处理:

(1) 人员立即后撤至初期支护封闭地段,放置双层钢筋网片(100mm×100mm),喷10~20cm 厚 C20 以上早强混凝土封闭掌子面。

(2) 用 100mm×100mm 方木支撑尚未封闭成环钢架的初期支护段。

(3) 在掌子面附近的初期支护结构顶部凿孔,根据现场实际情况插入若干根直径42mm,长度视现场实际情况而定的钢花管,钢花管一端接近坍塌区顶部,另一端与钢架焊接在一起,并露出钢架 200~300mm。

(4) 注入水泥水玻璃双液浆。

6.5.2 钢架安装后出现坍塌

(1) 人员立即后撤至初期支护封闭地段。

(2) 用 100mm×100mm 方木支撑尚未封闭成环钢架的初期支护段。

(3) 用锚喷机向已安装好的钢架喷射 C20 以上早强混凝土,并预留喷枪孔。

(4) 将喷枪插入喷枪孔内喷射 C20 以上早强混凝土。

施工中一定要控制开挖引起的塌方,遇到坍塌要及时喷射混凝土回填密实。由于浅埋暗挖土体稳定性差,遇到塌方(包括小塌方)如果不及时回填密实,可迅速地反映到地面,形成地表下陷,会造成更严重的后果。

6.6 云桂铁路浅埋段隧道施工实例

根据浅埋段施工方法,现就云桂铁路富宁隧道一号横洞施工方案举一实例。

6.6.1 工程概况

1)设计情况

富宁隧道 1 号横洞正洞进口方向 D4K342+595~D4K342+690 段设计为 V 级围岩,岩性为辉绿岩,灰、深灰色,风化后为灰褐、褐黄色,中粒～粗粒钛辉辉长辉绿岩,具典型嵌晶含长结构,条块状构造,衬砌类型为Ⅴ级B型复合式衬砌,大拱脚台阶法,参照"云桂隧参04-14"图施作;全环设I20b型钢钢架,间距0.6m。超前支护D4K342+620～D4K342+645段采用拱部设置一环A108大管棚,环向间距0.4m,每环39根,每根长30m;D4K342+595～D4K342+620、D4K342+645～D4K342+690段采用拱部设A42超前小导管,环向间距0.4m,每3m一环,每环38根,每根长4.5m。

本段最小埋深10m,初始风险为塌方高风险。

2) 工程地质

隧道区主要分布古生界泥盆系下统坡脚组（D_1p）、芭蕉箐组（D_1b）及中统坡折落组（D_2p）碎屑岩、碳酸盐岩、硅质岩,石炭系上统马平组（C_3m）灰岩、二叠系下统栖霞、茅口组（P_1）碳酸盐岩和中三叠世时期（$\beta\mu^a$、v-$\beta\mu^a$）碱性基性侵入岩,区内构造和侵入体发育,受其影响,地层岩性变化较大,碎屑岩和侵入岩多构成下伏基底地层,而碳酸盐岩多呈带状分布挟持于侵入岩之间或呈岩帽上伏于侵入岩体之上。

D4K342+595～D4K342+690段岩性为辉绿岩,灰、深灰色,风化后为灰褐、褐黄色,中粒～粗粒钛辉辉长辉绿岩,且典型嵌晶含长结构,条块状构造。

3) 水文地质

地下水:多为基岩裂隙水和岩溶水,富水性中等。D4K342+340～D4K343+180段正常涌水量为1038.5m^3/d。

6.6.2 风险段落情况

1) 风险段落范围

根据施工图,该塌方高风险段落范围为D4K342+595～D4K342+690,共95m。

2) 风险段水文地质情况

（1）地质情况

根据施工图D4K342+595～D4K342+690段岩性为辉绿岩,灰、深灰色,风化后为灰褐、褐黄色,中粒～粗粒钛辉辉长辉绿岩,且典型嵌晶含长结构,条块状构造。

（2）水文情况

地下水:多为基岩裂隙水和岩溶水,富水性中等。D4K342+340～D4K343+180段正常涌水量为1038.5m^3/d。

3) 风险段落成因

隧道区主要分布古生界泥盆系下统坡脚组（D_1p）、芭蕉箐组（D_1b）及中统坡折落组（D_2p）碎屑岩、碳酸盐岩、硅质岩,石炭系上统马平组（C_3m）灰岩、二叠系下统栖霞、茅口组（P_1）碳酸盐岩和中三叠世时期（$\beta\mu^a$、v-$\beta\mu^a$）碱性基性侵入岩,区内构造和侵入体发育,受其影响,地层岩性变化较大,碎屑岩和侵入岩多构成下伏基底地层,而碳酸盐岩多呈带状分布挟持于侵入岩之间或呈岩帽上伏于侵入岩体之上。D4K342+595～D4K342+690段岩性为辉绿岩,灰、深灰色,风化后为灰褐、褐黄色,中粒～粗粒钛辉辉长辉绿岩,且典型嵌晶含长结构,条块状构造。风险段处于浅埋地段,埋深约 10m,且地表为一冲沟,为辉绿岩。地表主要分布 0～3m 坡残积粉质黏土和细角砾土层,冲沟内分布冲洪积卵石土。

4）风险事件、等级

通过目前现场实际揭示的情况以及施工图,D4K342+595～D4K342+690 风险段落属于塌方风险段落,风险等级为高。

6.6.3　风险段施工方案

1）原设计情况

风险段落 D4K342+595～D4K342+690 段设计为 V 级围岩,衬砌类型为 V 级 B 型复合式衬砌,大拱脚台阶法施工,参照"云桂隧参 04-14"图施作;全环设 I20b 型钢钢架,间距 0.6m。超前支护 D4K342+620～D4K342+645 采用拱部设置一环 A108 大管棚,环向间距 0.4m,每环 39 根,每根长 30m;D4K342+595～D4K342+620、D4K342+645～D4K342+690 采用拱部设 $\phi42$ 超前小导管,环向间距 0.4m,每 3m 一环,每环 38 根,每根长 4.5m。

2）总体施工原则

塌方风险段落按照"早预报、深钻探、短进尺、弱爆破、强支护、早封闭、勤量测"的原则施工。施工前先将洞顶冲沟排水清理畅通后,才能进行暗洞施工。洞内开挖先按要求做好超前地质预报,施作超前支护,支护按 V 级 B 型复合式衬砌参数、全环 I20b 型钢钢架加强支护施作,并及时施作仰拱、二衬封闭成环。

3）施工方法

（1）施工准备

在施工前由分部总工组织技术人员对风险段原地物、地貌以及裸露岩体进行实地踏勘,勘查结果与设计图纸进行对比,澄清有关技术问题。组织测量组对该风险段进行地形测绘,绘制地形图,并对参加的施工人员进行技术交底和培训。

安排人员对风险段地表河沟进行清理,保证河沟排水畅通。为保持自然环境和生态平衡,尽可能减少对地表植被的破坏。

（2）超前地质预测预报

根据施工图,D4K342+595～D4K342+690 段采取物探及钻孔分别为 WT-2、ZT-4,即物探采用 TSP203 和红外探水,钻探采用超前钻孔和加深炮眼方式进行预报,其中超前水平钻每循环 3 孔,加深炮眼 5 孔。

①钻孔方法:利用自有潜孔钻机设备,严格按照设计要求钻孔,每循环钻孔 30m,两次重叠长度不小于 5m。加深炮眼采用 YT-28 风钻施作,钻眼深比循环进尺深 3m 以上。

②预报内容:预测工作面前方浅埋段长度范围内的地质构造和围岩变化情况、岩体破碎程度。

③预报方法:采用 TSP203 红外探水、钻眼排渣取样分析,记录钻速、水质水量变化情况

以及开挖后的岩面观测素描,综合判断预报前方水文、地质条件。

(3)监控量测

①地表沉降量测。

本风险段处于埋深较浅、围岩破碎、自稳时间短、固结程度低的地层,施工方法不妥极易发生冒顶塌方或地表沉陷,危及施工安全。因此,进行地表观测,其量测数据是确认围岩的稳定性、判断支护效果、指导施工工序、预防浅埋段崩塌、保证施工质量和安全的最基本的资料。

地表下沉采用水准仪、塔尺量测。测试精度为 1mm。并且要求地表下沉量测必须在隧道开挖之前进行。地表观测点和隧道内监测点布置在同一里程断面。地表沉降观测点纵向间距应符合表 6-1 要求。

地表沉降测点横向间距为 2~5m。在隧道中线附近测点应适当加密,隧道中线两侧量测范围不应小于 H_0+B,地表有控制性建(构)筑物时,量测范围应适当加宽。其测点布置如图 6-7 所示。

地表沉降测点纵向间距　　　表 6-1

隧道埋深与开挖宽度	纵向测点间距(m)
$2B < H_0 < 2.5B$	20
$B < H_0 \leq 2B$	10
$H_0 \leq B$	5

注:H_0 为隧道埋深;B 为隧道开挖宽度。

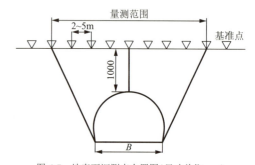

图 6-7　地表下沉测点布置图(尺寸单位:cm)

测点按普通水准点埋设,每断面施设 11 个测点,监测范围在隧道开挖影响范围以外。

地表下沉量测频率根据表 6-2 确定。

量测频率控制表　　　表 6-2

位移速度(mm/d)	监测断面距开挖面距离(m)	监控量测频率
≥5	(0~1)B	2 次/d
1~5	(1~2)B	1 次/d
0.5~1	(2~5)B	1 次/(2~3d)
0.2~0.5	—	1 次/3d
<0.2	>5B	1 次/7d

注:B 为隧道宽度。

②净空变化量测。

净空变化量测包括周边收敛和拱顶下沉,采用全站仪无尺量测。根据铁道部文件铁建设〔2010〕120 号《关于进一步明确软弱围岩及不良地质铁路隧道设计施工有关技术规定的通知》,隧道拱顶下沉和净空变化的量测断面间距Ⅴ级围岩不得大于 5m。故两段浅埋段Ⅴ级围岩按 5m 间距设置拱顶下沉和净空变化的量测断面。

一般情况下,考虑测线位移速率、距工作面距离,按表 6-2 取值确定量测频率。当地质条件变差或量测值出现异常,量测频率加大,必要时每2～5h量测一次。当变形稳定时,可适当降低量测频率。当同一断面内各测线变形速度不同时,以产生最大变形速度的测线确定全断面的量测频率。

测线布置和数量与地质条件、开挖方法、位移速度有关。根据采用大拱脚台阶法或三台阶七步法施工的实际情况,测线布置如图6-8所示。

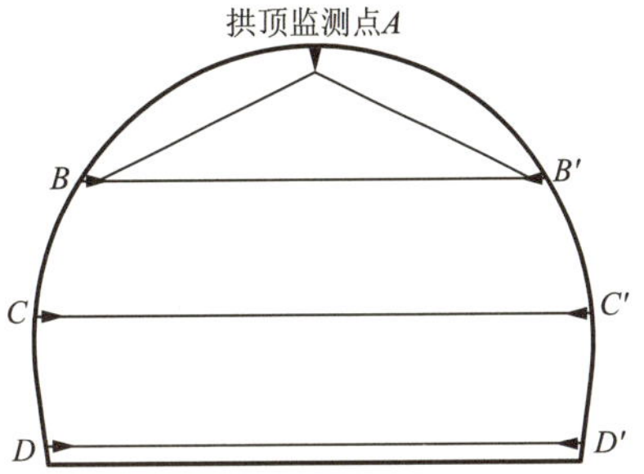

图6-8 监控量测测线布置图

4）超前支护

D4K342+620～D4K342+645段超前支护采用拱部设一环ϕ108大管棚,环向间距0.4m,每环39根,每根长30m;D4K342+595～D4K342+620,D4K342+645～D4K342+690采用拱部设ϕ42超前小导管,环向间距0.4m,每3m一环,每环38根,每根长4.5m。

(1)设计参数

①管棚规格:ϕ108大管棚,壁厚6mm,ϕ42超前小导管,壁厚3.5mm,采用热轧无缝钢管。

②管距:环向间距40cm。

③倾角:中管棚外插角1°～3°为宜,小导管10°～15°,可根据实际情况做调整。

④注浆材料:M20水泥浆或水泥砂浆。

⑤设置范围:拱部120°范围。

⑥单根长度:大管棚长30m,小导管长4.5m。

⑦数量:大管棚39根/环,小导管38根/环。

(2)大管棚施工工艺

大管棚施工主要工序有搭钻孔平台、安装钻机、钻孔、清孔、验孔;安装管棚钢管注浆。工序技术要求高,工艺复杂,施工工艺见3.6.4节。

(3)超前小导管支护施工

①超前小导管施工工艺流程见图6-9。

②施工方法:

采用风钻钻孔,用锤击或钻机将小导管顶入,注浆泵注浆。

③施工技术措施:

小导管的纵向搭接长度不小于设计长度,外插角满足规范要求,与线路中线方向大致平行。孔位钻设偏差不超过10cm,孔眼长大于小导管长,钢管顶入长度不小于管长的90%,用高压风将管内砂石吹出。

(4)开挖

开挖施工过程中严格按照"管超前、严注浆、弱爆破、强支护、勤量测、早封闭"的原则,根据风险段的地质实际情况,现场采用大拱脚台阶法施工。

(5)型钢钢架施工

型钢钢架施工工艺流程见图6-10。

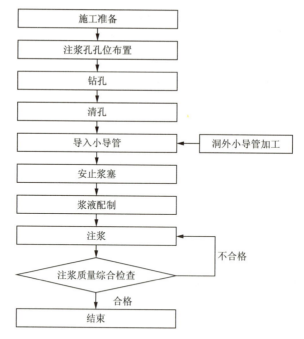

图 6-9　超前小导管施工工艺流程图

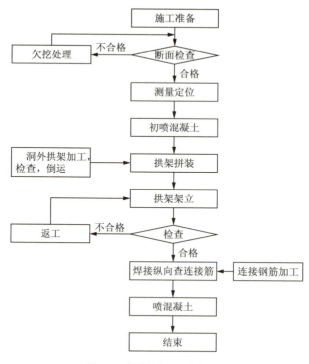

图 6-10　钢拱架施工工艺流程图

①制作：钢架按设计尺寸在洞外下料分节焊接制作，制作时严格按设计图纸进行，保证每节的弧度与尺寸均符合设计要求，每节两端均焊连接板，节点间通过连接板用螺栓连接牢

靠,加工后必须进行试拼检查,严禁不合格品进场。

②安装:钢架按设计要求安装,安装尺寸允许偏差:横向和高程为±5cm,垂直度±2°。钢架的下端设在稳固的地层上,拱脚高度低于上部开挖底线以下15～20cm。拱脚开挖超深时,加设钢板或混凝土垫块。安装后利用锁脚锚杆定位。超挖较大时,拱背喷填同级混凝土,以使支护与围岩密贴,控制其变形的进一步发展。两排钢架间用连接钢筋纵向连接牢固,以便形成整体受力结构。

(6)钢筋网铺设

钢筋须经试验合格,使用前必须除锈,在洞外分片制作,安装时搭接长度不小于一个网格。人工铺设贴近岩面,与锚杆和钢架绑扎连接(或点焊焊接)牢固。钢筋网和钢架绑扎时,应绑在靠近岩面一侧,确保整体结构受力平衡。喷混凝土时,减小喷头至受喷面距离和控制风压,以减少钢筋网振动,降低回弹。

(7)中空注浆锚杆施工

首先按设计要求,在开挖面上准确画出需施设的锚杆孔位。钻孔方式同砂浆锚杆施工。检查导管孔达到标准后,安装锚杆并按设计比例配浆,采用注浆机注浆,注浆压力符合设计要求;一般按单管达到设计注浆量作为结束标准。当注浆压力达到设计终压不少于20min,进浆量仍达不到注浆终量时,亦可结束注浆,并保证锚杆孔浆液注满。最后在综合检查判定注浆质量合格后,用专用螺帽将锚杆头封堵,以防浆液倒流管外。

(8)砂浆锚杆施工

砂浆锚杆采用风钻钻锚杆孔,锚杆钻孔利用台架施钻,按照设计间排距,尽可能垂直结构面打入,高压风吹孔。再用风枪将锚杆送入孔内,杆体位于孔位中央,用注浆泵将孔内注满早强砂浆,然后安装垫板,垫板必须用螺帽紧固在岩面上,增强锚杆与喷混凝土的综合支护作用。锚杆尾端尽量焊接在拱架上,以便共同受力。

(9)喷射混凝土

①喷射前处理危石,检查开挖断面净空尺寸,当受喷面有涌水、淋水、集中出水点时,先进行引排水处理。

②用高压风水冲洗受喷面,设置控制喷混凝土厚度的标志。喷射作业分段、分片、分层,由下而上进行,有较大凹洼处,先喷射填平。

③喷嘴垂直于岩面,距受喷面0.8～1.2m,呈螺旋移动,风压0.5～0.7MPa。液态速凝剂由自动计量在喷嘴处掺入。

④喷射混凝土时按照施工工艺段、分片,由下而上依次进行。

6.6.4 资源配置与工期安排

1)劳动力组织

作业工序为两大项:开挖、支护。每班劳动力安排见表6-3。

作业人员安排表　　　　　　　　　　表6-3

序 号	作业内容	人数(人)	备 注
1	开挖工	20	每班
2	支护工(立拱)	14	每班
3	支护工(喷浆)	12	每班
4	测量工	3	每班
5	技术员	1	每班
6	安全员	1	每班
7	现场管理人员	1	每班
8	合计	52	每班

2) 机械设备配置

主要机械设备:挖掘机1台、装载机1台、YT-28风钻16台、喷浆机3台、空压机3台、混凝土罐车3台、注浆机2台,污水泵3台,潜孔钻2台。

3) 工期安排

本风险段计划工期为48d。

计划开工日期为2012年11月15日,计划完工日期为2013年1月2日。

6.6.5 安全卡控措施

1) 建立应急处理机制

在项目部建立以项目经理为组长,副经理、总工程师为副组长的应急领导小组,分部建立相应的应急小组,项目部就近与地方医院签订救护协议,架子队建立抢险队。

应急领导小组的组织机构见图6-11、图6-12。

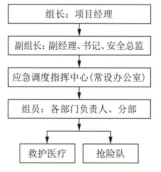
图6-11 项目部应急领导小组的组织机构图

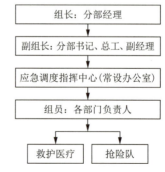
图6-12 分部队应急领导小组的组织机构图

应急领导小组组长的职责:若出现隧道塌方紧急情况时,组织有关人员察看现场,讨论应急方案,发布各项抢险应急指令。

副组长(项目部书记、安全总监)迅速将有关情况迅速上报有关部门,会商处理方案并组织有关责任部门和抢险队实施。

项目部各部门负责人及架子队职责：组织落实应急预案相关要求。

当出现紧急情况时，架子队立即上报项目部应急调度指挥中心，并同时启动救援预案。

2）建立应急处理程序

应急处理程序见图 6-13。

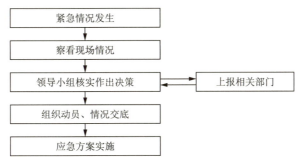

图 6-13 应急处理程序图

3）安全包保制度

（1）安全包保制度：为确保风险段的施工安全，按照"谁主管、谁负责""谁在岗、谁负责""谁包保、谁负责"和管理原则，结合项目部领导分工安排，建立项目部、分部相结合的安全包保责任制度。

（2）干部跟班制度：坚持生产工作与安全工作的"五同时"，模范地执行各项安全生产的规章制度，对本项目的安全工作全面负责；负责当日的安全检查、督促和指导施工现场的各项安全工作，解决安全方面的疑难问题，防范可能发生的一切不安全因素；负责当日生产现场的安全监督、督促和检查工作，有权对"三违"现象进行处罚，并停止其工作，对情节严重者，并按有关规定处理；对发现的事故隐患必须立即采取有效防范措施，提出整改意见，督促并限期整改。

6.6.6 应急救援预案

（1）当隧道开挖工作面出现塌方时，首先撤出工作面施工人员（条件许可时随同撤出机具设备）。

撤出时作业人员应绝对听从班组长的统一指挥，按预先安排好的退却路线进行撤退，不要惊慌失措、各奔东西。

（2）透水事故发生后，应尽快通过各种途径向现场负责人或应急领导小组报告，以便迅速采取营救措施。

（3）如透水事故有发生瓦斯喷出可能时，探水人员应带防护器具，或者在工作地点加强通风，保持空气的新鲜和畅通，不可关闭通风设备。

（4）如作业人员被塌方隔绝在掌子面（或隧洞内）时，应清醒沉着、不要慌乱，尽量避免体力消耗。还应做好长时间坚持的准备，所带干粮集中统一分配，不要无谓地浪费；关闭作业人员的手电筒(矿灯),只留一把供照明使用。

(5)事故发生后,如果有人受伤,应积极进行现场抢救。出血者立刻止血,骨折者要及时固定和搬运。

(6)救援队电工负责切断电源。

(7)抢救中发生伤情时,抢救队长应立即询问伤情人员的有关情况,当怀疑有可能的人员伤害时,迅速拨打120急救电话,告知救援地点、附近醒目建筑物,并派接车员去路口接应。医疗救护队救护人员赶到事故现场时,首先要组织抢救伤员,要将伤员转移到旁边安全地带,对伤员做临时包扎、止血,并专人护送救护车到医院,通知安全部门做事故分析。在急救车未到来前,抢救下来的伤员,应使其平躺在地上,周围应通风良好。有呼吸窘迫的伤员,抢救小组成员应对其进行口对口人工呼吸。

(8)待塌方情况稳定后,方可进行处理,不可冒进。

第7章

不良地质段隧道塌方处理施工关键技术

Key Technologies of Tunnel Construction in Complex Geological Conditions of
Yunnan Kunming-Guangxi Nanning Railway

Key Technologies of Tunnel Construction in Complex Geological Conditions of Yunnan Kunming-Guangxi Nanning Railway

第 7 章 不良地质段隧道塌方处理施工关键技术

随着社会经济的发展,人民生活水平的提高,对交通运输提出了更高的要求。而新建的公路、铁路运输线路多位于地形地势复杂,地质构造、水文环境恶劣的地质条件下。复杂的地质条件对隧道围岩稳定具有很大的影响,极易造成围岩失稳、塌方等工程事故。

隧道塌方种类繁多,形成原因复杂。不同的工程地质条件、水文环境、勘察设计深度、施工过程控制的综合作用造成了隧道塌方的部位、规模、破坏程度及后续治理方法的区别。

7.1 隧道塌方类型及原因分析

7.1.1 隧道塌方类型

根据塌方形态分类,塌方分为局部塌方、拱形塌方、异形塌方、膨胀岩隧道塌方、大变形隧道塌方和岩爆五种基本形态。

根据塌方的规模、破坏程度及治理难度,塌方分为小塌方、中型塌方(图 7-1)及大塌方。在隧道工程中,塌落物小于 100m³、塌方长度小于 3m,塌方后围岩基本稳定、不再扩大的塌方为小塌方。小塌方危害相对较小,治理难度低,采用通常的施工措施可以顺利通过,治理时间通常为 1 周。塌落物在 100~500m³、塌方长度 3~10m、塌方后围岩松动,不及时治理很有可能会扩大的塌方为中型塌方。中型塌方危害相对较大,治理难度较高,通常需要采用稳定塌落物、超前支护等措施方可通过,治理时间通常在 2 个月以内。塌落物大于 500m³、塌方长度超过 10m、塌落物将隧道整个断面堵塞、塌方范围内的支护系统全部被破坏、塌方范围临近支护系统同时出现较大变形开裂的塌方为大塌方。大塌方危害极大,治理难度大、危险性高,必须及时对变形段支护系统采取临时加固措施方可防止塌方扩大;治理过程中不仅要稳定塌落物,同时要对变形段围岩进行加固,并加强变形段支护参数,治理时间通常 2 个月以上。

根据塌方形成机理分类,塌方分为硬岩岩爆型塌方、软岩蠕变型塌方、松散破碎岩体坍塌型塌方及危岩滑动掉落型塌方。其中软岩蠕变型塌方又分为软岩大变形隧道塌方及膨胀岩隧道塌方。

图 7-1 中型塌方示意图

7.1.2 塌方原因分析

引起塌方的原因包括工程地质条件、水文环境、勘察设计深度和施工原因。

1）工程地质条件

工程地质条件不良是隧道塌方的主要原因。岩体节理裂隙发育,松软破碎、完整性差、风化程度高、洞口段崩落坡积体、溶洞发育及溶洞内松软充填物等不良工程地质条件导致围岩承载能力及稳定性的降低,在这样的区域极易发生塌方。隧道开挖后围岩应力的集中释放、软岩大变形及膨胀岩的膨胀蠕变、断层破碎带及溶洞充填区的松散破碎堆积体的重力作用超过支护结构的承载能力时就会发生塌方。

2）水文环境

水文环境不良是隧道塌方的重要原因。地下水的浸润作用能明显降低围岩的黏聚力及内摩擦角,降低岩体胶结性,增加围岩自重,导致围岩稳定性降低。也会使围岩的软弱夹层软化,降低抗剪强度,形成不同方向的不稳定面。隧道塌方事故中多数发生在地下水发育及水文环境不良的区域。

3）勘察设计原因

勘察设计深度不足也是隧道塌方的一个原因。勘察设计深度不足,围岩级别判断不准或情况不明,从而使设计开挖方法不当、支护类型及强度不满足实际情况,在施工过程中若未及时发现调整,易导致隧道塌方。

4）施工原因

开挖方法不当、支护强度不够、支护结构未及时封闭成环等施工问题是引起隧道塌方的直接原因。开挖爆破对围岩的扰动导致隧道周边围岩破碎开裂、节理裂隙张开滑动,破坏了围岩的稳定状态,造成围岩变形突变,甚至发生塌方。支护结构的强度与刚度不足以抵抗隧道开挖后的围岩应力,隧道周边应力分布无法重新达到平衡状态,随着时间的推移围岩及支护结构变形越来越大,如未及时发现并采取措施,最终将形成隧道塌方。支护结构不及时封闭成环,会造成支护结构受力状态达不到设计要求的理想状态,无法抵抗围岩变形,最终形成塌方。

7.2 不良地质段隧道塌方预防措施

针对不良工程地质条件、水文环境、勘察设计深度不足等引起隧道塌方的原因,可采取加强超前地质预报、改善围岩力学性质及水文环境、增加超前支护、加强支护强度、加强施工监测等措施预防隧道塌方。

7.2.1 加强超前地质预报

超前地质预报是对勘察设计的有效补充。超前地质预报可以在施工过程中对隧道围岩进行连续不间断的勘察,及时发现与设计不符的地质情况,提前变更开挖方法、加强支护参数,预防隧道塌方。在工程地质条件复杂区域隧道施工应该把超前地质预报工作列入施工工序管理,编制专项方案并配备地质专业技术人员、设备和仪器仪表。

结合隧道所在地层地质特点,针对性地选择超前地质预报方法,通过多种预报结果相互印证分析,确定围岩性质,防止误报漏报。

塌方处理过程中,也要加强超前地质预报工作,探明塌方后围岩变化情况、塌方形态等,为塌方处理提供地质资料依据。

各种不良地质体的防塌及塌方处理中超前地质预报方案选择见表 7-1。

超前地质预报方案选择表 表 7-1

预报方案 围岩情况		现场复查	地质素描	水文测试	超前钻孔	超前水平钻	先导导洞超前预报	地震法（TSP）	地质雷达法	超前探水
特殊地层	膨胀岩	√	√	√						
	溶洞、岩溶	√	√		√	√		√	√	
	高地应力围岩	√								
	岩爆	√			√					
	煤系地层	√	√							
	流沙	√			√	√				√
浅埋、超浅埋		√								
偏压		√								
软岩扁平大跨断面		√	√				√			
软岩大跨、大断面		√	√				√			
软弱围岩	风化岩	√	√		√					
	断层	√	√		√	√		√	√	√
	滑坡	√								
	岩堆	√								
	堆积体	√								
	石屑岩	√			√					
	砂砾土	√			√					
	土层	√								

7.2.2 改善围岩力学性质及水文环境的措施

改善围岩力学性质及水文环境的措施是预防隧道塌方的主要手段。采取的措施多种多样,可以单纯改善围岩力学性质,也可以单纯改善水文环境,多数措施为同时改善围岩的力学性质及水文环境。采取的措施包括超前帷幕注浆、超前周边注浆、局部注浆、径向注浆、钻设径向锚杆及超前锚杆、钻设排水降压孔、冻结法等。

1）超前注浆

隧道工程中超前注浆可分为超前帷幕注浆、超前周边注浆及超前局部注浆,它们都是通过对围岩加注化学浆液的方法填充围岩间隙,堵塞出水通道,提高围岩黏结力,改善围岩的力学性质及水文环境。超前注浆采用的化学浆液通常为价格低廉、性能稳定的水泥浆及水泥水玻璃双液浆。其中水泥浆主要用于加固破碎围岩及水流较小的区域堵水,水泥水玻璃双液浆因凝结速度快,主要用于水量大、水流快的区域快速堵水。超前注浆技术主要用于断层破碎带、富水地层的岩体加固、治水堵水。

超前注浆施工示意如图 7-2 所示。

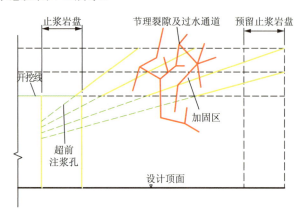

图 7-2　超前注浆施工断面示意图

2）径向注浆

径向注浆主要用于已支护段周边围岩加固处理及治水。通过径向注浆可快速提高周边围岩的自稳能力,减小围岩变形,防止塌方。径向注浆施工通过沿隧道轮廓线垂直方向钻设径向导管,向围岩内注入水泥浆,高压富水地段可注入速凝的双液浆或其他具有水化速凝作用的化学浆液,注浆材料选择及配合比设计根据围岩情况经试验确定。径向导管采用无缝钢管,施工方法同系统锚杆,可代替系统锚杆以减少施工成本。

3）径向锚杆及超前锚杆

径向锚杆及超前锚杆用于较软围岩开挖后拱部及周边岩体加固,通过对围岩加筋提高围岩抗剪力,防止围岩变形。超前锚杆采用 $\phi 25$ 中空注浆锚杆,施工方法同超前小导管。径向锚杆采用中空锚杆或螺纹钢,施工方法同系统锚杆。

4）排水降压孔

排水降压孔通过提前排出地下水,可明显降低出水量及水头压力,减小水对围岩稳定性的影响。适用于高压富水地层的排水降压及无补给来源的滞水排出工作。

5）冻结法

冻结法是利用人工制冷技术,将围岩中的水冻结。冻结后的围岩强度得到很大的提高,可有效预防隧道塌方。冻结法适用于富水松软地层的加固。冻结法成本高,有一定的技术难度,在其他加固方法不起作用的情况下可考虑采用。

7.2.3　超前支护

超前支护是隧道塌方防治工作中采用最普遍的技术手段,目前超前支护施工工艺已非常成熟,应用非常广泛。超前支护是通过工程手段对尚未开挖的岩体进行预支护,开挖作业在预支护的保护下进行,降低塌方风险。

1）超前小导管

超前小导管是稳定开挖工作面的一种辅助工法。其支护原理为通过掌子面前方开挖轮廓线外注浆加固开挖线周边围岩,提高开挖线周边松散围岩的自稳能力,在周边围岩自稳支撑下进行开挖支护。超前小导管支护起主导作用的是注浆后围岩自稳能力的提高,而非小导管的支撑作用。

小导管常用参数：钢管直径 30～50mm,钢管长 3～5m,采用无缝钢管;注浆孔布设间距为 100～150mm,小导管环向布置间距为 300～500mm,外插角 5°～15°,搭接长度不般不小于 1m。注浆材料选择、配合比设计及注浆压力根据围岩情况经试验确定,注浆压力一般不大小 0.5MPa。

具体施工工艺见 6.3.4 节。

2）超前大管棚

在浅埋软弱地层大跨隧道开挖施工中,为控制沉降,防止开挖过程因地层软弱承载能力差而引起局部掉块或塌方,必须采用超前大管棚对软弱围岩进行超前支护,并通过管棚注浆和围岩形成一体,共同承受地层应力,确保开挖安全。大管棚的作用机理为通过向管棚内压注水泥浆或水泥砂浆增加钢管的抗弯强度,由管棚和围岩构成的棚架支撑体系减小围岩下沉。

超前大管棚常用参数：钢管一般选用直径 70～180mm,壁厚 4～8mm 的无缝钢管,管节长度根据地层性质、施工场地及施工机具等具体情况综合考虑确定或采用出厂长度,环向间距根据地层情况确定,一般为钢管直径的 2～2.5 倍,外插角一般不大于 3°,搭接长度不小于 3m。注浆材料选择、配合比设计及注浆压力根据围岩情况经试验确定。

7.2.4　科学合理组织开挖作业

不合理的开挖施工组织是引起隧道塌方的重要原因。在工程地质条件不良区域开挖隧道时应优先考虑减小开挖工作对隧道围岩结构的扰动,保持开挖后围岩结构的稳定性。在工程地质不良地层中隧道开挖组织应坚持小断面、短进尺、快开挖、早封闭的原则,减小围岩暴露面积,减少开挖持续时间及围岩暴露时间。

常用的软弱破碎围岩开挖工法有台阶法、环形开挖、中隔壁法、CD 工法、CRD 工法。

7.2.5　加强支护强度

加强支护强度是隧道防塌方工作中最直接的手段。隧道塌方均是因为支护结构不能够抵抗围岩变形而引起的,所以在施工过程中加强工程地质条件不良区域的支护结构强度可以有效防止隧道塌方。

常用的加强支护结构强度的方法有增加钢支撑的强度(用型钢钢架替换格栅钢架、利用高规格型钢钢架替换低规格型钢钢架等)、减小钢支撑间距及采用双层钢支撑等。

7.2.6　加强监控量测

监控量测是保证隧道施工安全的一项重要举措。施工过程中加强洞内外观察,对围岩变形和支护结构应力、应变进行监测,对地表沉降、地表径流水位、降雨量等进行监测,及时反馈信息并对信息进行分析处理,可以及时发现塌方先兆,提前采取措施,加强支护,防止隧道塌方。

7.3　不良地质段隧道塌方处理施工关键技术

隧道塌方处理必须建立在对塌方正确认识的基础上,塌方处理方案不当,不但会导致巨大的经济损失,而且可能造成人员伤亡。塌方处理一般先加固变形段,防止塌方扩大,创造一个安全稳定的作业环境,然后再向前进行塌方处理。处理原则为:明晰原因、加固后方、地面处理(浅埋段或塌方已影响到地表)、稳定塌体、超前支护、先护后挖。

隧道塌方发生后,首先要组织人员对塌方段的工程地质、水文环境进行了解,探明塌方规模、塌方形态、部位及影响范围,地下水赋存环境、输水通道、水压、水量以及施工方法、支护措施等有关情况,分析塌方形成原因,有针对性地制定安全、可行的处理措施。

隧道塌方处理措施包括变形段加固、塌方体固结稳定、塌方段重新掘进、变形段支护拆换、救援通道施工等。

7.3.1　变形段加固技术

一般大型塌方伴随着塌方段前后影响段的初期支护破坏、变形开裂。为防止塌方继续扩大,应立即对塌方影响的初期支护进行加固和监测。加固措施有复喷混凝土、反压回填、架设临时支撑,架设型钢套拱、径向注浆及径向锚杆等。之后必须提早施作二次衬砌。

1）复喷混凝土

复喷混凝土可以恢复支护结构一定的强度，防止支护结构过快的失稳。同时可以为后续的监控提供一个参照。

2）反压回填

对塌方影响区进行反压回填，可以保护支护结构底部，减小变形段暴露面积，减小支护结构承受的压力，防止变形扩大，同时为后续处理提供作业面。回填高度根据变形段破坏程度及后续处理方案要求确定。为后续塌方处理方便，回填高度以回填顶面距离拱顶 4～5m 为宜，若不能满足支护结构稳定要求，可在边墙处堆码砂袋护脚，中部预留处理作业平台。

反压回填示意图见图 7-3。

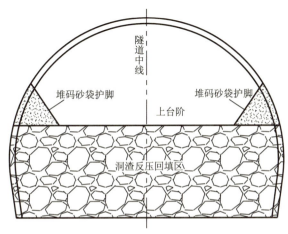

图 7-3　反压回填示意图

3）架设临时支撑及型钢套拱

架设临时支撑及型钢套拱可有效抑制塌方影响区的变形速率，防止塌方破坏扩大，为后续塌方处理争取时间，并且可以为后续处理提供安全可靠的操作空间。

临时支撑安装于反压回填顶面以上，临时支撑根据现场情况选用方木支撑或钢管支撑。支撑位置根据监控量测分析结果、变形情况及变形位置综合考虑确定，一般安装在变形最大处、钢架接头处及监控量测显示变形速率最快处。为防止临时支撑受压下沉，每根支撑基础铺设钢板，钢板厚度及尺寸根据现场情况确定。支撑与初支之间采用钢楔块或木楔块塞紧，局部可与型钢套拱或原初支钢架焊接连接，保证支撑与初支连接紧密、饱满。临时支撑之间采用角钢或槽钢连接成整体形成支撑体系，提高支撑的强度、刚度及稳定性。临时支撑采用人工架设，机械配合吊装。临时支撑示意图如图 7-4 所示。

型钢套拱安装方法同初支钢架安设，注意套拱与原初支面密贴以保证支撑效果。

4）径向注浆及径向锚杆

径向注浆及径向锚杆在临时支撑施工完成后施作。径向注浆及径向锚杆可以对塌方影响范围内的岩体进行加固，稳定受塌方影响破坏的围岩，提高影响范围内围岩自稳能力，为后续塌方处理及变形段支护拆换提供安全稳定的围岩环境。

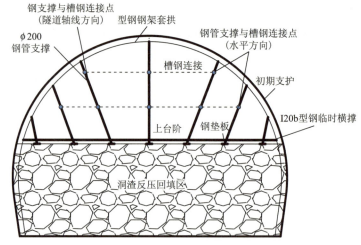

图 7-4　临时支撑示意图

径向注浆管一般选用无缝钢管,加固范围视围岩破坏程度及施工方法区别一般取初支外 4.5～6m,径向导管纵向及环向间距视围岩性质及浆液扩散半径确定,一般取 0.6～1m,梅花形布置。注浆材料选择及配合比设计根据地质条件及水文环境经试验确定,一般无水地段选用水泥浆,有水地段选用速凝的水泥水玻璃双液浆或其他具有水化反应的速凝型化学浆液。

7.3.2　塌方体固结稳定技术

塌方发生后,首先要保证塌方体的临时稳定,不能急于清渣,否则会加速塌方的扩大。首先封闭掌子面,然后根据塌方的地质、水文环境采取相应的措施固结塌方体,待塌方体固结稳定后再考虑后续处理措施。

塌方体固结措施主要包括:堆码砂袋稳定坡脚、网喷混凝土护坡及注浆加固塌方体等措施。若塌方体积较小、塌方后围岩基本稳定时,可采取网喷混凝土封闭塌方体表面进行护坡即可;若塌方体积大、塌方后围岩不稳、塌腔内持续掉块、扰动塌方体后会引起二次塌方的时候,可采取堆码砂袋稳定坡脚、网喷混凝土护坡同时作为止浆面,然后注浆固结塌方体的综合处理方法;若涌水量大,则要同时采取引排、喷混凝土临时封闭、提前施作混凝土止浆墙等措施。

1)堆码砂袋护脚稳定塌方体底部

沿塌方体底部连线堆码一层或多层砂袋护脚,防止塌方体溜塌。砂袋堆码在回填洞渣与塌方体相交线处,沿塌方体坡度堆码,尽量不要扰动破坏塌方体,堆码厚度及高度根据现场情况确定。

2)网喷混凝土护坡稳定塌方体坡面

先初喷混凝土 4cm 临时固结塌方体坡面,然后沿坡面铺设钢筋网加筋(必要时可采取钉钢筋桩固定钢筋网），最后复喷混凝土至塌方处理方案要求厚度。当同时采用堆码砂袋护脚及注浆固结塌方体等措施时，可在砂袋表面喷射一定厚度的混凝土作为止浆面，具体视现场情况及处理方案而定。

3）注浆固结塌方体

固结塌方体是大塌方中塌方段重新掘进的基础，因塌方体结构松散，即使施作了护坡，重新掘进过程也会导致塌方体失稳溜塌，因此要对塌方体进行注浆固结。

通常采取浅孔注浆的方法固结塌方体，注浆管长度一般为6m。若塌方长度大，亦可采用深孔注浆。因塌孔钻孔安设注浆管困难时可采用前进式注浆，先注浆固结一段，再在固结体内钻孔安设注浆管注浆固结下一段，直至整个塌方体固结。每段固结长度根据塌孔情况确定。

注浆管材料可选用无缝钢管或玻璃纤维锚杆，无缝钢管的优点是强度高、抗剪切，注浆后与塌方体连为一体，可起到加筋的效果，提高塌方体稳定性；缺点是注浆后与塌方体固结在一起，拆除困难，减慢了塌方治理的速度。玻璃纤维注浆锚杆作为新技术新工艺材料，主要组成为玻璃纤维增强聚合物，材料的性能取决于纤维和聚合物的类型及横断面形状等，性能具有灵活多变的特点，具有强度高、重量轻、安全性好、可挖除的特点，其在满足注浆固结塌方体的同时，拆除方便，可大大提高塌方处理速度。

注浆材料一般选用水泥浆即可，当塌方体中水量水流较大时，亦可选用双液浆及其他化学浆液，视具体情况而定。

塌方体加固技术示意见图7-5。

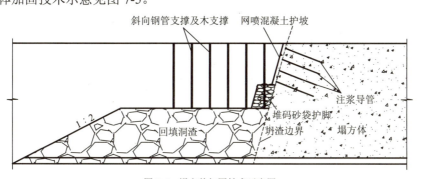

图7-5 塌方体加固技术示意图

7.3.3 塌方段重新掘进技术

塌方段重新掘进必须遵循"短进尺、强支护、快封闭、勤量测、速反馈、先护后挖、二衬紧跟"的原则，在超前支护的保护下开挖，采用台阶法、环形开挖预留核心土法、CD法、CRD法等进行开挖，随挖随支，谨慎推进。

塌方段重新掘进中的重点为塌腔的处理。当塌方体超出开挖轮廓线一定高度，经勘察对塌方体加固后可以保证隧道施工及运营安全时，可直接通过。当拱部塌方体堆积较薄，不能保证隧道施工及运营安全时,需要在拱部泵送混凝土回填塌腔,并在回填混凝土上吹砂形成一定厚度的缓冲层,防止塌腔内二次塌方直接冲击衬砌结构,造成破坏危及安全。

回填塌腔施工要点:

(1)安装泵送混凝土管、吹砂管及观测管。吹砂管安装高度要超出设计回填混凝土高程一定高度,具体视情况确定;观测管安装两根以上,其中混凝土观测管伸入塌腔高度要达到设计回填混凝土高程,吹砂观测管伸入塌腔高度要达到设计砂缓冲层高程。

(2)泵送混凝土,当混凝土观测管有混凝土流出时,说明该观测管位置混凝土已经达到设计厚度,封闭该观测管,当所有观测管均有混凝土流出后,停止泵送混凝土。

(3)回填混凝土终凝后,通过吹砂管向回填混凝土上部吹砂形成缓冲层。当吹砂观测管有砂流出时,说明该观测管位置吹砂厚度已达设计要求,封闭该观测管,当所有观测管均有砂流出后,停止吹砂。

7.3.4 变形段支护拆换技术

隧道塌方往往伴随着影响区大变形,当变形超过预留变形量时,就需要进行初支拆换。变形段支护拆换安全风险大,必须在径向注浆完成后进行,必要时需先对变形段加设钢套拱加强支护、施作完变形段两侧二衬,然后在钢套拱及二衬的保护下进行拆换(图7-6)。

图 7-6　上台阶拆换

变形段拆换施工要点:

(1)测量组进行初支净空断面检测,根据检测结果将侵限纵向、环向需处理的范围标示于初支混凝土面上,然后先用人工配合风镐对初支面进行处理,排除因保护层过厚导致欠挖而造成需要换拱的现象。

(2)拆除工作要在监控量测数据显示变形稳定后方能施作,拆换过程中要对围岩变形进行实时监测,发现变形加剧,立即停止作业,撤离人员,分析变形加剧原因并采取相应措施,待变形稳定后再行施工。

(3)破除初支混凝土采用人工凿除的方式,防止机械破拆振动过大造成围岩失稳,危及施工安全。拆除作业从拱顶向拱脚分段进行,要做到拆除一段、更换一段、随拆随支、逐榀拆换、保证安全。

7.3.5 救援通道施工技术

隧道塌方经常发生在掌子面后方 30～50m 处,往往造成掌子面施工人员被困。在这种情况下就要先打通救援通道,将被困人员救出。救援通道可分为正向导洞、迂回导洞及大口径水平钻机钻孔法。

1）正向导洞救援通道施工

从塌方体内正向挖掘导洞通过塌方体,将被困人员救出的方案称为正向导洞。正向导洞施工通过的围岩为破碎松散的塌方体,掘进速度较快。但是正向导洞对塌方体扰动大,支护强度要求高,安全风险大。

正向导洞施工参数:导洞断面在满足施工空间的条件下越小越好,一般不超过 $3m^2$,断面形式根据现场情况而定,通常采用方形断面。开挖掘进采用人工开挖,掘进面进行注浆加固。支撑体系通常采用加工方便快捷的方木与木板。

2）迂回导洞救援通道施工

从隧道侧墙开凿导洞绕过塌方体挖掘的导洞为迂回导洞（图 7-7）。迂回导洞施工绕过了塌方松散体,开挖安全风险较低,但是因导洞穿过未被扰动的围岩,当隧道周边围岩坚硬时,开挖掘进速度慢。

图 7-7 迂回导洞

迂回导洞施工参数与正向导洞相同,施工的关键是对隧道周边围岩的准确判断,确定正确的迂回路线。

3）大口径水平钻机套管跟进法（FS-120CZ 大口径水平钻机）

大口径水平钻机套管跟进法通常由专业救援队施作。大口径水平钻机套管跟进法的优点是掘进速度快,正常情况下掘进速度可以达到 3m/h,可以快速钻穿塌方体,救出被困人员。但是由于隧道塌方体内通常埋有大量钢筋及型钢,钻进过程中若遇到这些障碍物很难通过,必须快速判断原因,决定是排除障碍还是更换区域重新掘进。

一般在塌方救援过程中为保证快速救援,排除意外因素干扰,三种方法可同时实施。

7.4 云桂铁路不良地质段隧道塌方处理施工实例

7.4.1 富宁隧道 7.14 塌方关门事故救援及处理

1）塌方情况

2014年7月14日16：15，D4K341+616处线路左侧拱腰及边墙突然崩塌并向前、后延伸。塌方体将洞身封堵。经过现场确认，塌方段落为 D4K341+608.3～D4K341+626，总长度为17.7m（拱顶处长度），涌入隧道内塌方体体积达到2851.6m³。塌方造成隧道全断面被堵塞，正在掌子面作业的15人被困（图7-8）。

图 7-8 隧道内关门坍塌现场

2）塌方原因分析

（1）地层岩性方面

富宁隧道本次塌方段隧道洞身地层岩性为泥盆系下统坡折落组（D_2p）硅质岩，其呈灰黑、灰白、灰黄色，局部夹紫红、棕黄色泥质粉砂岩及深灰色泥灰岩，薄层状构造，层厚一般1～3cm，岩质硬脆，节理、裂隙发育，多为张节理，无充填或少充填，自稳性差，工程性能差。围岩等级一般为Ⅳ～Ⅴ级，易发生掉块、坍塌等病害。

（2）地质构造方面

本次坍塌段处于下林色2号断层与下林色3号断层之间。受富宁断裂等区域构造及其次级构造等长期多次构造作用，走向节理以及沿倾向上的横向张节理特别发育，两组节理贯通性好，延伸较远，节理面呈闭合～微张开型，无充填或泥质半充填，节理走向变化大，与测区弧形旋扭构造走向基本相吻合，倾角40°～80°、局部直立，岩体在这套共轭节理的切割下常呈碎块状，在节理密集带常形成碎裂结构岩体。

（3）水文地质条件及气象方面

本次坍塌段处于坡折落组（D_2p）硅质岩夹粉砂岩和泥灰岩地层中，该地层透水性较差，属地下水弱发育地层,该地层总体富水性弱。在该段隧道地表中线附近发育有三条冲沟,是雨季表水主要汇集地带,沟水丰富,流量较大,有利于地表水的下渗。云南省最近几年连续干旱,地下水位下降严重,而今年雨季云南省降雨明显增加,特别是坍塌发生之前的半个月之内,出现了连续性降雨。据富宁县气象局资料,2014年5、6月降水量均比历年同期平均值偏多,7月比历年同期平均值特多。大量地表水下渗使隧道区地下水位上升明显,地下水增多,造成该段洞内出现了渗水、滴水现象,地下水的渗流、浸泡及软化作用明显。

综上所述,富宁隧道坍塌段岩性较特殊、复杂,主要为薄层状硬脆的硅质岩夹泥质粉砂岩、泥灰岩等,隧道距区域性活动断裂富宁断裂较近,受区域构造运动的影响强烈,次生断裂发育,节理、裂隙密集,岩体被挤压、切割呈碎石角砾状,岩体破碎至极破碎,完整性极差,近期降雨频繁,地表地形有利于表水的汇集及下渗,加上施工震动耦合作用,造成地表水下渗至隧道周围岩体,隧道周围岩体受浸泡及软化作用明显,受水的作用破碎岩体层间及节理裂隙间的黏聚力不断下降、强度降低,隧道开挖后,造成松动圈不断增大,松动圈围岩对隧道支护结构产生的压力也不断增大,在岩体压力(重力)的作用下,岩体沿软弱结构面突然发生整体脆性破坏,呈碎石、角砾土状坍落、崩解,最终形成本次坍塌。多种不利地质条件及气候等因素的偶合作用是造成该段岩体整体脆性破坏并发生坍塌的主要原因。

3)救援情况

事故于2014年7月14日16时15分发生后,项目部立即启动应急预案,第一时间向集团公司、业主、地方政府上报险情,并及时准备救援物资设备,并喷混凝土封闭塌方体,堆载反压,对开裂初支搭设支撑。

按照现场指挥部要求,同时实施钻机方案、正向导洞方案、迂回导洞方案三套救援方案。

(1)钻机救援方案

采用大口径水平钻机在塌落物中钻设620mm救生孔,将被困人员直接从救生孔内救出。钻孔采用RPD-180CBR型号抢险钻机跟管钻ϕ620管营救被困人员。钻孔中心高度为回填操作平台向上200cm。钻进过程中现场技术人员全程对钻进速度、长度及钻探情况进行详细记录,以便准确判断塌方体纵向长度。控制要点:钻机安装前需对场地进行规划,要求对回填反压洞渣进行找平处理,找平区域长、宽分别不小于15m、4.5m。预留作业高度不小于5.7m。地基承载力需与钻机设备重量及性能相匹配。需专业人员现场指导各项准备工作并实施钻孔作业。钻进过程中需随时观测塌方体稳定情况,防止次生灾害发生。

救援人员和设备(应急指挥车、通讯车、专业破拆工具等)于7月15日凌晨4时10分到达事故现场开展工作。15日17时,620大口径套管钻机开始准备准备工作。16日7时,620大口径套管钻机、龙门吊安装完成(平整回填操作平台后铺设龙门吊轨道,清理虚渣安装传送带。由于龙门吊立柱较高,隧道作业空间狭小,吊装设备无法使用,自重6t龙门吊完全由人工组装),钻机进行调整就位于16日7时30分开钻,至7月16日16时外套管进入坍体16m后卡钻,经多次尝试排除故障未果,钻机掘进暂停。18日18时30分,钻机故障排除,拉断两根钢丝绳未将钻头取出;19日0时,钻机退出原位置,开始填高钻机基础;19日11时,钻机重新就位,进行施工新孔准备。19日14时20分,钻机调整就位开钻;20日2时

20分,钻机打通塌方体。同时迂回导洞也已打通,由于钻机退钻仍需时间,被困人员由迂回导洞救出。

经验总结：RPD-180CBR 型号抢险钻机很难打穿钢质障碍物,因此在实施大口径水平跟管钻救援前确认破坏的初支构造物埋置深度及位置,钻孔避开这些障碍物是成功救援的关键。钻进过程中遇到障碍物后及时下决心更换位置重新开口施工新孔,可减少救援时间。由于塌方体内障碍物位置判断不准确,该方案要与其他方案同时进行,减少因方案实施不成功时的救援时间。

（2）正向导洞救援方案

正向导洞救援方案采用人工开挖。7月15日8时,现场确定了救生通道孔的位置及正向导洞的位置（1.5m×1.5m 的等边三角导洞）,同时对洞内右侧开裂段进行加固。15日12时,开挖到 6m 时右侧塌落物不断向导洞内涌入,注双液浆加固效果不明显,导洞开挖暂停。16日7时开始,优化方案后再次开始注浆加固正向导洞,效果依然不明显;16日14时,为保障救援人员安全停止执行正向导洞方案。

（3）迂回导洞救援方案

在塌方体后方掌子面左侧 D4K341+630 处设置迂回导坑进口,高度为内轨顶面上 4.3m。迂回导坑出口里程为 D4K341+600.81。导坑沿隧道径向掘进 2.5m 后开始以 90°角度向右转弯,沿线路向掌子面方向掘进 29.32m 后再以 90°向右转弯,掘进 2.5m 后进入正洞实施救援。导洞支护采用等腰梯形断面,顶宽 0.8m,底宽 1.2m,高 1.2m。导洞采用风镐配合人工开挖,簸箕装土人工搬运出渣。导洞支护采用 15cm×20cm 方木架支护,方木架逐榀密排安装。若遇到松散体时采用 $\phi42$ 小导管进行超前支护。

7月15日14时,导洞破除初支面,拟从初支背后开挖迂回导洞（上底 0.8m× 下底 1.2m× 高 1.2m 梯形）;17日9时30分,前两项方案遇阻后确定为主攻方案,要求掘进速度在 0.3~0.4m/h（争取上限）;17日22时开始,迂回导洞开挖至 17.2m（平行于隧道中线长度）后由于掌子面围岩破碎、右侧拱顶部位脱空,对松散掉块部位加固和脱空部位喷浆回填。18日11时,按照修订后的方案,迂回导洞退回至 16.4m 处左侧进行再迂回开挖;18日17时,新开口开挖 1.7m 后因围岩坚硬无法掘进,停止再迂回方案。18日18时30分,恢复原迂回导洞方案,由于围岩较差和局部坍塌,采取施作注浆小导管加固;19日8时40分,继续开挖掘进;20日2时20分,迂回导洞成功打通,14名被困人员相继从迂回导洞被全部成功救出。仍有1人失踪。失踪人员于8月12日10时18分搜寻到,已经遇难。

4）塌方处理

7月20日被困人员救出后按照塌方处理方案有序组织塌方处理工作,具体开展工作如下：

（1）洞渣反压回填

2014年7月24日,为防止塌方体变形,采用洞渣对中下台阶反压回填（图7-9）,同时为施作超前大管棚提供操作平台。

（2）隧道扇形支撑

2014年7月25～27日在反压回填完成后完成对 D4K341+650～D4K341+626 段救

援过程中安设的伞状支撑进行加密加强,共施工伞状支撑 24m,同时利用伞状支撑搭设径向注浆操作平台 24m(图 7-10)。

图 7-9　反压回填

图 7-10　伞状支撑

(3)D4K341+650~D4K341+626 段隧道径向注浆及塌方体注浆加固

按照方案要求,2014 年 7 月 28 日~8 月 15 日完成 D4K341+650~D4K341+626 段径向注浆(图 7-11)、塌方体坡面锚网喷及注浆工作。

a)

b)

图 7-11　径向注浆

(4)二次衬砌支护

为确保塌方段处理过程中结构、人员及设备安全,2014 年 7 月 21 日~8 月 20 日完成 D4K341+684~D4K341+641 段拱墙衬砌共计 43m。

(5)大管棚施工

按照方案要求,2014 年 8 月 22 日~9 月 19 日完成超前大管棚安装及注浆工作(图 7-12)。

a)

b)

图 7-12　超前大管棚施工

(6)塌方体开挖支护

2014年9月19日开始采用CRD法进行塌方体开挖支护,截至11月10日,D4K341+625～D4K341+609塌方段开挖支护全部完成。安设I22型钢钢架(包括I18临时横撑及竖撑)26榀(图7-13)。

a)

b)

图7-13 塌方体开挖支护

2014年10月7日上台阶右侧开挖至D4K341+618.4时,拱顶处20号和21号超前大管棚之间出现流砂现象,流砂共计约40m³。流砂发生后,停止塌方体开挖支护,对流砂坡面采用喷混凝土封闭,在流砂口位置补打超前小导管,并注浆堵塞流砂口。2014年10月8日恢复塌方体上台阶右侧开挖支护,同时加密右侧拱顶流砂处超前小导管,增加径向注浆小导管注浆加固,防止右侧开挖时再次出现流砂现象。2014年10月19日,在拱顶空洞全部封闭后,泵送C35混凝土回填(共40m³)。

第 8 章

云桂铁路富宁隧道其他施工关键技术

Key Technologies of Tunnel Construction in Complex Geological Conditions of
Yunnan Kunming-Guangxi Nanning Railway

Key Technologies of Tunnel Construction in Complex Geological Conditions of
Yunnan Kunming-Guangxi Nanning Railway

云桂铁路富宁隧道其他施工关键技术 | 第 8 章

8.1 辅助坑道进正洞快速施工关键技术

本节主要对辅助坑道进正洞施工工法种类,工法的使用条件、施工技术、控制要点、安全控制措施进行了详细分析,并结合实例介绍辅助坑道进正洞快速施工关键技术。针对云桂铁路云南段富宁隧道斜井三岔口复杂的地质情况,为良好实现富宁隧道整体施工组织设计的施工安全、质量、进度目标,结合现场实际情况介绍三岔口施工技术和施工管理,通过加强超前地质预报、细化监控量测、调整支护参数、科学和细致化的组织管理,有效控制了三岔口地段由于结构和地质情况复杂等造成的变形、塌方,确保了富宁隧道斜井进正洞施工正常、有序。

8.1.1 钻爆法施工长大隧道辅助坑道的设置原则

隧道辅助坑道的设置应根据隧道长度、施工期限、地质、地形、水文等条件,结合施工、通风、排水、防灾和运营服务等方面的需要综合考虑,通过技术、经济比较确定。各类辅助坑道可单个、多个或组合设置。辅助坑道的设置必须有利于施工及运营、缩短工期、发挥投资效益,并能至少达到下列要求之一:

(1)起到增加隧道工作面,加快施工进度,满足施工工期要求的作用。
(2)解决隧道主体工程中运输、通风、排水、弃渣、处理塌方或通过不良地质地段等的特殊要求。
(3)适应隧道运营期间通风、排水、防灾或增建第二线的需要。

8.1.2 辅助坑道进正洞施工工法种类

辅助坑道施工方法的选择,主要根据工程地质及水文地质条件、施工条件、围岩级别、隧道埋置深度,隧道断面尺寸大小和长度、衬砌类型,应以施工安全为前提,以工程质量为核心,并结合隧道的使用功能、施工技术水平、施工机械装备、工期要求和经济可行性等因素综合考虑选用。

当选择施工方法(包括开挖及支护)因隧道施工对周围环境产生不利影响时,亦应把隧道工程的环境条件作为施工方法选择的考虑因素之一,同时应考虑围岩变化时施工方法的适应性及变更的可能性,以免造成隧道工程失误和增加不必要的工程投资。采用新奥法施工时,还应考虑施工全过程中的辅助作业方式和对围岩变化的量测监控方法,以及隧道穿越特殊地质地段的施工手段等。

8.1.3　辅助坑道类型及使用条件

辅助坑道具有增加隧道作业面、减少施工工期、辅助通风、排水的作用。目前国内长大隧道设置辅助坑道主要作用为减少施工工期，其次为辅助通风及排水。

辅助坑道类型有横洞、平行导坑、斜井和竖井四种类型。一般长度大于 3km 的隧道选择设置辅助坑道。辅助坑道的形式和数量确定依据隧道长度、施工期限、地形、工程地质、水文地质、弃渣场地等条件，结合施工、排水、防灾救援需要通过技术、经济比较确定。

（1）斜井

斜井是在隧道侧面上方开挖的与之相连的倾斜坑道。在隧道埋置不深、地质条件比较好的地段，或者在隧道洞身一侧有比较开阔的山谷低凹位置，可以作为弃渣场，并且覆盖层不厚的时候，可以采用斜井作为辅助坑道。斜井的斜度比较大，出渣运输需要比较强的牵引动力设备，如卷扬机牵引提升机、皮带运输机、有轨运输等。斜井井口不能设置在可能被洪水淹没的位置，在设于山沟低洼位置的时候，必须采取一定的防洪措施。斜井的倾斜角应切实根据提升方式、提升量、井长、进口地形加以确定，不同的提升方式的斜井倾斜角规定不同。提升机械一般选择卷扬机牵引斗车，在斜井坡度较小时，可以采用皮带运输或者无轨运输，斜井内的轨道数量根据出渣量进一步确定。通过经济技术比较，确定斜井需要作为永久通风道时，断面大小应该满足通风要求。井口段应修衬砌，其他部分则根据地质条件和是否作为永久通风道等条件，进一步确定修筑永久衬砌的必要性。在施工时，做好井口防水工程。严格控制牵引速度，在井口设置安全闸。为了保证施工安全，还需要在井底车场加设支撑或者修筑衬砌。为了提高运输效率，在井底调车场架设储渣仓。井内钢轨需要加以固定，以此防止轨道滑移掉车。斜井开挖需要符合以下要求：炮眼方向应该和斜井倾斜角保持一致，底眼则应比井底高程低；每一循环进尺应用坡度尺控制井身坡度；每隔 20~30m 应用测量仪器复核中线桩、水平高程，以此确保斜井井身位置的正确性；斜井井口地段、不良地质、渗水井身、井底作业室等在施工时，需要加强支撑，并及时衬砌，以此确保安全。

（2）竖井

竖井是在隧道上方开挖的，和隧道相连的竖向坑道。当隧道较长、覆盖层比较薄的地段或不适合设置斜井地段，需要增加工作面或解决长距离通风问题时，可以设置竖井。

竖井施工方法最常用的是自上而下单行作业法施工，并采用分段作业，完成一段之后，再进行下一段作业。自下而上的开挖法必须以正洞已超前竖井位置为前提，才能够使用。两种施工方法比较分析，自上而下更加安全，但是需要提升出渣，所以施工速度比较慢，而且造价较高。自下而上施工方法可以充分合理利用自由落体出渣，不需要进行提升出渣，施工进度较快，造价也比较低。但是，自下而上向上钻炮眼、装药、爆破等都相对较难，施工安全措施也需要进一步加强。根据工程地质和水文条件，竖井可以采用人工开挖或下沉沉井的方法进行施工。

（3）平行导坑

平行导坑主要是和隧道走向平行的坑道,特长隧道或者拟建双洞隧道,在施工时,不适合选择横洞、斜井和竖井等辅助坑道,经常采取开挖平行坑道的方法加以处理,并同时解决特长隧道施工的出渣与进料运输、通风、排水、施工测量和安全问题。平行导坑可比正洞超前掘进,可以进行地质勘察和地质预报,充分掌握正洞开挖前方地质状况,以便于及时变更设计和改变施工方法。平行导坑通过横向通道与正洞相联接,可以增辟正洞工作面掘进,加快施工速度,并进行通风巷道、排水、降低水位、进料出渣运输,可以将洞内作业分区段施工,尽量避免互相干扰。平行导坑可以构成洞内施工测量导线网,可以提高施工测量的精确度。

8.1.4 不同工法的施工技术控制要点与安全控制措施

（1）当斜井施工即将完毕,进入正洞前一循环时,按设计斜井断面向正洞方向掘进,采用一般挑顶工艺施工,交叉口斜井段提前安装钢拱架,距离20～25m范围段需要进行加强支护,开挖钻孔方向适当往上挑,保证开挖不超界,当开挖至正洞洞壁时,掉转钻机向正洞方向钻孔掘进,并适当找平岩面,开始正洞掘进施工,同时交叉口正洞段5m范围内安装钢拱架,确保洞体开挖安全与稳定。当正洞两方向开挖支护一段距离时,立即进行斜井落底施工。

（2）斜井方向掘进挑顶施工,拱圈部分钻孔角度上仰10°～30°,交叉口顶部比正洞高1.5m。

（3）斜井掘进,拱顶部分找至主洞拱顶,开始测量画线,控制进尺,保证不超欠挖,当斜井方向其中一侧开挖至正洞边墙时,停止斜井方向掘进。

（4）正洞方向掘进一个循环,主要是找平工作,找平后继续掘进开挖施工。

（5）斜井施工至正洞一侧开挖边缘时,在洞口处加强支护,采用架立 I20 型工字钢拱架密排,并与斜井支护连接成整体,形成马头门。

（6）马头门完成后,进入正洞采取横向直接挑顶开挖至设计轮廓,以形成正洞施工工作面,其开挖宽度与辅助导坑和正洞相交的长度相同,并按设计要求及时做初期支护,增加交叉口顶部支护措施,保证施工安全。

（7）横向挑顶开挖根据隧道开挖高度采用台阶法施工,人工风枪打眼,控制爆破,尽量做到一次开挖到位,避免超欠挖。进入正洞后在一定距离内采用台阶法开挖,然后再按台阶法加临时横撑或临时仰拱开挖。

8.1.5 辅助坑道进正洞挑顶施工技术

1）过渡方案

由于斜井与正洞为非正交相接,交角为 87°17′。钢架由垂直于横洞方向向平行于正洞线路渐变,由 HDK0+025 至 HDK0+000 段架立 I20 钢架,即斜井进洞左侧钢架间距为 0.3m,右侧钢架间距为 1.0m,使交叉口部最后一榀钢架平行于正洞线路。

2)加强支护交叉口

(1)交叉口部门架

交叉口部门架采用 I20 工字钢架加强支护,2 榀并联焊接为一体,且钢架用 $\phi 22$ 钢筋做连接筋加强,其间距为 0.5m。钢架支立完成后,在门架横梁上施打垂直正洞线路方向的小导管,小导管采用 $\phi 42$ 无缝钢管,间距为 0.4m,每根长为 3.0m,以便进正洞挑顶施工。因考虑到门架受力大,且跨度较大,在门架内架一榀直墙、圆弧拱顶的钢架共同承担门架受力,该钢架也为 2 榀并联焊接为一体,在安装就位后与门架焊接为一体。

(2)交叉口正洞顶部

交叉口部地段围岩较弱,且围岩处于三维受力状态,受力集中、复杂,要及时加强支护正洞顶部。在交叉口进入正洞方向上施打垂直正洞线路方向的小导管,小导管采用 $\phi 42$ 无缝钢管,间距为 0.4m,每根长为 4.0m。斜井开挖至 HDK0+025 时,断面支护形式仍按 6.2m×7.5m 的净空支护。斜井的起拱线位置比正洞拱顶支护的位置高 1.5m,在正洞位置加强支护钢拱架间距为 0.5m 一榀。当斜井支护到正洞最右侧时,开始支护正洞,正洞按设计断面进行支护,采用 I20b 型工字钢钢拱架,拱顶上部悬空的位置采用钢拱架及横撑加斜撑连接支撑,然后拱顶部位全部回填混凝土。向正洞两边开挖时每循环进尺不超过 2 榀拱架,并且及时支护。

3)挑顶施工

斜井口部施工完成后,为了方便挑顶施工,先施作临时脚手架,脚手架长为 17m,高为 5.2m,宽度为 6.5m,坡度为 20% 左右。脚手架顶部采用木板铺面,两侧设临时防护栏。脚手架施作完成后,开始挑顶施工,因考虑到交叉口开挖断面较大,进入正洞挑顶工作分两步进行,每个断面宽度为 4.8m 左右,先进行靠昆明方向的断面挑顶。考虑到正洞边墙为曲边墙,进入正洞过程中,正洞初支钢架与斜井交叉口的门架不易连接,因此在进入正洞的挑顶段采取了扩大正洞拱顶的开挖断面,若不进行扩大断面挑顶施工,正洞钢架靠交叉口处没有落脚点。综合考虑受力合理、措施经济等因素,根据现场实际情况,挑顶扩大断面采用圆弧段(圆弧半径 $R=6.65m$),圆弧起点为斜井交叉口部门架顶面,终点为正洞拱腰处,扩大断面挑顶高度为 2.86m。

垂直于正洞中线的开挖进尺控制在 1m 左右。每次开挖前垂直于正洞中线方向先施作超前小导管,小导管长 4.0m,间距 0.4m。顺线路方向的开挖宽度控制在 1.2m 左右,以便于安装 2 榀钢架。3 榀钢架架立完成后,用 I20 型框架支撑,立柱底脚铺 25a 槽钢,槽钢长 0.5 m,垂直地面打设 2 根长 1.0m 锁脚锚杆固定槽钢。钢架间喷射混凝土封闭,喷射混凝土前首先对掌子面进行喷混凝土封闭支护,按设计要求打设锚杆。沿正洞线路方向两侧打设超前小导管,导管长 4.0 m,环向间距 0.4m。挑顶开挖至正洞中线时,架立 I20 临时拱架,拱架底脚设 25a 槽钢铺底,并在槽钢两侧各设 2 根垂直于地面的 $\phi 22$ 锚杆,锚杆长为 1.0m 的锁脚锚杆固定槽钢。

4）斜井落底

施工中当正洞向进口方向开挖及支护 20m 距离时,开始把斜井 25m 变坡的位置底板高程下降,降到比内轨顶面低 0.815m,由于斜井直墙较高,因此每榀增加横撑,横撑在洞内加工。在正洞左侧斜井每边增加 2 根 I20 的立柱及横梁进行支撑,横梁与立柱间可采用螺栓连接也可使用电焊满焊,横梁使用两根 I20 工字钢对焊,作为正洞左侧拱脚托架。立柱采用 I20 工字钢,在斜井出口两侧每根立柱上打 $\phi42$、4.5m 长的注浆小导管,每侧 4 根,上下间距 0.8m,以加强立柱的稳定性。

（1）三角撑

为加固横梁所以增加三角撑。三角撑采用 I20 工字钢,三角撑与横撑上顶面之间成 30°夹角连接。三角撑一端与横梁间使用连接板加螺栓连接,另侧紧贴斜井拱顶,与所立钢拱架也使用连接板加螺栓连接,以达到支撑和斜拉作用。横梁底下所立钢拱架与横撑下顶面两端也采用三角撑,每边两道,角度分别为 30°、45°,采用焊接,焊缝饱满。

（2）立拱架

距离正洞左边线 0~10m 范围,型钢拱架须加强支护,具体为 0~5m 范围钢拱架采用 I20a 工字钢,间距 0.5m,5~10m 范围钢拱架采用 I20、间距 0.8m、钢拱架间采用 $\phi22$ 螺纹钢筋纵向拉杆焊接,拉杆环向间距 0.6m。钢拱架之间连接使用焊接 240mm×220mm×16mm 钢板,与设计 V 级 B 型复合式衬砌连接板型号和连接方式相同,使用 27mm×70mm 加强螺栓。在钢拱架上部焊接 $\phi8$、20mm×20mm 钢筋网片加强支护;并在拱顶安装两根 $\phi100$ 注浆管,拱架顶面与横梁紧贴并焊接,并加 $\phi22$ 螺纹钢筋帮焊,焊缝饱满牢固。钢拱架和钢筋网片在加工场加工合格后运入洞内安装。正洞所立钢拱架与横梁之间可加角钢焊接,也可焊接 240mm×220mm×16mm,钢板使用 27mm×70mm 加强螺栓连接。在斜井与正洞交叉口处降到比内轨顶面高程低 0.815m,后续立拱架与斜井上台阶拱架连接,并在拱底加横撑与上顶面拱架和横撑形成闭合状,达到稳定状态,便于下部施工的进行。

（3）喷射混凝土

完成以上结构后,正洞边墙和拱部喷射 C30 混凝土,与正洞大小里程已喷混凝土表面相平,无凹凸现象。斜井拱部,边墙和底板喷射 C30 混凝土,厚度 25cm。斜井 25m 段加强支护,采用 C30 模筑混凝土,混凝土厚度 30cm。使之达到闭合状态,以便安全地进行下部施工。

8.1.6 辅助坑道进正洞快速施工控制要点

（1）开挖以弱爆破为主,保证设计开挖轮廓,开挖面圆顺。

（2）做好超前地质预报工作,在斜井进入正洞施工前,采用 TSP、地质雷达等预报方式综合分析前方围岩情况,以便及时采取相应的措施。

（3）建立健全应急救援体系,制订完善的应急预案施,在隧道内发生掉块坍塌时启动应

急救援体系,确保把灾害损失降至最低程度。

(4)尽快施作连接段底板及仰拱混凝土,使支护封闭成环。

8.1.7 辅助坑道安全控制措施

(1)施工中必须加强围岩量测,根据量测结果及时反馈支护信息,确保支护措施安全合理。

(2)扩挖后必须进行初喷混凝土,及时封闭围岩,保证施工安全。

(3)交叉口段横洞进行加强支护。

(4)横洞与正洞掌子面施工时,应设专人值班,随时观察围岩及支护状态的稳定性。

(5)软岩地段隧道在开挖过程中,尽量减少挖掘机对隧道边沿的开挖,应采用人工风镐对隧道周边进行修整,减少对围岩的扰动,避免侧壁或拱顶掉块现象。拱脚、墙角应预留30cm 人工开挖,严禁超挖。软岩地段隧道拱墙脚严禁被水浸泡。开挖完毕后,应尽早对围岩进行支护封闭,减少围岩暴露的时间。

(6)在挑顶处设置缓行标志,必要时安排人员指挥交通。

(7)在向洞内运输爆破器材时,雷管与炸药放置在带盖的容器内分别运送。当人工运送爆破器材时,直接送到工作地点,严禁中途停留,且有专人防护;汽车运送爆破器材时,炸药与雷管分别装在两辆车内专车运送,由专人护送,严禁其他人员搭乘,汽车排气口加装防火罩。

(8)施工期间,现场施工负责人会同技术人员对各部支护进行定期检查。在挑顶变断面地段,每班责成专人检查。

(9)锚杆的质量、长度,喷混凝土的质量、厚度,以及钢拱架的安装位置、间距等严格按本方案施工。

8.1.8 其他辅助措施

辅助导坑与正洞形成的喇叭口,开挖断面大,作为施工通道放置时间长;围岩在应力重分布和应力释放的过程中,会引起支护结构产生位移、变形,甚至支护结构破坏,危及隧道安全。因此,在施工中建立严密的监控量测体系是保证安全的主要手段,同时也是调整支护参数的信息来源。应按要求布设拱顶下沉、净空收敛点,按规范要求做好量测工作。加强与正洞交接处的测量工作,保证高程、坐标以及开挖支护净空的准确性,及时记录所测数据,对监测成果进行分析,根据监控结论指导施工。

综上,辅助坑道进正洞是隧道施工工序的转换环节,其施工工序十分复杂,并且结构受力多元化,各工序之间的衔接十分密切。为了保障施工安全,必须为后续开挖、支护和衬砌等工艺开拓更大的空间,并全面加快施工进度和效率。另外,应积极引进并优化快速施工关键技术，斜井进正洞施工要充分合理地组织工序，并对工序交叉施工方案进行优化，在施工安全和质量的基础上，全面促进施工水平的有效提升，从而保证辅助坑道进正洞快速施工的整体质量。

8.2 隧道衬砌脱空防治施工关键技术

隧道衬砌施工过程中，泵送混凝土由于输送管远端压力损失、线路坡度、混凝土收缩等原因，容易造成衬砌拱部出现脱空，严重影响二次衬砌受力结构，施工中必须加强过程控制，预防二次衬砌空洞出现，对于工艺性空洞及时回填注浆，确保二次衬砌施工质量。在隧道衬砌防脱空方面，主要采取以下几点措施：

1）采用衬砌防脱空报警装置

隧道衬砌施工时安装衬砌防脱空报警装置，通过自动报警装置预判隧道拱顶混凝土施工浇筑是否饱满。

（1）工作原理：利用混凝土导电特性，在混凝土最容易脱空的拱顶安设电子接触器，当混凝土达到两端电子接触器后，进行传导，发出警报，达到检测脱空与否的目的。

（2）设备组成：电源（220V 交流电）、异变变压器（220～24V）、交流接触器、报警灯、传感线路。

（3）工作流程：准备工作→布设监控点→接通电路→设备操作→观察报警灯→注浆。

①准备工作：接通设备，进行设备调试，设备运转正常后开始布设监控点。

②布设监控点：监控点应布设到拱顶中线最高处，因该处混凝土最后达到，可检测混凝土是否脱空；纵向共布设 3 组监控点，即一模分三段检测；监控点布设须牢固，不得脱落，且需注意线路防漏电保护。

③接通电源：在专人指挥下接通电源，使 220V 电流进入 220～24V 异变变压器后，然后进入交流接触器转换为正负极，正极进入 A1、A2 暂时断开，等待混凝土浇筑到位后，报警灯指示。

④观察报警灯：当混凝土达到 P1、P2 接触器时，报警灯亮起，证明 P1～P2 段混凝土浇筑密实；其他两段同 P1～P2 段；混凝土作为导体接通 P1、P2 两点红灯亮，报警灯响，则表示一路仓满，可选择关掉报警器 1，但工作指示灯一直亮，其他两点工作原理同上，此报警器为高压交流接触器与低压 24V 交流接触器互锁低压控制高压。

⑤注浆：通过报警灯提示，在二衬台车脱模前对脱空部位进行注浆。

（4）原理图及实物图分别如图 8-1 和图 8-2 所示。

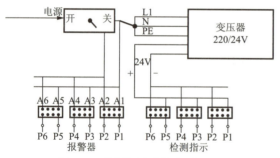

图 8-1 二衬防脱空报警装置工作原理图

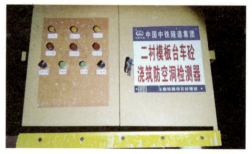

图 8-2 二衬防脱空报警装置实物图

2）施工过程控制

浇筑至拱顶位置时，及时振捣密实，人工通过敲击的方式检查二次衬砌混凝土是否浇筑饱满，检查排气孔是否堵塞，拱顶混凝土浇筑过程中必须连续，同时确保混凝土和易性。

3）回填注浆

（1）工艺原理

通过在浇筑混凝土前预埋注浆管与排气管，混凝土浇筑结束后及时从预埋注浆管处进行注浆。

（2）注浆工艺流程

拱顶带模注浆施工的主要流程为：安装注浆管→二次衬砌混凝土浇筑→安装注浆设备并制备浆液→注浆→拆卸、脱模。隧道衬砌拱顶充填注浆工艺流程图详见图8-3。

图 8-3 隧道衬砌拱顶充填注浆工艺流程图

（3）注浆管设置

注浆管纵向与正面布置见图8-4和图8-5。拱顶纵向设置两个 $\phi 32$ 的 PVC 管，一根作为排气管，一根作为注浆管，同时能够通过注浆管判断拱顶混凝土浇筑是否饱满。

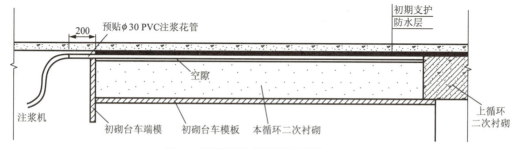

图 8-4 注浆管纵向布置图（尺寸单位：mm）

（4）浆液的配置

在衬砌混凝土达到设计强度即可进行衬砌拱顶充填注浆，注浆压力 0.2MPa，注浆材料采用 M20 水泥砂浆，注浆达到设计终压后即可终止注浆。注浆结束后应将注浆孔封填密实。浆液要求连续拌制，拌制过程中严格监控材料用量，确保浆液的质量。

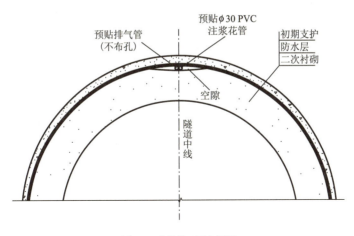

图 8-5 注浆管正面布置图

（5）注浆

①注浆液制备及带模注浆。在衬砌混凝土达到设计强度即可进行衬砌拱顶充填注浆，注浆材料采用 M20 水泥砂浆，注浆结束后应将注浆孔封填密实。浆液要求连续拌制，拌制过程中严格监控材料用量，确保浆液的质量。

②观察压力表和排气孔出浆。注浆结束标志以排气孔和端头模流出浓浆为准。若台车模板处出浆压力达到 1.0MPa，仍未出浓浆，应更换排气孔注浆，直至中间排气孔和端模排气孔流出浓浆时停止注浆。

③注浆结束，卸下注浆机软管，将灌浆管孔封堵密实。

④现场记录注浆总量、注浆开始时间和结束时间。

8.3 隧道衬砌多功能端头定型钢模安装止水带施工关键技术

随着近几年国家交通基础设施的大力发展，高速铁路建设项目逐年增加，对隧道施工质量及运营安全提出了更高要求，特别是在高速铁路隧道交工验收时，对隧道防排水、施工缝处理等的检查验收十分严格。通过以往经验总结，若将以前的工艺、工法运用到高速铁路施工中将不能满足要求。

目前，在建山岭隧道衬砌端头模板多数使用木模板，在高速铁路隧道施工中，因结构设计复杂，混凝土及防排水施工质量要求较高，如仍采用木模板工艺则会存在以下弊端：

（1）中埋止水带定位不准确，止水效果不理想且影响运营安全。具体表现为：一是需要将止水带折叠安装定位，容易造成止水带折断破损；二是止水带定位不居中，靠衬砌内侧太近则容易造成衬砌混凝土掉落,影响运营安全。

(2)施工缝质量较差,影响运营安全。木模板在安装过程中难免会出现缝隙,在混凝土浇筑过程中会出现漏浆现象,导致衬砌之间环向施工缝混凝土局部酥松、缺棱掉块,在高速运行的列车作用下,极易导致衬砌混凝土掉块砸伤列车,影响运营安全。

(3)在施工过程中,木模板安装不牢固,在浇筑混凝土过程中经常出现爆模现象,影响施工进度。

(4)在整个建设过程中,使用模板数量巨大,重复周转利用率低下,对生态环境破坏较严重。

针对以往施工现状和存在问题,对以往衬砌端头模板进行了重新设计和改进,采用衬砌端头定型钢模板,为隧道衬砌施工提供了一种新的施工方法。

8.3.1 衬砌端头定型钢模板的设计、制作和施工

1)工作原理

将模板内侧块与预先在台车安装的滑杆安装在一起,将内侧模板间采用螺栓连接形成一个整体结构。将中埋止水带按照1/2宽度位置平顺的放置在内侧模板顶面。采用螺栓将外侧模板与内侧模板连接并拧紧。采用反向牛腿将端头模板支撑加固即可浇筑衬砌混凝土。拆模板前先将外侧与内侧、内侧与内侧模板间螺栓拆除,沿滑杆向外拖拽内侧模板后即可脱模。

2)端头定型钢模板设计及制作方法

通过对以往使用模板存在弊病的分析,结合对隧道衬砌结构和防排水系统的充分研究,彻底改变传统工艺,研究出一套结构稳定、安拆方便快捷、多功能的衬砌端头模板,目的是为加快施工进度、提升混凝土及施工缝防水质量。

(1)确认模板台车结构尺寸:校正模板台车,确保模板台车没有变形,确认台车结构尺寸符合设计要求。

(2)材料规格型号的选用:为确保端头定型钢模板结构的刚度及稳定性,选用厚度为8mm钢板制作端头定型钢模板;滑杆选用直径为50mm的钢棒制作,以确保其耐久性;模板间连接螺栓选用M20高强螺栓。

(3)单块端头定型钢模板的确定:为便于工人操作,按照衬砌设计结构尺寸分段设置37组模板,每组由A1(内侧块)、A2(外侧块)块组成,单块模板长度不大于70cm(最好为衬砌分布钢筋间距的整倍数),且单块质量不超过40kg,如图8-6所示。

(4)单块端头定型钢模板的结构组成:每个A1块端头定型钢模板由面板(1块)、中埋止水带夹板(1块)、加劲板(2块)、滑杆套管(2个)、滑杆(2根)等结构组成。具体结构尺寸如图8-7~图8-10所示。

每个A2块端头定型钢模板由面板(1块)、加劲板(2块)、中埋止水带夹板(与A1模板结构一致)组成,具体结构尺寸如图8-11和图8-12所示。

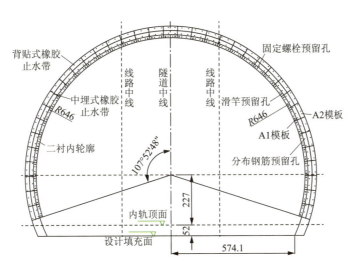

图 8-6　铁路双线隧道拱墙衬砌挡头模板布置图(尺寸单位:cm)

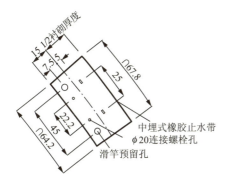

图 8-7　A1 模板正面构造图(尺寸单位:cm)

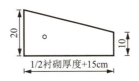

图 8-8　A1 模板加劲板构造图(径向)(尺寸单位:cm)

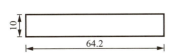

图 8-9　A1 模板加劲板构造图(环向)(尺寸单位:cm)

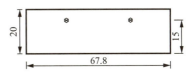

图 8-10　中埋止水带夹板构造图(尺寸单位:cm)

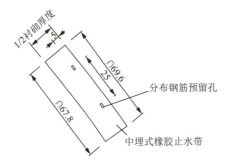

图 8-11　A2 模板正面构造图(尺寸单位:cm)

图 8-12　A2 模板加劲板构造图(径向)(尺寸单位:cm)

(5)细部结构设计:中埋止水带夹板宽度为(1/2止水带宽度+5)cm,在1/2止水带宽度位置设螺栓孔,采用螺栓位置限定中埋止水带外露宽度满足设计要求;面板设长度为3cm的长条形分布钢筋预留孔,中心间距满足衬砌分布钢筋间距;滑杆长度以60cm为宜,且滑出长度满足分布钢筋纵向搭接长度要求。

(6)制作方法:面板、中埋止水带夹板、加劲板、滑杆套管等构件采用焊接连接,焊缝厚度不小于6mm且焊缝饱满;单块模板间采用螺栓连接。

3)施工步骤和方法

(1)前置工作完成:模板安装前需完成防水板铺设、衬砌钢筋绑扎(如有)、台车就位、结构尺寸测量。

(2)安装模板内侧块:模板台车校正后在台车端头加装滑杆,模板内侧块安装在台车上滑杆的末端,将面板钢筋预留孔与分布钢筋对准后将端头模板沿滑杆推至模板台车端头位置并采用螺栓拧紧,之后将内侧模板间采用螺栓连接形成一个整体结构,见图8-13。

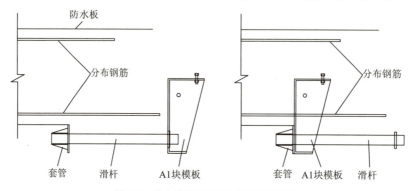

图8-13 端头模板A1块(内侧块)安装定位

(3)安装中埋式止水带:端头模板内侧块安装完成后将中埋止水带按照1/2宽度位置平顺的放置在内侧模板顶面。安装外贴式橡胶止水带与防水板粘接牢固,见图8-14。

(4)安装模板外侧块:将模板外侧块钢筋预留孔对准分布钢筋推至与内侧块止水带夹板重叠位置,将内、外侧块采用螺栓拧紧,以保证止水带定位准确、牢固,见图8-15。

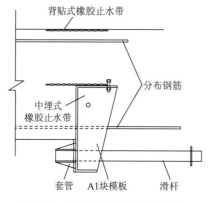

图8-14 中埋止水带、背贴止水带安装

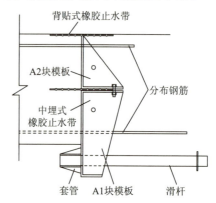

图8-15 端头模板A2块(外侧块)安装定位

(5）反向牛腿安装：反向牛腿将端头模板与衬砌台车支撑加固，即可浇筑衬砌混凝土，见图 8-16。

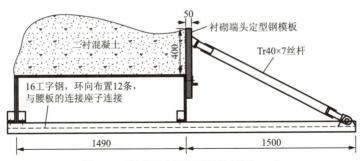

图 8-16　反向牛腿支撑设计图（尺寸单位：mm）

(6）端头模板拆除及台车脱模：先逐个拆除反向牛腿，之后松动所有模板间螺栓，然后从上向下逐个拆除外侧模板，外侧模板沿分布钢筋向外拖拽即可，拆除后将外侧模板放置在指定的安全位置；从上向下逐个沿滑杆向外拖拽内侧模板，将内侧模板拖拽至分布钢筋末端或滑杆末端即可，无需全部拆除下来；最后松动台车液压油缸即完成台车脱模作业。

8.3.2　衬砌端头定型钢模板的运用

采用本工法，大大减少了隧道施工缝渗漏水的质量问题，有效解决了施工缝掉块和止水带外漏的质量通病，在施工过程中有效提高了作业人员的工作效率，降低了混凝土浇筑过程中爆模的频次，从未发生安全事故；大大减少了木材的使用量，在减少成本支出的同时利于环境保护。

1）工程概况

云桂铁路云南段Ⅰ标富宁隧道位于云南省富宁县新华镇那农村境内，设计为客货共线双线隧道（开行双层集装箱），隧道起止里程 D4K339+026～D4K352+651，全长 13625m。其中Ⅲ级围岩 4020m，Ⅳ级围岩 6500m，Ⅴ级围岩 3083m，进口双耳式明洞 14m，隧道一般埋深 100～400m，最大埋深 455m，最小埋深为 10m。设计行车速度为 200km/h，并预留 250km/h 条件。

本隧道设置为"两横洞+两平导+一斜井"的辅助坑道模式，其中富宁隧道斜井设置于 D4K346+721.678 线路左侧，与线路中线平面夹角为 90°，坡度 8.8%，平长 645m，原设计为无轨单车道运输，通过经济方案比选后改为无轨双车道运输。

隧道防水等级必须达到《地下工程防水技术规范》（GB 50108—2008）规定的一级防水等级标准，衬砌结构不允许渗水，表面无湿渍。暗洞拱墙设置 EVA 防水板加无纺布；拱墙环向施工缝设置中埋式橡胶止水带+外贴式橡胶止水带，仰拱环向施工缝采用中埋式橡胶止水带；纵向施工缝设置中埋式钢边止水带+遇水膨胀橡胶止水条；变形缝采用中埋式钢边橡胶止水带+外贴式橡胶止水带+聚苯乙烯硬质泡沫板+双组份聚硫密封膏嵌缝材料进行防水处理，详见表 8-1。二次衬砌混凝土施工后，拱部进行回填注浆。拱墙每 10m 设 1 环

$\phi50$ 软式透水管、两侧边墙纵向设 $\phi80$ 双壁打孔波纹管;环向盲管直接弯入侧沟,纵向盲管通过 135° 弯入侧沟,侧沟通过 $\phi100mm$ 的 PVC 管(间距 10m)与中心水沟连接。

暗挖隧道防排水措施   表 8-1

工程部位	主体		环向施工缝		纵向施工缝		变形缝			
			拱墙	仰拱						
防水措施	防水混凝土	防水板（土工布）	中埋式橡胶止水带	外贴式橡胶止水带	中埋式橡胶止水带	中埋式橡胶止水带	遇水膨胀橡胶止水条	中埋式钢边止水带	外贴式橡胶止水带	聚苯乙烯硬质泡沫板	双组分聚硫密封膏嵌缝材料

2）运用情况

衬砌端头定型钢模板在云桂铁路富宁隧道、平贯 2 号隧道取得了成功运用,施工效果良好,中埋止水带无一外漏,施工缝渗漏水现象明显改善,施工缝处混凝土密实,无酥松、缺棱掉块现象,外观质量较好,大幅度提升了衬砌实体质量,为今后运营安全提供了基础保障,见图 8-17 和图 8-18。

图 8-17 中埋止水带脱模后效果

图 8-18 环向施工缝

初砌端头定型钢模板的施工步骤如下:

(1)首先校正模板台车,确保模板台车没有变形,结构尺寸符合设计要求。

(2)将模板内侧块与预先在台车安装的滑杆安装在一起,将内侧模板间采用螺栓连接形成一个整体结构,见图 8-19。

a)

b)

图 8-19 模板安装

(3）将中埋止水带按照 1/2 宽度位置平顺地放置在内侧模板顶面,见图 8-20。
(4）采用螺栓将外侧模板与内侧模板、外侧块与外侧块模板连接并拧紧,见图 8-19。
(5）采用反向牛腿将端头模板支撑加固牢固即可浇筑衬砌混凝土,见图 8-21。
(6）拆模板前先拆除反向牛腿,然后将外侧、内侧模板间螺栓全部拆除。
(7）沿滑杆向外拖拽内侧模板后即可脱模。

图 8-20　中埋止水带安装　　　　　图 8-21　反向牛腿支撑设计图

3）经济效益分析

优化了衬砌端头施工缝中埋式止水带安装所使用的材料,定型钢模板损耗小,一套定型模板可满足一个作业面施工任务的需要,而木模板损耗量大,节约了木材,也减小端头模板安拆的工作量,整个富宁隧道 7 个正洞衬砌作业面全部采用定型模板后,木模与钢模主要成本投入比较如下。

（1）端头木模板。

① 木材。

每组衬砌木材使用量:27m×0.7m×0.05m=0.945m³。

衬砌组数:(13625+2625)m/11.9m/ 组 =1366 组。

总木材使用量:1366×0.945=1290.87m³。

使用母材总费用:1290.87m³×0.2 万元 /m³=258.17 万元。

按照每组衬砌台车所需木材可以施工四组衬砌,则总费用需要 64.54 万元。

② ϕ6.5 钢筋卡:27/0.5×0.6m/ 根 ×0.26kg/m×1366 组 ×4.75 元 /kg/10000=5.47 万元。

③ 合计:64.54+5.47=70.01 万元。

（2）端头定型模板。

① 模板加工:3.79 万元 / 套 ×7 套 =26.53 万元。

② 堵头模板现场改装费:1.3 万元 / 台 ×7 台 =9.1 万元。

③ 合计:35.63 万元。

（3）定型钢模比木模板节约成本 34.38 万元。

通过以上经济效益必选,两座总长度为 16250m 的隧道竣工后,采用定型钢模板比木模板节约 34.38 万元,其中仍未包含采用定型钢模板的残值。

8.4 无骨架模板台车施工关键技术

二次衬砌是隧道施工的主要工序,其线形、净空及表面质量的好坏直接影响工程评优。修建大跨度、大断面隧道及地下建筑工程,需要施工大方量的混凝土二衬结构。隧道衬砌施工由过去的手工操作走向综合机械化,提高隧道衬砌质量和工作效率是施工的最大需要,同时营造一条观光风景线及精品工程意识的增强,隧道二衬的美观越来越受到建设方及社会各界的关注,并提出了严格要求。本文结合云桂铁路富宁隧道出口隧道二次衬砌使用无骨架模板台车就位、管理以及二衬混凝土浇筑的总结,掌握大跨度隧道二次衬砌模板台车施工技术,使隧道二衬施工质量得到保证。

8.4.1 二次衬施工条件的选定

二次衬砌应在围岩和初期支护变形基本稳定之后施作。围岩变形量较大,流变特性明显时,要加强初期支护并及早施作仰拱和二次衬砌。同时,必须遵循软弱围岩紧衬砌,Ⅴ、Ⅳ级围岩二次衬砌均要求应及时制作;对于Ⅴ级围岩,二次衬砌要求与掌子面的滞后距离不大于80m,Ⅳ级围岩二次衬砌滞后距离不大于140m,Ⅲ级围岩段要求在围岩变形基本稳定后制作,距掌子面距离不大于200m。当围岩变形过大,初期支护力不足时,应及时反馈,以便及时加强初期支护,或修改二次衬砌设计参数及提前施作模筑混凝土。在制作带仰拱的二次衬砌时,应先浇筑仰拱,再浇筑洞身墙拱二衬混凝土,遵循先拱后墙、由下而上的施工方法。

8.4.2 工艺特点

(1)衬砌质量高

采用无骨架新型隧道模板台车,不仅达到了内实外美的质量效果,而且基本杜绝了隧道衬砌渗漏水现象。衬砌施工过程中台车定位速度快,接管、浇筑、振捣容易,不易跑模,能提高衬砌混凝土的内在和外观质量。

(2)施工速度快

无骨架新型隧道模板台车设计结构新颖,现代化程度高,增大了有效净空面积,减小了隧道排风阻力,新型台车结构稳定,操作方便,整体刚度大,结构变形小,稳定性可靠。由于施工机械化程度高,从混凝土生产、运输、上料到模板就位、脱模均为机械化一条线流水作业,提高了施工速度和工作效率。

(3)劳动力投入少

由于施工机械化程度高,使用方便,降低了劳动强度,大大减少了劳力的投入。循环作业时间短,能较大幅度地提升衬砌施工能力,既缩短了施工时间,又节省了经济投入,文明环保,施工安全性得到提高。

8.4.3 无骨架衬砌台车的构造原理

无骨架新型隧道模板台车,整套模板系统通过八个小臂与底部平台的滑动机构连接,滑动机构通过底部平台侧面的四个油缸实现边模的开合,从而实现立模与收模;该模板台车微调性能好,下部安装有模板台车自动报警装置,通过一套位移传感器控制模板衬砌过程中的位移,可使错台减小,衬砌表面平整度提高;增加了伸缩底模,可使底模与仰拱紧密接触,实现了衬砌不跑模;台车内净空增加,减少了风阻,改善了大直径通风管的穿越条件;底部平台上方为车辆行走平台,台车作业时,支撑在地面,供车辆行走;台车移动时,四个举升油缸将底部平台升起,一并行走。

8.4.4 施工工艺流程及操作要点

1)施工工艺流程

无骨架新型隧道模板台车衬砌施工工艺流程见图 8-22。

2)模板台车设计、加工和组装

无骨架新型隧道模板台车,由台车模板总成、底部平台、液压系统、电机控制系统组成,其主要结构见图 8-23。

台车组装时,以前进方向模板为首榀模板,先安装第三榀模板。整体往洞内运输顺序为:基础底架→横移架→第三榀下模板及花架支撑→第四榀下模板及花架支撑→第五榀下模板,待上述安装完毕后再运输第四榀上模板进行安装,然后依次对第六、七、八榀下模板及其上模板进行运输安装。待此侧安装完毕后,将其余模板运至另一侧进行反向安装。

3)监控围岩及初支的稳定状况,确定二衬的施工时间

监控拱顶下沉及断面收敛情况以确定二衬施工时间。当满足以下条件时方可进行二衬施工:

(1)断面的位移速率明显收敛,围岩基本稳定。

(2)周边位移速率小于 0.1mm/d,或拱顶下沉速率小于 0.07mm/d。

(3)二衬前的位移已达总位移的 80% 以上。

(4)初期支护表面裂缝不再发展。

(5)对于 II 类围岩,当不满足这些条件,围岩有失稳迹象时,为了控制过大变形以及安全需要可以提前进行二次衬砌施工。

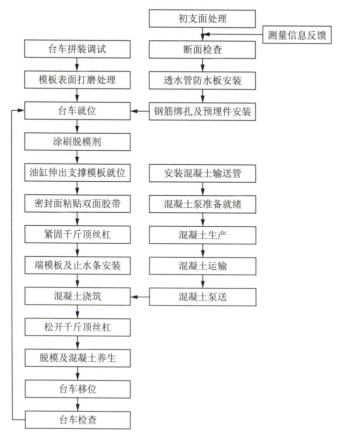

图 8-22 无骨架新型隧道模板台车衬砌施工工艺流程图

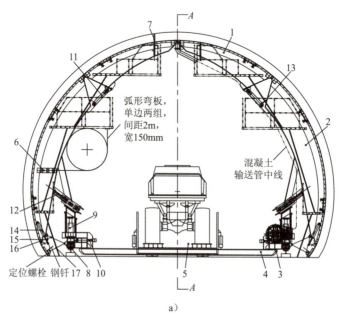

a)

图 8-23

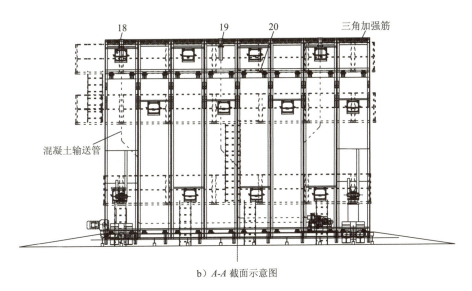

b）A-A 截面示意图

图 8-23 无骨架新型隧道模板台车结构示意图

1- 顶模板总成；2- 边模板总成；3- 基础底架；4- 支撑底架；5- 车辆行走支架；6- 风筒安装架；7- 排气管；8- 行走装置；9- 升降油缸；10- 平移油缸；11- 展开油缸（上）；12- 展开油缸（下）；13- 固定连接杆；14- 底模展开油缸；15- 连接丝杠（一）；16- 连接丝杠（二）；17- 连接丝杠（三）；18- 工作窗；19- 注浆口；20- 行走梯

4）防水层施工

（1）初期支护表面处理

在防水层铺设前，先仔细检查喷射混凝土表面是否平整和钢筋头露出，对表面凹凸不平和空洞处用喷射混凝土补平，对外露的钢筋头用电焊切除并用锤铆平抹砂浆素灰补平。处理完毕后方可进行防水卷材的铺设。

（2）塑料透水盲管的挂设

为了有效的排除二次衬砌背后的积水，在初期支护和防水板之间背后按5m的纵向间距设置环向透水盲管，局部有渗水严重地段，采用弹簧半管加密措施。环向盲管和半管的水通过设在衬砌底部的纵向排水管和仰拱回填里的横向排水管引到中央排水沟里，最终引到洞外。

（3）防水层的铺设

铺设土工布和防水板在自制简易台架或台车上进行，上部采用现场使用的钢管或槽钢弯制成与隧道拱部形状相似的支撑架，用丝杠与台架连接，以便升降。施工时先铺设土工布，用射钉将土工布固定牢固，然后铺设防水板。

挂防水层台车如图 8-24 所示。

①防水卷材的铺设

a. 防水板应在初期支护基本稳定后进行，防水层材料的物理力学性能要符合设计要求。

b. 防水板铺设前，应用电焊或氧焊将初期支护外露的锚杆头、钢筋网头等铁件齐根切除，并抹砂浆遮盖，以防刺破防水板。对于开挖面严重凹凸不平的部位须进行修凿和找平，方可铺设防水卷材。

图 8-24　挂防水层台车

②防水板铺设和锚固

用射钉枪将吊挂肋条锚固在喷锚支护上。水泥钉长度不得小于 50mm,平均拱顶 3～4 点 /m²,边墙 2～3 点 /m²。

③防水板的焊接

复合型防水板的规格可以根据不同的断面要求提前预订生产,宽度一般以 3m 为宜。长度根据不同的断面要求来定做。此种搭接为环向搭接,防水板搭接宽为 15cm。采用自动爬焊机焊接,局部用热熔的方法配合焊接。防水板须进行检查是否有变色、波纹(厚薄不均)、斑点、刀痕、撕裂、小孔等缺陷,如果存在质量疑虑,应进行张拉试验、防水试验和焊缝抗拉强度试验。

④防水板的焊接质量的检验

防水板要求焊接质量良好,应无漏焊、假焊、烧焦等到现象。对搭接焊缝及吊挂点焊缝进行检查,防水板焊缝采用真空加压检测来检查焊接质量。防水板焊接后,封闭焊缝的一端,从另一端开口处充气并施加气压,在 0.2MPa 压力作用下,5min 不得小于 0.16MPa,说明焊缝合格,否则焊缝为不合格,应拆除重新焊接。防水板铺设后,注意钢筋运输、绑扎等可能对防水板造成损伤。在对钢筋进行接头焊接时,须用石棉板挡隔保护,以防损坏防水板,当发现防水板损坏时,应及时修补,以满足质量要求。

5)衬砌钢筋

衬砌钢筋的加工完全按照图纸和相关规范进行加工,钢筋加工在洞内加工,成批之后进行钢筋安装定位。

(1)钢筋表面应将油渍、漆皮、气泡、鳞锈等清除干净。

(2)钢筋弯钩应采用规范规定的标准弯钩。

(3)钢筋接头宜采用搭接电焊,双面焊时焊缝长不小于 $5d$(d 为钢筋直径),单面焊时不小于 $10d$,主筋焊条的强度,不应小于钢筋的强度。同一断面,受拉区钢筋的接头面积最大为 50%,受压区不受此限,接头错开距离应为 $35d$,但不得小于 50cm。

(4)当采用绑扎接头时受拉区 C25 混凝土搭接长度 I 级钢为 $35d$,II 级钢为 $55d$。接头错开距离不小于 1.3 倍搭接长。接头面积受拉区为 25%,受压区为 50%。

(5)钢筋安装时,主筋间距偏差不大于 ±10mm,箍筋间距偏差不大于 ±20mm,两层钢

筋间距偏差不大于 ±5mm。

（6）钢筋保护层应符合设计要求，钢筋与模板间宜加混凝土垫块固定，防止浇筑混凝土时钢筋移位。

防水板铺设和钢筋绑扎完成如图 8-25 所示。

图 8-25　防水板铺设和钢筋绑扎完成

6）台车行走及定位

（1）台车行走前准备

①台车行走前要检查地螺杆是否旋起，防止损坏螺杆及台车。

②台车行走底模和边模应处于收回状态，防止台车行走时与其他物体发生干涉；横移油缸应处于中间状态，使横移架处于中间可调整位置。

③台车行走前要清理仰拱地面，防止台车到位后出现栈桥无法与地面有效接触、损坏栈桥的现象发生。

④台车行走应清除台车周围的物品，防止行走时刮伤模板表面和碰撞台车。

⑤台车行走前检查台车的电缆线应整理好。

⑥台车行走前要铺放好导轨，枕木铺设完成后，导轨的铺设要严格关于隧道中线对称，防止中线偏移过大，而使横移架难以满足台车中线的调整需要。

（2）台车行走

在台车行走的过程中要密切观察台车是否与其他物体发生碰撞，电缆线拖动是否顺利，导轨是否发生倾斜，以防止事故发生。一旦有问题出现，要立即停车，将问题排除后再进行行走。如果导轨倾斜严重，要将台车退回，将导轨摆正后再进行移动台车，以防止导轨翻转的情况发生。

（3）台车就位前的准备

在台车就位前要清除台车表面黏附的混凝土块，并均匀涂上脱模剂，以防止影响脱模及衬砌的表面质量。

（4）台车就位

就位时先就位台车的后端面，再就位台车的前端面，两个端面的就位方法相同，所以这里就介绍后端面的就位过程。

首先要将模板的中线与隧道的中线对齐。均匀升起四个升降油缸，将台车升起使模板的最高点与上环衬砌的最高点相距大约5cm左右,然后通过横移油缸调整模板台车,使模板台车的中线与隧道中线对齐,其次将边模展开。将中心线对齐后,伸出边模油缸,将两侧边模推到距上次衬砌面约7～10cm的地方,根据观察搭接模与衬砌间的缝隙,对模板进行进一步的调整,消除模板与衬砌间的缝隙。最后展开底模,将伸缩底模拉出即完成就位。

测量组配合衬砌班组进行模板台车就位,其中线、高程、断面尺寸和净空大小必须符合设计图纸要求。

7）加固台车

为保证台车在浇筑混凝土时油缸基本不受力,就位完成后要对台车进行加固。将底部螺杆向下旋紧,保证底部螺杆与地面有效接触。安装边模丝杆,将边模固定,然后安装底模丝杆。安装完成后,要多次反复旋紧各丝杆,以保证每个丝杆都要旋紧。

8）浇筑混凝土

拱墙二次衬砌采用无骨架新型隧道模板台车、混凝土搅拌运输车运输、泵送混凝土灌注,振捣器捣固。灌注起始,应从距离基础上约1.5～2m处的作业窗开始灌注,并注意倒换灌注位置,防止局部受力过大引起变形,灌注过程中,严格控制左右高差不大于80cm。严禁由拱顶直接浇筑,灌注混凝土时两侧要尽量均匀灌注,振动棒振捣。当混凝土高度达到第一个作业窗的位置时,开启辅助振动器,振动器要间断开启,且每次开启时间不宜过长,应控制在30s以内。当混凝土注入高度达到边模与顶模铰接位置时,振动器开启时间可根据需要适当延长。

9）脱模

灌注结束后,养护到规定时间,即可准备脱模。脱模时要先拆除堵头板和边模丝杆及底模丝杆,然后将升降油缸的螺杆旋下,将顶部的抗浮螺杆旋下。之后收起底模,将边模收回,缓慢降下升降油缸进行脱模,当脱模完成后,将底部螺杆旋起,并将横移架移动到中间位置,为下次就位做准备。台车模板与已衬砌表面搭接时,搭接长度不大于100mm,以免搭接过长造成错台。

10）注意事项

(1)在就位过程中,操作油缸时一定要使同类油缸均匀伸缩,如果油缸伸缩差别太大,则可能导致油缸产生严重的径向变形,而使油缸无法正常伸出。

(2)在加固台车过程中,要保证每个丝杆都是向外顶紧,而不是向内拉紧,否则可能出现模板变形的现象。旋紧顶部的抗浮螺杆,将螺杆顶到洞顶,以防止在灌注时台车产生上浮。

(3)使用后的调整:一个工作循环后要检查各部位螺栓、销子的松紧状况,对各种连接件重新检查紧固,按期保养设备。

(4)电力线选择:混凝土输送泵是隧道内用电负荷最大的设备,一定要按功率大小和隧道长度选择足够的导线截面,保证混凝土泵工作电压正常。

11）劳动力组织

根据施工现场工程量和施工环境情况,劳动力组织见表8-2。

云桂铁路富宁隧道其他施工关键技术 | 第 8 章

劳动力组织情况表　　　　　表 8-2

序 号	人员、工种	数 量	工作内容及分工
1	工班长	1	现场指挥协调
2	技术人员	2	施工技术指导
3	钢筋工	8	钢筋加工及安装
4	挂布工	4	挂设土工布、防水板
5	电工（兼）	1	电力安装维修
6	测量人员（兼）	2	施工测量
7	搅拌站人员	2	搅拌机司机 2 人
8	装载机司机	1	搅拌站砂石料上料
9	输送泵司机	1	混凝土泵使用维修、上料
10	混凝土输送车司机	2	混凝土输送车使用保养
11	台车人员	8	模板工 4 人，混凝土捣固工 2 人，杂工 2 人
合计		32	

8.4.5　材料与设备

本工法所用材料已在施工工艺流程及操作要点中说明，无需特别说明的材料，采用的机具设备见表 8-3。

机具设备表　　　　　表 8-3

序 号	设备名称	规格、型号	单 位	数 量
1	装载机	ZLC50	台	1
2	拌和机	HZS120	座	1
3	混凝土运输车	$8m^3$	辆	4
4	输送泵	HBT60A	台	1
5	无骨架新型隧道模板台车	12m	台	1
6	振动棒	ZX-50-8	台	4

8.4.6　质量控制及保证措施

1）工程质量控制标准

无骨架新型隧道模板台车施工质量控制按《客运专线铁路隧道工程施工指南》（TZ 214—2005）以及《客运专线铁路隧道工程施工质量验收标准》铁建设 [2005]160 号的标准执行。

2）质量保证措施

（1）堵头模板安装必须稳固牢靠，接缝严密，不得漏浆。

（2）操作油缸时一定要使同类油缸均匀伸缩，防止油缸产生较严重的径向变形。

（3）堵头模板安装时，先用钢钎将伸缩底模固定好，各伸缩底模间的缝隙要用适当的木块填堵，确保不出现较大的错台而影响衬砌外观质量。

（4）混凝土浇筑时，泵送混凝土入仓自下而上，分层对称浇筑，防止偏压使模板变形。当

177

混凝土浇筑达到第一个作业窗口位置时,间断开启辅助振动器,每次开启的时间不宜过长,控制在 30s 以内。

(5)在混凝土浇筑时,若出现台车位移控制传感器自动报警,应立即停止浇筑混凝土,检查台车中的丝杆是否拧紧,加固措施是否到位。

(6)提高混凝土表面光洁度。

①使用前对台车模板表面要认真进行打磨处理,使用后对粘模的混凝土及时清除。

②刷涂脱模剂要固定专人负责,刷涂要均匀,防止多涂漏涂。

③经常调整、紧固模板连接螺栓,检查台车是否变形,避免模板接缝出现错台。

④严格执行混凝土配合比,按规定添加混凝土辅料。

⑤振捣方法一定要得当,尽量使每个位置都振捣,即便在模板外面通过敲打外膜面板的方法也有很好的振捣效果。

⑥在混凝土配合比上可以适当加入适量减水剂和粉煤灰,可以改善混凝土的性能和外观颜色。

二次衬砌混凝土成品如图 8-26 所示,止水带安装示意图如图 8-27 所示。

图 8-26　二次衬砌混凝土成品

图 8-27　止水带安装示意图

(7)施工缝和沉降缝的施工。对衬砌应周密设计施工缝、沉降缝的构造和位置,沉降缝在衬砌结构变化出设置,缝宽 2cm,采用中埋式橡胶止水带防水,内填沥青麻絮。沿衬砌设计轴线间隔 0.5m 在堵头板上钻一个直径 12mm 的孔,将加工成型的 ϕ10 钢筋卡由待模筑混凝土一侧穿入内侧卡紧止水带之半,另一半止水带平结在堵头板上,待模筑混凝土凝固后拆除堵头板,将止水带靠中心钢筋拉直,然后弯曲钢筋卡套上止水带,模筑下一模混凝土。施工缝的施工工艺同沉降缝一样不再重复。

8.4.7　安全措施

(1)必须遵守《建筑安装工人安全技术操作规程》及《建筑机械使用安全技术规程》。

(2)新型无骨架模板台车动力电源电压为 380V,电工必须经过培训方可上岗,操作时需穿绝缘鞋。

(3)台车行走前必须认真检查车辆行走平台离地面的高度,防止平台与地面剐擦,拉坏台车;而且在行走前必须检查各操作平台上物品是否摆放稳妥,确保人、物安全。

(4)车辆行走平台下方支撑必须垫稳,不得临空,防止车辆行走导致平台架变形,牵连台车变形。

(5)由于台车受力部位为模板总成,应注意经常对模板台车模板进行清理,以便观察各个部位的变形状态。

(6)在车辆行走平台前方应做好警示标识。过往车辆通过车辆行走平台时,要减缓行车速度,谨慎操作,安全通过。

(7)不得从台车操作平台上向下抛投物品,防止砸坏车辆行走平台,影响行车。

8.4.8 环保措施

(1)无门架新型隧道模板台车在安装、拆卸过程中应注意润滑油、机油等对环境的污染。

(2)由于无门架新型隧道模板台车采用的都是重型钢材,材质较好,在使用过程中应注意保护,不要被碰撞损坏,以便重复利用。

(3)应随时保持台车的清洁,以便观察台车的运行状态。防止达到极限破坏,导致浪费。

(4)车辆行走平台下方必须支撑、垫设稳固,减少车辆通行产生噪音。

8.4.9 效益分析

(1)本工法能快速地进行施工,缩短了循环作业时间,保证了施工步距,避免了因施工步距不达标而引起的掌子面停工,在保证安全的前提下加快进度节省人工、机械费,从而节约了成本。

(2)无门架新型隧道模板台车与旧式门架台车相比,净空面积增加了47%,减小了阻风率,通风更加顺畅,改善了洞内作业环境。

(3)无门架新型隧道模板台车移位、定位时间快,循环作业时间减小,缩短了工期,同时在施工安全、质量、进度、形象等方面取得了良好的效果,赢得了业主和社会各界的广泛好评。

8.5 CRTS I 型双块式无砟轨道施工关键技术

8.5.1 高速铁路无砟轨道的类型

国际上目前比较常见的无砟轨道有:日本的板式轨道、德国的雷达 2000 型无砟轨道、旭普林型无砟轨道、博格板式轨道。

国内高速铁路常用的无砟轨道有：CRTSⅠ、Ⅱ、Ⅲ型板式无砟轨道、CRTSⅠ、Ⅱ型双块式无砟轨道、道岔区轨枕埋入式无砟轨道。

本节主要结合云桂铁路介绍CRTSⅠ无砟轨道施工关键技术。

8.5.2　CRTSⅠ型双块式无砟轨道施工流程、操作要点和施工组织

无砟轨道主要施工方法有轨排法及工具轨法，工具轨法因人员投入大、机械化程度低、施工精度差等原因已逐步淘汰，目前国内无砟轨道施工主要的方法为轨排法。

1）施工准备

（1）技术准备

①线下工程基础沉降评估

按照设计和相关规范、规定要求完成隧道、路基、桥梁等线下工程基础沉降评估，并提交评估报告。

②控制网测设

配合设计院完成CPⅡ、Ⅲ控制网点布设，并对设计院提供的控制网坐标成果表进行复核。

③配合比设计

完成混凝土配合比设计工作，完成原材料的选择，并将设计的配合比报送相关方进行审批通过。

④施工培训与技术交底

完成对所有参建无砟轨道施工人员的系统培训，培训内容包括施工内容、工艺流程、施工方法、作业标准、注意事项等。对测量人员进行测量培训，掌握测量仪器使用程序、方法，掌握测量粗放、粗调、精调等过程，以及误差控制。

⑤工艺性试验段施工总结

正线无砟轨道施工前，先在线外进行工艺性试验施工，对工装设备和施工人员进行磨合。操作人员熟练掌握操作技能和方案、熟悉施工工艺，技术人员掌握相应施工技术参数、混凝土试验性能参数等，并完成工艺性试验施工总结，针对工艺性试验施工存在的问题提出下步整改、预防措施，指导正线无砟轨道施工。

（2）现场准备

①接口工程

在无砟轨道施工前，对所有"四电"接口工程进行一次彻底排查，确保过轨管线、接地端子的数量、位置、接地电阻值满足设计要求。

②基面处理

施工前对基面高程进行复测，根据高程复测结果对侵入无砟道床的部位进行处理。

③支撑层或底座施工

路基或桥梁段时，提前按设计要求进行路基支撑层或桥梁底座板施工。

（3）劳动力准备

成立无砟轨道施工管理小组，严格按照架子队模式组织施工，架子队队长、施工员、技术主管、技术员、测量员、质检员、安全员、试验员、工班长、材料员等九大员均由项目部正式职工担任。每套工装配置管理人员23名，作业人员120名，作业班组劳动力配置情况见表8-4。

劳动力配置情况表　　　　　　　表8-4

序号	工序名称	作业内容	岗位工种	人数	备注
1	轨枕、钢筋卸码	钢筋等小型材料运输	汽车司机	1	1个班
2			叉车司机	1	
3			普工	4	
4	凿毛	凿毛、清洗	普工	4	2个班
5	电工		电工	2	1个班
6	底层钢筋安装	底层钢筋铺设、绑扎	钢筋工	8	1个班
7	轨排组装及拆除	轨排组装运输	门吊司机	6	2个班
8			普工	18	2个班
9	轨排粗调	粗调轨排	普工	6	1个班
10	顶层钢筋安装	铺设顶层钢筋并焊接地端子	钢筋工	8	1个班
			电焊工	1	
11	模板安装	安装、固定纵横向模板	模板工	8	1个班
12	轨道精调	轨排精调	普工	6	1个班
13	混凝土浇筑	混凝土卸料	普工	3	1个班
14		混凝土布料、振捣、抹面	混凝土工	25	1个班
15	混凝土养护	混凝土洒水养护	普工	2	1个班
16	轨排拆除	拆除轨排及附件	普工	9	1个班
17	文明施工	扣件、轨枕清理等	普工	8	1个班
	合计			120	

（4）机具准备

根据工程量及工期要求进行工装及机具的配置，无砟轨道主要机具配置情况见表8-5。

主要施工机具配置表　　　　　　　表8-5

序号	机具设备名称	规格或型号	单位	数量	备注
1	门式起重机	10t	台	3	粗精调、调运模板、拆卸及安装轨排架
2	轨排框架	单梁型	m	360	固定轨排枕距、轨距、线形的胎具
3	分枕平台		个	2	组装轨排
4	轨排吊具	单梁型	套	2	与龙门配合使用
5	插入式振捣器	高频	个	10	捣固混凝土
6	混凝土搅拌站	HZS-90	套	1	搅拌混凝土
7	混凝土罐车	8m³	辆	3	运输混凝土
8	铣刨机	XD300	台	2	填充面凿毛
9	道尺		把	3	检测、调整轨排
10	兆欧表	DY30-1	个	1	测试钢筋电阻绝缘
11	扭力扳手		把	8	紧扣件螺栓

续上表

序 号	机具设备名称	规格或型号	单 位	数 量	备 注
12	平板车		辆	2	运输材料
13	随车吊	12t	台	1	吊装钢筋和物质
14	游标卡尺	1.5	把	1	检测轨排及轨距
15	弦线	30	个	1	检验工具轨
16	装载机	CLG856/2.5m³	台	1	拌和站使用
17	钢轨	30kg/m	T	36	龙门吊使用
18	钢筋切割机/调直机	GW40/CQ40	台	1	钢筋加工
19	钢筋弯曲机		台	1	钢筋加工

(5) 材料准备

无砟轨道施工的各项材料如:扣件、轨枕、钢筋、砂石料、绝缘卡、接地端子等准备充分并完成进场检验。

2) 施工流程

CRTS Ⅰ型双块式无砟轨道轨排法施工具体流程见图 8-28。

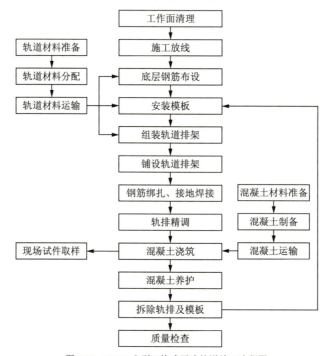

图 8-28 CRTS Ⅰ型双块式无砟轨道施工流程图

3) 施工操作要点

(1) 基面清理

轨道板中心线 2.7m 范围内进行拉毛,拉毛深度 1.8～2.2mm、拉毛面积不小于 75%。拉毛槽的间距大于或等于 20mm 要求的应重新用凿毛机进行凿毛处理,用小錾子凿除表面浮浆。

填充面拉毛如图 8-29 所示。

图 8-29 填充面拉毛

(2) 施工放线

全站仪利用临近 4 个 CPⅢ点通过后方交会设站,测量放样确定出道床板范围,按照配置的轨排长度进行分组放点,分别放出中线、边线点并采用钢钉定位及红油漆标识或弹墨线标识。偏差控制在 ±5mm;在两侧电缆槽侧壁上弹墨线标识内轨高程,偏差控制在 ±5mm。

(3) 底层钢筋铺设

利用钢筋卡具准确定位并铺设纵向钢筋,在纵向钢筋上每一横向与纵向连接处(参照粉笔或石笔标示交点)先安装上绝缘扎带,横向钢筋在纵向钢筋之上布置完毕后系上已在纵向钢筋上安装好的绝缘扎带,使纵向和横向钢筋形成一体。底层钢筋绑扎完毕后安装混凝土垫块,混凝土块不少于 4 个 /m²,采用梅花形布置,即布置横向设置 4 块与 3 块进行交错布置,保护层最小厚度 35mm。

道床板放线如图 8-30 所示,底板钢筋铺设如图 8-31 所示。

图 8-30 道床板放线　　　　图 8-31 底板钢筋铺设

(4) 安装模板

模板安装前应先进行以下检查工作:模板平整度;模板清洗情况;脱模剂涂刷情况;更换损坏或弯折的模板。根据施工测量放线点进行两侧纵向模板安装,模板通过斜撑临时固定,轨排安装及粗调完成后再对模板进行调整、加固。

(5) 轨排组装

轨枕组装前采用高压水对轨枕进冲洗,洗除轨枕表面的灰尘,并再次对轨枕外观、预埋螺栓孔进行检查,检查螺栓孔内是否有杂物,螺栓螺纹上是否有砂粒等。

分枕平台上按轨枕布置图及轨排铺设顺序组装轨排,主要工序有轨枕吊装、匀枕、吊装轨排架、组装等。组装时在螺栓螺纹上涂抹专用油脂;将螺栓旋入螺栓孔内,用手试拧螺栓,看是否能顺利旋进,若出现卡住现象,则调整后重新对准、旋入;使用扭矩扳手按照 160N•m 扭矩要求上紧螺栓。轨枕与钢垫板、钢垫板与橡胶垫板必须密贴,弹条前端三点要与轨距块密贴。

轨排螺栓安装质量及轨枕间距由质检工程师进行检查,确认合格后由门式起重机(龙门吊)吊起组装好的轨排至预定地点进行就位安装。

分枕平台匀枕如图 8-32 所示,轨排组装如图 8-33 所示。

图 8-32　分枕平台匀枕

图 8-33　轨排组装

(6)轨排就位

铺装龙门吊从分枕组装平台上吊起轨排运至铺设地点,按放样中线和高程定位,主要有轨排布设和安装轨向锁定器等工序。

铺装龙门吊从分枕组装平台上吊起轨排运至铺设地点,按中线和高程定位,误差控制在高程 -10～0mm、中线 ±10mm。相邻轨排间使用夹板联结,每接头安装 4 套螺栓,初步拧紧,轨缝留 6～10mm。每组轨排按准确里程调整轨排端头位置。

靠近电缆槽一侧轨向锁定器一端支撑在电缆槽墙上,另一端支撑在轨排托梁的支腿上;靠近线路中线侧:在距离轨排拖梁支腿外侧 50cm 处钻孔预埋长 20cm 的 $\phi16$ 圆钢,作为轨向锁定器的支撑。

(7)轨排粗调

轨排粗调先中线后高程,先通过轨道尺、螺杆调整器参照事先放样的中线、高程控制点进行初步调整,然后用全站仪、螺杆调整器完成轨排的粗调工作。对某两个特定轨排架而言,粗调顺序为:1→4→5→8→2→3→6→7→1→2→3→4→5→6→7→8,如图 8-34 所示。

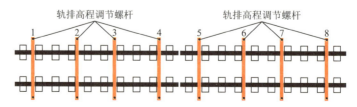

图 8-34　轨排粗调顺序图

(8)顶层钢筋绑扎、接地钢筋焊接

按设计纵向钢筋间距在轨枕钢筋桁架上用白色粉笔标识出纵向钢筋位置并摆放好纵向钢筋,纵向钢筋与轨枕桁架钢筋交叉部位安装绝缘卡。

纵向钢筋摆放完成后采用白色粉笔在道床板最外侧两根钢筋上按设计横向钢筋间距标出横向钢筋位置,安排3人从道床板一端向另一端逐根安装横向钢筋,纵横向钢筋交叉处安装绝缘卡;按设计要求设置接地筋并对接地电阻、绝缘电阻进行测试。

接地钢筋焊接如图8-35所示,绝缘电阻测试如图8-36所示。

图8-35 接地钢筋焊接

图8-36 绝缘电阻测试

(9)轨排精调

精调开始前,清扫钢轨和精调小车的轮子,严禁任何人踩踏。精调作业时必须注意作业环境,要求干扰最小,尤其不能进行钢筋焊接作业。洞外进行精调作业时应选择一天温差最小时段进行,同时避开大风、起雾、阳光照射强的时段,以免影响测量精度。轨排精调后应尽早浇筑混凝土,若轨排受到外部扰动,或放置时间过长(12h),或环境温度变化超过15℃时,必须重新采用轨枕小车检查确认合格后,方能浇筑混凝土。

(10)混凝土浇筑

为确保轨枕与新浇混凝土的结合良好,需在浇筑前对轨枕进行喷雾数次,用防护罩覆盖轨枕、扣件及钢轨,防止混凝土污染。

混凝土由龙门吊提升料斗到灌注区直卸的方式浇筑,布料时由一端向另一端连续进行,当混凝土从轨枕下自动漫流至下一根轨枕后,方可前移至下一根轨枕继续往前浇筑。下料过程中须注意及时振捣,下料应均匀缓慢,不得冲击轨排。捣固时应避免捣固棒接触排架和轨枕。

混凝收面不少于三道,抹面过程中要注意加强对轨道下方、轨枕四周等部位的施工。加强对表面排水坡的控制,确保坡度符合设计要求,表面排水顺畅,不得积水。抹面完成后,采用毛刷和湿润抹布及时清刷轨排、轨枕和扣件上沾污的灰浆,防止污染(禁止用水清刷轨排)。

(11)工后数据采集

待混凝土初凝后,利用轨道测量仪器对轨道几何形态进行数据采集,将采集数据传输至电脑,分析浇筑前与浇筑后的数据变化,指导后续施工措施的调整,并对数据进行存档。

防护罩防护如图8-37所示,专用刮尺控制混凝土高程如图8-38所示。

图 8-37　防护罩防护

图 8-38　专用刮尺控制混凝土高程

（12）混凝土养护

混凝土初凝前应由专人采用喷雾器进行养护，初凝后方可覆盖土工布进行洒水养护。养护期间，指定专人分时段进行养护，各时段负责人对各自负责的养护时段形成记录。

（13）轨排拆除

当道床板混凝土达到 5MPa 后（由试验员确定），顺序旋升螺柱支腿 1～2mm；然后松开轨道扣件，按照拆除顺序拆除排架，拆卸模板。轨排、模板拆除时应加强对成品混凝土的保护。

4）施工组织

无砟轨道施工工序多，结构尺寸要求高，施工要求精细，施工过程影响的环节也多，因此须明确各工序循环时间，理论上 48h 完成左、右线一个循环的施工，每循环施工的长度根据轨排配置及人员投入情况确定。正常情况下每天施工一次混凝土，工序施工必须根据物流组织与人员组织分工的实际情况，按平行及流水交错作业模式，人员合理安排，并固定工种循环时间必须是严格计划在 48h 完成一个完整循环，要求施工组织必须严谨，人员必须固定，否则会打乱施工次序。工序循环时间表见表 8-6。

施工循环时间表　　表 8-6

作业工序	施工准备、凿毛、清洗基面、测量放线（h）	道床底层钢筋安装（h）	组装轨排、吊装对位（h）	轨排粗调道床顶层钢筋安装、绝缘检测（h）	轨排精调、安装纵横向板及综合检查（h）	混凝土浇筑、抹面成型、混凝土初凝后轨排松扣、混凝土养生拆除轨道排架（h）	总循环时间（h）
时间	4（0）	4（4）	5（5）	6（6）	8（6）		48

注：括号内表示先行线作业时间。

由于隧道作业面空间狭小，组织平行作业受限，做好充足的施工准备和物流组织是确保施工组织的重点，特别是工装设备与资源的配套，如果安排不合理，就会造成施工工序间脱节及劳动力窝工现象。必须提前规划轨枕块、钢筋、模板、轨枕组装等位置及需要数理，统一提前放置于线路一侧，另一侧作为物流通道。

施工龙门吊活动区域为 700m，为方便混凝土施工及精调，一般Ⅰ线超前Ⅱ线 1～2 个循环，否则太近会影响精调，太远会影响混凝土、轨枕块及其他材料运输。具体布置如图 8-39 和图 8-40 所示。

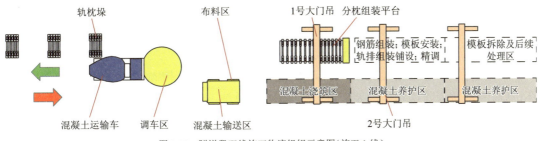

图 8-39　隧道段双线施工物流组织示意图（施工 1 线）

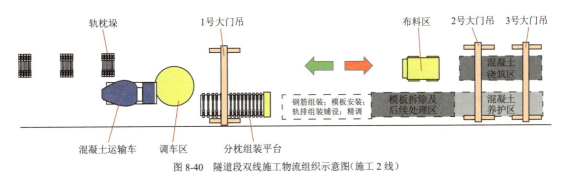

图 8-40　隧道段双线施工物流组织示意图（施工 2 线）

8.5.3　CRTSI 型双块式无砟轨道病害及预防措施

1）无砟轨道病害

目前国内高速铁路采用的无砟轨道主要有两种，即板式无砟轨道与双块式无砟轨道。无砟轨道主要的病害类型及原因见表 8-7。

无砟轨道主要病害类型及原因　　　　　　　　　　　表 8-7

病害部位	病害类型	可能原因	发展结果
道床板表面	裂缝	设计配筋、混凝土施工质量等	上下贯穿裂缝
道床板内部	不密实、空隙、空洞、钢筋异常	施工捣固不均等；配筋大小不一或错位	承载力过低、道床板破裂，道床板承载力不均、破损
道床板与支撑层间	空隙、脱空、抗剪销钉缺失	混凝土干缩、基面凿毛、清理不彻底，道床板裂缝；未做抗剪销钉	承载力过低、道床板破裂、支承层破裂；道床板挠曲变形、层间空隙、道床板破裂
支撑层表层	空隙、起伏	找平或道床板下部破坏摩擦引发	道床板、支撑层整体破损、破裂
支撑层内部	空隙、不密实、破裂	捣固不均，异物掺杂等	支撑层破损、破裂
级配碎石	下沉	地基下沉等	道床整体下沉、破损等
双块轨枕周边	空隙、裂缝	捣固不均、干缩等	道床板裂缝等

2）预防措施

（1）道床板表面裂纹：对设计配筋进行验算，优化设计配筋；加强混凝土施工质量控制，从原材料检验、配合比设计、搅拌运输、浇筑振捣、养护等方面加强控制。

（2）道床板内部不密实、空隙、空洞、钢筋异常：严格按设计进行钢筋施工，并加强检查验收；加强混凝土性能检测，优化混凝土布料、浇筑施工工艺，加强混凝土振捣。

(3)道床板与支撑层间空隙、脱空、抗剪销钉缺失:严格控制支撑层拉毛施工质量,加强基面清理及冲洗检查,混凝土浇筑前湿润混凝土表面,防止干缩;加强道床板混凝土施工质量控制,防止产生裂纹;严格按设计要求施作抗剪销钉。

(4)支撑层表层空隙、起伏:支撑层拉毛过程注意拉毛深度控制,防止对整体结构造成破坏;基面清理时清除松动的浮浆或混凝土块;道床板施工过程注意对成品的保护,防止机具或轨道板碰撞造成支撑层表面破坏。

(5)支撑层内部空隙、不密实、破裂:加强支撑层混凝土振捣施工质量控制,及时清理混凝土中掺夹的异物。

(6)级配碎石下沉:加强路基填筑基底承载力检测;加强级配碎石施工质量控制,如级配碎石原材料检验、搅拌时间、分层摊铺厚度、碾压顺序及遍数、压实度检测等。

(7)双块轨枕周边空隙、裂缝:混凝土浇筑前湿润轨枕,防止因吸水收缩造成裂纹;加强轨枕周边混凝土振捣控制;加强轨枕周边混凝土收面质量控制。

第 9 章

不良地质施工安全风险评估与管理技术

Key Technologies of Tunnel Construction in Complex Geological Conditions of
Yunnan Kunming-Guangxi Nanning Railway

Key Technologies of Tunnel Construction in Complex Geological Conditions of Yunnan Kunming-Guangxi Nanning Railway

不良地质施工安全风险评估与管理技术 | 第 9 章

9.1 不良地质施工安全风险评估技术

在工程实施前,对施工中可能存在的危险源进行全面普查,对施工安全风险作定性或定量的估测,研究事故发生的可能性(概率)及其产生后果的严重程度,并确定项目总体和各施工专项的风险级别,以增强施工安全风险意识。

施工安全风险评估是以有效降低施工风险、实现工程施工安全为目的,极力避免在施工阶段出现群死、群伤或造成重大社会不良影响的重特大事故发生。

9.1.1 评估方法

综合应用定性与定量分析的方法进行评估,具体采用专家评议法定性分析和风险评价矩阵法和指标系法定量分析的办法来对本项目进行风险评估。

在开工前,应根据标段工程自身特点,以设计图、地质资料和施工图设计中的风险评价,采用风险指标体系法,评估项目施工的整体风险,估测其安全等级。

9.1.2 专项风险评估

风险评估按照需评估流程进行,为了方便风险评估,先将单位工程施工作业活动进行分解。

施工作业程序分解后,通过评估小组评论、向专家咨询等方式,分析评估单元内可能发生的典型事故类型,并形成风险源普查清单。

9.1.3 风险分析

评估小组需从人、机、料、法、环等方面对可能导致事故的致险因素进行分析,致险因素分析应采用系统安全工程的方法,通过评估小组讨论会的形式实施,并采用图法进行分析。

分析致险因素时应找出可能导致事故发生的物的不安全状态和人的不安全行为,并结合以往施工中发生的典型事故得出如下事故类型对照和风险源进行分析。

9.1.4 风险估测

风险估测是采用定性和定量的方法对风险事故发生的可能性及严重程度进行数量估算。风险估测方法应结合工程施工内容、安全管理方案、可能发生的事故特点等因素确定。评估小组通过风险矩阵法和指标体系法对本项目进行风险估测并进行风险估测汇总。

9.1.5 风险源控制措施

风险源控制措施分为一般风险源控制措施与重大风险源控制措施。

(1)一般风险源控制措施应根据有关技术标准、安全管理要求来制定。一般风险源应对的触电、高处坠落、物体打击、车辆伤害、火药爆炸、火灾等事故的风险控制措施应简明扼要,明确安全防护、安全警示、安全教育、现场管理等方面的内容。

(2)重大风险源控制措施应针对可能存在的重大风险源特别编制相对应的专项施工方案、应急预案,并举办相应的安全培训教育。

9.1.6 风险评估结论

对本项目风险评估进行结论阐明主要存在的事故,对重大风险源等级进行汇总,通过分析评估结果举出其科学性、可行性、合理性及存在的问题。总之,通过加强管理、加大安全教育培训、增加安全用品的投入、做好风险防控、措施到位,编制切实可行的施工方案及安全专项方案从而将风险降至最低,编制较为详细的专项施工方案,确保方案的可行性,确保工程建设的安全。

9.2 不良地质施工安全风险管理技术

不良地质事故安全风险管理是一项动态的、全过程的认知、分析、评估和控制的行为,因隧道工程的大规模建设,隧道风险因素增多,潜在的风险对隧道的安全施工可能造成重大影响,而实施工程建设风险管理可以使工程建设风险的发生降低到最低程度。

9.2.1 风险工程管理体系

根据工程推进及工程风险变化情况,分阶段制订风险工程管理实施细则,明确风险工程管理等级和职责;建立风险工程管理台账;建立健全风险工程管理监督保证体系和风险工程监控网络。

9.2.2 风险管理

对风险工点分级管理,极高风险工点由项目经理部主要负责人包保,项目经理部班子成员轮流带班作业;高风险工点由项目分部班子成员或项目部部门领导、干部带班作业;高风险隧道要严格执行技术和安全管理人员跟班作业制度。

(1)实行高风险工点安全隐患挂牌督办制度

对检查发现的高风险工点安全隐患实行挂牌督办。一般、较大安全隐患治理由监理单位挂牌督办;重大安全隐患由段落指挥部挂牌督办。对查出的问题,要分清原因,界定责任,严格处理,明确整改时限、责任人和复查责任人,逐一登记销号,实行闭环管理,确保整改到位。

(2)实行高风险工点关键工序影像记录制度

施工单位在实施过程中,必须严格按照设计资料要求的风险控制和防范措施进行施工,监理须全过程进行认真监理。涉及关键安全风险控制过程和重大问题整改环节,如:地质素描、超前支护、初期支护、锁脚锚杆设置、仰拱开挖等作业,施工单位自检和监理现场检查均须进行影像记录,留存影像检查资料作为施工和监理日志的组成部分,加强风险控制过程记录的可追溯性。

实行应急预案专项机制,根据管段内高风险工点编制相应应急预案,明确相关设备、材料、人员及责任分工,进行施工人员全面应急培训,并实时进行应急救援演练。

9.2.3 风险控制

按规定编制的风险管理实施细则,应包括相关的安全管理制度、标准、规程等支持性文件,风险管理机构及职责划分,人员安排、培训、现场警示、标识规划,设备器具及材料准备,现场设施布置,作业指导书清单,监控、监测及预警方案,应急预案及演练安排,过程及追溯性记录文件格式和要求等。

(1)实行风险控制动态管理

对施工过程中揭示的未纳入设计的重大潜在风险,立即组织设计、施工图审核、施工和监理单位研究,确定风险等级,补充风险控制措施。必要时,邀请风险管理专家成立专家组,进行现场咨询。高风险隧道重大技术方案的调整报铁路总公司工管中心审定。

(2)超前地质预报管理

风险隧道应建立专业的超前地质预报系统,按照设计文件要求,由专业地质预报单位进行,实测数据报设计进行数据分析,并反馈指导施工;预报细则及设备、人员资质情况按规定程序报批。

（3）信息化管理

①高风险岩溶、瓦斯隧道实行门禁管理系统，反映隧道施工动态，明确各部位人员数量。

②高风险隧道存在浅埋、软岩变形、顺层及穿越高等级公路、主干道、铁路及居民密集区等隧道实行沉降观测信息化管理。

③高瓦斯隧道实行瓦斯监测分级预警信息化管理，根据实时瓦斯监测情况，分为施工、监理、段落指挥部及公司主要负责人分级预警机制。

第10章

云桂铁路隧道科技创新成果

Key Technologies of Tunnel Construction in Complex Geological Conditions of Yunnan Kunming-Guangxi Nanning Railway

Key Technologies of Tunnel Construction in Complex Geological Conditions of Yunnan Kunming-Guangxi Nanning Railway

10.1 隧道衬砌多功能定型钢模安装止水带施工工法

高速铁路隧道衬砌环向施工缝及中埋止水带安装质量,是影响隧道衬砌施工进度、防排水效果、运营安全的重要因素,而传统木模板存在材料资源浪费、止水带安装定位不准确且破损严重、衬砌端头混凝土缺棱掉块等诸多缺陷。如何设计加工一套施工方便、经济、功能多的端头模板是加快衬砌施工进度、提升防水效果、保证施工质量和运营安全的关键所在。在富宁隧道施工过程中,针对以往采用木模板造成材料等资源浪费、止水带安装定位不准确且破损严重、衬砌端头混凝土缺棱掉块影响运营安全等缺点,通过对隧道结构尺寸的仔细研究论证,最终设计出了成本低、施工方便、可以重复周转利用的衬砌多功能端头定型钢模板,克服了木模板在施工中存在的缺点。结合衬砌多功能端头定型钢模板在富宁隧道衬砌施工中的成功应用,在总结经验的基础上,加以整理提升,形成本工法。

10.1.1 工法特点

工法特点如下:
(1)单块结构尺寸可以灵活根据劳动力组织情况确定,现场安拆方便,无需全部拆除后脱模,仅需沿滑杆拖拽 20～40cm 即可脱模。
(2)充分体现多功能性,即可作为衬砌堵头模板,同时兼顾中埋止水带安装固定。
(3)中埋止水带安装定位准确,不容易造成止水带破裂,有效提升环向施工缝防水效果。
(4)有效提升环向施工缝混凝土质量,无缺棱掉块、混凝土酥松现象出现,为铁路运营安全提供保障。
(5)采用钢板焊接制作,可以多次周转使用,减少木材使用量,经济且环保。

10.1.2 适用范围

本工法适用于衬砌质量、防水要求高的复合式衬砌施工。

10.1.3 工艺原理

将中埋止水带左右两侧分别设置两块模板,采用两块模板将中埋止水带夹紧,左右两块模板之间采用螺栓连接,螺栓孔设置在距离衬砌端头 1/2 中埋止水带宽度位置,以保证止水带定位准确。模板宽度按照最小衬砌厚度设计,外侧块设计为抽插式以满足各种围岩级别衬砌厚度要求。

为保证结构稳定性,在台车纵梁位置设计反向牛腿对模板进行支撑。模板安装时,靠近内侧块根据既定结构尺寸,采用钢棒滑杆与模板台车连接,靠外侧块采用螺栓与内侧块连接,环向每块同样采用螺栓连接。脱模时松开单块间螺栓,拆除外侧模板,内侧模板沿滑杆将模板向外拖拽 20～40cm 即可,无需将所有模板拆除。

10.1.4 应用实例

衬砌端头定型钢模板首先于 2011 年 9 月份在富宁隧道斜井架子队投入使用,并取得良好效果。随后于 2012 年 6 月份,云桂三分部在所辖各架子队进行了推广使用,共有 7 各作业面使用该施工工艺。云桂公司多次组织各参建单位到云桂三分部进行学习讨论,并于 2013 年 8 月份安排三部编写了《隧道衬砌端模及环向中埋止水带定位施工工艺总结》,在云桂铁路云南段全线进行了推广,通过对拱墙衬砌端头定型钢模板使用的工艺总结,目前该施工工法已扩展至仰拱施工。

10.2 隧道穿越地下水位线附近半充填型溶洞施工工法

在当前高速铁路建设当中,因受设计标准和选线要求的限制,溶洞是常见的不良地质,岩溶整治方法对铁路运行产生较大的影响。特别是位于地下水位线附近的溶洞整治方法尤为关键。由中铁隧道集团四处有限公司施工的云桂铁路富宁隧道发育多个复杂的大型溶洞,且均处于地下水位线附近。采用常规的注浆回填或混凝土回填,势必造成雨季期间地下水位线急剧上升,危及铁路运营安全及旅客生命财产安全。

为保证安全快速地通过富宁隧道岩溶发育区,且确保今后运营安全,经过多次讨论、分析,提出采用桩基 + 托梁 + 底板衬砌结构的方法通过溶洞。该技术加快了施工进度,保留了地下水的过水通道,降低了铁路运营安全风险,节约了施工成本。本技术具有先进性,特总结形成工法推广应用。

10.2.1 工法特点

在溶洞充填层上采用桩基 + 托梁 + 底板衬砌结构作为隧道基础具有以下特点:
(1)结构简单、相关工序技术成熟,便于施工。

（2）体系稳定，关键技术容易控制，减少后期沉降量。
（3）保留地下水过水通道，确保铁路运营安全。
（4）施工工艺安全方便，操作性强，经济效益明显，类似工程可借鉴。

10.2.2　适用范围

用于隧道穿越巨、大型富水半充填型溶洞地段。

10.2.3　工艺原理

在溶洞的充填体中采用成熟的桩、梁、板结构，连同充填体共同支撑隧道构筑物。

10.2.4　应用实例

1）云桂铁路富宁隧道 D4K340+760 ～ D4K340+835 段溶洞区施工

云桂铁路富宁隧道 D4K340+760 ～ D4K340+835 段隧道拱墙及基底发育一充填型溶洞，隧道洞身位于溶洞范围中上部右侧。溶洞平面形态近于矩形，纵断面形态近于鱼形，横断面形态近于椭圆形，顺线路方向长度约 75m，垂直于线路方向宽度约 37m，溶洞高度约 44m，溶洞范围为拱顶以上 0 ～ 12m，平均约为 7m，隧道左边墙外侧为 0 ～ 18m，平均约为 15m，隧道右边墙外侧为 0 ～ 6m，平均约为 4m，隧底以下深度为 0 ～ 24m，平均约为 14m。本段隧道洞身主要穿越地质为溶洞充填物（$Q_{[4]}^{(ca)}$）黏土，灰黄色，硬塑状，局部软状。土质均匀性较差，软硬不均，黏性较强，夹较多角砾，角砾含量约 40% ～ 50%，粒径为 5 ～ 20mm，石质为砂岩、泥岩、灰岩，棱角～次棱角状。

根据地质补勘揭示地下水的差异性推测该段隧道线路地下水位位于隧道洞身以下，隧道洞身处于岩溶水垂直渗流带及季节变动带内，且位于溶蚀基准面之上，雨季存在地表水下渗涌入隧道内并带走溶腔内充填物的可能。另外，雨季地表水补给较多时，随着地下水沿溶蚀通道渗涌入，地下水位将会明显上升，导致隧道可能处于地下水位以下，地下水不仅对土质围岩具有软化恶化作用，水压力还将增大，对隧道安全产生不利影响。岩溶及岩溶水的作用对隧道工程稳定及安全不利。对岩溶需进行处理，对地下水需采取堵排结合的措施进行综合处理。

采用桩＋筏板施工工法，结构受力稳定，消除了雨季地表水下渗涌入隧道内带走溶腔内充填物造成隧道结构失稳的隐患。保留了过水通道，大大降低了雨季地表水补给较多时，地下水位上升的几率。从而保证了运营期间隧道结构的安全。

2）云桂铁路富宁隧道 D4K341+050 ～ D4K341+189 段溶洞区施工

云桂铁路路富宁隧道 D4K341+050 ～ D4K341+189 段隧道拱墙及基底发育一充填型溶洞，主要发育于线路右侧及右侧基底，溶洞长度 139m，推测溶洞横向宽度 40 ～ 54m、高度20～50m、隧底充填物厚度10～15m，最厚达32m，溶洞走向复杂多变，各段形态迥异。D4K341+050～D4K341+150段岩溶发育于线路右侧及右侧基底，充填物为块石土夹砂土、黏性土，充填物厚约20～30m；D4K341+150～D4K341+189段线路左侧填充面至隧道拱顶以上亦有岩溶发育，充填物为块石土、粉质黏土，其中粉质黏土占较大比例，该段充填物厚约25～50m。溶洞在纵向呈瓶状，瓶口朝向小里程，瓶底朝向大里程，平面近似长方向，主要发育于线路右侧。推测溶洞平面范围约5300m²，体积约149000m³。

溶洞发育于泥盆系下统芭蕉箐组（D_1b）白云质灰岩地层中，为大型半充填溶洞，在堆积物中有未充填的空间及通道，充填物主要为碎块石土夹砂土及黏性土夹碎块石土等，以溶洞坍塌、溶蚀及流水携带来的堆积物为主，块石成分为灰岩，大小不一，无胶结，呈松散状，局部可见砂土及黏性土充填，稳定性极差。

岩溶区域处于岩溶水季节变动带，雨季地下水位可能会上升高于隧道洞身，旱季无地下水补给，地下水位下降后低于隧道洞身。因此，隧址位于地下水位线附近，受季节变化，充填物在地下水冲刷下容易流失，基底不稳。该段隧道汇水面积较大，地下水发育，正常涌水量为4454m³/d，雨季最大涌水量8908m³/d。该溶洞是地下水的主要排泄通道，且水位上升后形成较高水压，对隧道衬砌及防排水不利。

采用桩+托梁+底板施工工法，结构受力稳定，消除了雨季地表水下渗涌入隧道内带走溶腔内充填物造成隧道结构失稳的隐患。保留了过水通道，大大降低了雨季地表水补给较多时，地下水位上升的几率。从而保证了运营期间隧道结构的安全。

10.3 无门架新型隧道模板台车衬砌施工工法

近几十年来，门架式台车一直担负着我国隧道衬砌的施工任务，在施工实践中经过不断改进，克服了诸多难题，但门架式衬砌台车因设计制造的局限性、结构复杂性、变断面衬砌工艺复杂、隧道通风阻力大等问题一直延续至今。无门架新型隧道模板台车较好地解决了上述问题，还增加了许多新功能。如自动控制模板在衬砌过程中的位移变形、自动清理、配管等。无门架新型隧道模板台车不仅能够实现全液压立模、脱模、自动行走，而且具有衬砌表面光洁度高，衬砌工艺简单，操作方便，定位速度快，改善了隧道通风等特点。

本工法的开发依托铁道部科研课题《隧道快速施工关键技术及装备研究》中的子课题《新型钢模板台车研究设计》项目，由中铁隧道集团有限公司在贵广铁路同马山隧道、南广铁路五指山隧道和云桂铁路富宁隧道施工中成功地应用了该项研究成果，总结形成了该工法。

10.3.1 工法特点

（1）本工法所采用的无门架新型隧道模板台车,设计结构新颖,现代化程度高,增大了有效净空面积,减小了隧道排风阻力。

（2）本工法采用的新型台车结构稳定,操作方便,整体刚度大,结构变形小,稳定性可靠。

（3）衬砌施工过程中台车定位速度快,接管、浇筑、振捣容易,不易跑模,能提高衬砌混凝土的内在和外观质量。

（4）本工法循环作业时间短,能较大提升衬砌施工能力,文明环保,施工安全性提高。

10.3.2 适用范围

本工法适用于铁路、公路、水利、市政等领域中,先施作仰拱、填充,后进行拱墙整体衬砌的隧道工程。

10.3.3 工艺原理

无门架新型隧道模板台车,整套模板系统通过八个小臂与底部平台的滑动机构连接,滑动机构通过底部平台侧面的四个油缸实现边模的开合,从而实现立模与收模。该模板台车微调性能好,下部安装有模板台车自动报警装置,通过一套位移传感器控制模板衬砌过程中的位移,可使错台减小,衬砌表面平整度提高。通过增加伸缩底模,可使底模与仰拱紧密接触,实现了衬砌不跑模。台车内净空增加,减少了风阻,改善了大直径通风管的穿越条件。底部平台上方为车辆行走平台,台车作业时,支撑在地面,供车辆行走。台车移动时,四个举升油缸将底部平台升起,一并行走。

10.3.4 应用实例

1）工程概况

新建云桂铁路云南段站前工程Ⅰ标富宁隧道位于云南省文山州富宁县境内,全长13625m,富宁隧道2号横洞及富宁隧道出口位于富宁县新华镇。由中铁隧道集团有限公司富宁隧道出口项目部承担施工任务。

富宁隧道出口施工里程为D4K349+014～D4K352+651,长3637m,其中Ⅲ级围岩1475m,Ⅳ级围岩1785m,Ⅴ级围岩368m,明洞9m。

2）工程施工情况

无门架新型隧道模板台车主要在出口段正洞采用。其施作里程为:D4K352+169.7～D4K349+160;开始时间为:2010年12月20日,共施工3009.7m,每组循环时间平均为16h,

作业人员平均减少 4 人。经检测，衬砌平整度均控制在 2mm 以内，相邻两组错台均控制在 5mm 以内，衬砌断面净空符合设计要求。其通风效果为：粉尘浓度 10% 以上的游离二氧化硅小于 $2mg/m^3$，较原门架式台车时减少 $6mg/m^3$。

通过无门架新型隧道模板台车的应用充分证明：台车就位速度快，相邻两组衬砌间的错台大大减小，衬砌表面光洁度高，循环作业时间缩短，提高了衬砌的施工能力，保证了隧道的施工步距，大大降低了安全隐患，提高了工程质量。

3）应用效果

（1）针对新建云桂铁路富宁隧道出口，采用无门架新型隧道模板台车施作二次衬砌施工，面对衬砌断面大，衬砌困难。无门架新型隧道模板台车经受住了严酷的考验，未出现过二次衬砌施工质量问题及模板台车安全事故。

（2）采用无门架新型隧道模板台车施工衬砌，与普通模板台车相比，施工人员、机具设备投入相对较少，提高了经济效益。

（3）采用无门架新型隧道模板台车施工，通风断面大，节约了掌子面通风、排烟时间，提高施工效率。

10.4 工法获奖证书

隧道衬砌多功能端头定型钢模安装止水带施工工法证书如图 10-1 所示。

图 10-1 省级工法证书（一）

隧道穿越地下水位线附近半充填型溶洞施工工法证书如图 10-2 所示。

图 10-2 省级工法证书(二)

无门架新型隧道模板台车衬砌施工工法证书如图 10-3 所示。

图 10-3 国家级工法证书

10.5 其他科研成果及证书

10.5.1 隧道防水板热熔焊铺设 QC 成果

云桂线云南段 I 标段富宁隧道位于云南省文山州平安至富宁区间,起讫里程为 D4K339+026 ~ D4K352+651,全长 13625m,其中Ⅲ级围岩 4020m,Ⅳ级围岩 6500m,Ⅴ级围岩 3083m,进口双耳式明洞 14m,出口偏压式明洞 8m。隧道二次衬砌厚度为 40 ~ 60cm,

Ⅳ、Ⅴ级围岩采用 C35 钢筋混凝土,Ⅲ级围岩采用 C30 混凝土。全隧拱墙铺设防水板加无纺布,防水板采用 EVA 型,厚度不小于 1.5mm,幅宽为 3m。

前期衬砌防水板无钉挂设时常规采用压焊器或热风枪作为焊接工具,但由于这两种工具焊接时无法控制温度,或是通过控制时间来达到焊接效果,其完全由操作人员在作业时注意掌握防水板的熔化度来达到焊接的目的,否则防水板会被焊焦、焊穿,或者防水板还没到熔点而焊接不牢固导致脱落,都直接影响着防水效果,这就要求现场作业人员在操作时有丰富的经验和高度专注度。

由于常规防水板焊接工艺存在防水板被焊焦、焊穿,或者防水板还没到熔点而焊接不牢固导致脱落现象较多,直接影响防水效果,也难以满足标准化施工要求,因此需立足现有条件,寻找另一种更有效的防水板热熔焊挂设方法。小组成员充分发挥各自丰富的想象力并利用过往经验,集思广益,提出了多条意见和建议,在考虑安全、经济、可操作性等要求的基础上,将小组课题确定为:隧道防水板热熔焊挂设工艺改进。

经过前期论证准备及方案比选,发现超声波点焊机焊接具有焊接工具维修简单,工作时间自动控制,焊接质量稳定、牢固,不易产生焊焦或焊穿现象,修补量少,整体美观效果好的优点。确定采用超声波点焊机焊接,达到了预期效果,后对其施工工艺进行了总结整理及推广应用。其成果获得了中铁隧道集团 2013 年度 QC 成果二等奖(图 10-4)。

图 10-4　荣誉证书(一)

10.5.2　二次衬砌防脱空工艺 QC 成果

随着铁路建设标准化要求的越来越高,隧道二次衬砌施作后拱背回填注浆不及时造成无损检测时拱背脱空、不密实等缺陷存在,已成为分部无损检测缺陷的主要问题,对生产、质量控制造成较大的掣肘,如何有效解决拱背脱空问题成为工程技术人员思考及解决的重点。

由于常规注浆工艺存在注浆不及时、注浆不饱满、漏注等缺陷,直接影响注浆效果,也难以满足标准化施工要求,因此利用现有施工条件,通过合理的方案设计、工艺改进和精心的施工组织达到回填注浆及时,提高注浆效率,无损检测零缺陷或缺陷很少,达到节约工程成本和提高施工质量的目的。小组成员充分发挥各自丰富的想象力并利用以往经验,集思广益,提出了多条意见和建议,在满足安全、经济、可操作性等要求的基础上,将小组课题确定为:隧道二次衬砌防脱空。

经过小组人员充分论证及方案比选,发现采用拱顶纵向预贴注浆管法,在二次衬砌初凝后即进行回填注浆,具有注浆及时、效果充分的优点,且此工艺将回填注浆纳入工序管理,作为二次衬砌的一部分,未进行回填注浆不得脱模或行走台车,排除了人为因素的干扰,保证了注浆效果。此成果获得了中铁隧道集团2014年度QC成果二等奖(图10-5)。

图10-5 荣誉证书(二)

10.5.3 简支箱梁高墩钢支架施工控制QC成果

马内双线大桥全长371.15m,起讫里程为D4K338+653.452~D4K339+024.602,桥梁位于左偏半径为7000m的圆曲线上,线路坡度为+15.5‰,桥梁结构形式为[3×24+1×32+(36+64+36)m连续梁+2×32+2×24],该桥主墩为5号、6号墩,最高墩为5号墩墩高80m,主跨梁部3跨采用挂篮对称悬臂浇筑,8跨简支梁设计采用移动模架现浇施工,其中24m简支梁5跨,32m简支梁3跨。

马内双线大桥简支梁设计采用移动模架现浇施工,其中24m简支梁5跨,32m简支梁3跨。因本桥桥隧相连,移动模架施工无拼装场地,根据施工现场情况,采用钢管柱贝雷梁支架现浇施工,各施工过程对应的荷载即为分级加载荷载。为考虑安全系数,按箱梁自重的1.2倍进行预压,预压沉降量在可控范围。但现场实际显示沉降量过大,影响施工安全,且每跨施工循环时间过长,严重制约工期要求。为此成立了高墩钢支架施工QC小组,该小组的成果最终获得广西工程建设优秀QC小组活动成果三等奖(图10-6)。

图 10-6 获奖证书

10.5.4 其他获奖成果及证书

(1)富宁隧道 1 号横洞超欠挖控制 QC 成果获得中铁隧道集团 2014 年度 QC 成果二等奖(图 10-7)。

图 10-7 荣誉证书(三)

(2)提高隧道二衬中埋式止水带安装合格率 QC 成果获得中铁隧道集团 2013 年度 QC 成果二等奖(图 10-8)。

图 10-8 荣誉证书(四)

参 考 文 献

[1] 洪开荣. 山区高速公路隧道施工关键技术 [M]. 北京：人民交通出版社，2011.

[2] 洪开荣，邹翀，贺维国. 钻爆法修建水下隧道的创新与实践 [M]. 北京：中国铁道出版社，2015.

[3] 王梦恕. 中国隧道及地下工程修建技术 [M]. 北京：人民交通出版社，2010.

[4] 王梦恕. 隧道工程浅埋暗挖法施工要点 [J]. 隧道建设，2006，26(5): 1-4.

[5] 朱颖，许佑顶，林世金. 高速铁路建造技术设计卷 [M]. 北京：中国铁道出版社，2015.

[6] 张旭，刘伟，代伟，等. 地球物理综合测井技术在云桂线富宁隧道勘察中的应用 [C]// 昆明：云南省地球物理学会会员代表大会，2012.

[7] 刘伟，张旭，代伟. 云桂线富宁隧道水文地质条件分析及涌水量预测 [C]// 青岛：全国工程地质大会，2012.

[8] 刘伟，代伟，张旭，等. 云桂线富宁隧道物探与钻探对比分析 [J]. 云南大学学报（自然科学版），2012，34(S2):314-318+326.

[9] 张瑞，叶建文，赵永亮，等. 隧道穿越地下水位线附近半充填型溶洞施工工法. 河南省级工法：EJGF65—2017，2017.

[10] 张瑞，叶建文，邹少祥，等. 隧道衬砌多功能端头定型钢模安装止水带施工工法. 河南省级工法：EJGF104—2016，2017.

[11] 韩静玉，邹少祥，柴正富，等. 无门架新型隧道模板台车衬砌施工工法. 国家级工法：GJEJGF277—2012，2012.

[12] 中铁一局集团有限公司. 高速铁路隧道工程施工质量验收标准：TB 10753—2010[S]. 北京：中国铁道出版社，2011.

[13] 中铁八局集团有限公司. 高速铁路轨道工程施工质量验收标准：TB 10754—2010[S]. 北京：中国铁道出版社，2011.

[14] 中国铁路总公司. 高速铁路隧道工程施工技术规程：Q/CR 9604—2015[S]. 北京：中国铁道出版社，2015.

[15] 中国铁路总公司. 高速铁路轨道工程施工技术规程：Q/CR 9605—2017[S]. 北京：中国铁道出版社，2017.

[16] 卿三惠. 高速铁路施工技术（轨道工程分册）[M]. 北京：中国铁道出版社，2013.

[17] 卿三惠. 高速铁路施工技术（隧道工程分册）[M]. 北京：中国铁道出版社，2013.

[18] 中铁第一勘察设计院集团有限公司. 铁路工程地质勘察规范：TB 10012—2007[S]. 北京：中国铁道出版社，2007.

[19] 中铁第四勘察设计院集团有限公司. 铁路工程物理勘探规范：TB 10013—2010[S]. 北京：中国铁道出版社，2010.

[20] 中铁第一勘察设计院集团有限公司. 铁路工程水文地质勘察规范：TB 10049—2014[S]. 北京：中国铁道出版社，2015.